조주·음료실무

Bar Management

이승헌 · 권한조 공저

에이드북

BAR MANAGEMENT

6, Sadang-ro 9ga-gil, Dongjak-gu,
Seoul, KOREA

Preface

오늘날 경제성장과 더불어 산업전반이 고도로 발전되면서 관광관련 산업에도 많은 관심들이 고조되고 있다. 특히, 그 중에서도 가장 중요한 먹거리, 외식에 대한 관심이 증대되고 있다. 이는 국민소득이 높아지면서 여가와 좋은 음식을 찾아 즐기고자 하는 것에서도 알 수 있다. 따라서 먹거리와 함께 항상 곁들어지고 있는 것이 바로 음료이다. 음료는 많은 양의 수분을 함유하고 있으며, 수분은 우리 인체에 큰 비중을 차지하고 생명을 유지하는데 필수적인 요소이므로, 여러 식음료 기업에서 사람들이 음용하시기에 적합한 많은 종류의 음료를 생산 · 제공하고 있으며, 사람들은 각자의 기호에 맞는 음료를 항상 가까이에 두고 접하고 있는 것이다.

이러한 음료는 크게 알코올성 음료와 비알코올성 음료 두 가지로 나누어지는데, 이 중에서 알코올성 음료인 술은 다시 세 부분으로 다시 나누어지며, 지구상의 모든 술(酒)은 발효주, 증류주, 혼성주로 나뉘어져 구분되고 있다. 인간의 역사와 함께 해온 이러한 주류들은 점점 발전되어 다양한 형태로 생산 · 판매되어 왔으며, 앞으로도 훌륭한 새로운 상품이 출시될 것이다. 이러한 과정의 변화와 시대에 따른 고객의 요구에 부응하기 위해 전문적으로 음료를 판매하는 Bar들이 생기게 되었고 지금도 증가되고 있는 추세이며, 향후 더 많이 발전할 것으로 예상하고 있다. 이는 수익 면에서도 상당한 기여를 하고 있기 때문이다.

특히, 호텔 레스토랑 및 외식업체에서도 생산에 걸리는 시간대비 높은 수익을 가져다주고 있는 주류 및 음료들의 판매는 전체 매출에 있어서 매우 높은 비중을 차지하고 있다. 따라서 이러한 음료 및 주류를 판매하는 전문 인력확충의 필요성에 따라 바텐더나 소믈리에, 바리스타 등과 같은 직업군들이 등장하였고, 유망한 직업군으로 부상하게 되었으며, 자격증 취득자는 각광을 받고 있다.

본 교재는 전문적인 바텐더 양성을 위한 이론 및 실기에 초점을 두어 집필을 하였고, 최근 NCS에서 내놓은 능력단위요소(위생관리, 음료특성분석, 칵테일 조주, 고객서비스, 바 관리, 메뉴개발, 바 마케팅) 기준에 따라 구성되었다. 그리고 산업인력공단에서 주관하는 조주기능사 필기 및 실기시험에 대비하여 필기시험의 최근 기출문제와 변경된 40개의 칵테일 레시피(cocktail recipe)를 수록하였다. 이 책이 많이 부족하지만 앞으로 지속적인 보완과 개정작업을 해 나갈 것을 약속드리며, 끝으로 부족한 이 책이 나오기까지 물심양면으로 지원해 준 사랑하는 나의 가족들과 에이드북 대표님께 깊은 감사의 마음을 전한다.

2015. 3.

저자 드림

Contents

제 9 장 조주기능사 칵테일 실습

부 록

CONTENTS

제 1 장
음료의 이해

제 1 장 음료의 이해

1. 음료의 역사

인류가 사용한 최초의 음료는 물이다. 사람들이 살아가는데 있어서 동양에서는 풍수를 생각한다. 이는 바람과 물을 이르는 말로, 다시 말해서 사람이 살아가는데 공기와 물(水)이 가장 필요하면서도 중요한 요소이기 때문이다. 옛날 사람들은 아마 순수한 물을 마시고 그들의 갈증을 없애고, 그 물로 인해 인체의 기초 활동을 할 수 있도록 하였을 것이다. 그러나 세계 문명의 발상지로 유명한 티그리스(Tigris)강과 유프라테스(Euphrates)강의 풍부한 수역에서도 강물이 더러워져 그 일대의 주민들이 전염병의 위기에 처해 있을 때 강물을 독자적인 방법으로 가공하여 안전하게 물을 마셨다고 전해지고 있다. 인간은 자연의 오염이 심화됨에 따라 순수한 물을 마실 수 없게 되자 새로운 음료를 연구하게 되었다.

음료에 대한 고고학적 자료가 거의 없기 때문에 정확하게 알 수는 없으나 자연적으로 존재하는 봉밀(蜂蜜)을 그대로 또는 물에 약하게 타서 마시기 시작한 것이 시초일 것이라 추측하고 있다.

1919년에 발견된 스페인의 발렌시아(Valencia) 부근에 알타미라 동굴 속에서 약 1만 년 전의 것으로 추측되는 암벽 조각에 한 손에 바구니를 들고 봉밀을 채취하는 사람의 그림이 그려져 있는 것이 발견되었다. 다음으로 인간이 발견한 음료는 과즙(Fruit Juice)이다. 고고학적 자료로써 B.C. 6000년경 바빌로니아에서 레몬 과즙을 마셨다는 기록이 전해지고 있다. 그 후 이 지방 사람들은 밀 빵이 물에 젖어 발효된 맥주를 발견해 음료로 즐겼다고 하는데 현재 곡물로 조주된 가장 오래된 술로서 맥주의 역사는 인류가 정착생활을 하면서 농경생활을 하게 되었고 이로 인해 곡류를 수확할 수 있게 되면서 시작되었다고 알려져 있다. 맥주는 보리로 만들어진 음료인 만큼 농경생활에 꼭 필요했던 생활양식이었다. BC 4000년경 메소포타미아 지역에서 수메르인에 의해 시작되었다고 추정된다. 당시엔 보리에 수분을 더한 맥아빵을 만들어 먹었고, 이 맥아빵에 물을 부은 뒤 발효를 시킨 것이 맥주가 된 것이다. 이후 맥주는 이집트로 넘어가게 되었고, 이집트에선 맥주의 성질을 이용해 기존 빵보다 가벼운 빵을 만들거나 벌레에 물리거나 병에 걸렸을 때 상비약으로 사용했으며, 이후 시간이 흘러 그리스인과 로마인에 의해 유럽으로 본격적으로 유입되면서 이 시기부터 전문적으로 맥주를 양조하기 시작했다.

인류가 최초로 포도를 활용한 시기는 크로마뇽인들이 라스코(Lascaux)동굴 벽화에 그린 포도 그림을 통해 3~4만 년 전으로 추정하고 있다. 포도 열매를 다 먹지 못하여 남은 포도를 초기에는 건포도 형태로 먹다가 추후 음료 형태로, 그리고 껍질의 이스트(Yeast)에 의해 발효된 형태로 먹기 시작하였을 것이라고 추측하며, 포도씨가 모여 있는 유물을 통해 고고학자들은 BC 9000년 경 신석기시대부터 포도를 활용한 인류 최초의 술을 먹기 시작했다고 보고 있다.

와인 역사는 두 문명이 발달한 이집트와 메소포타미아 지역에서 발전되기 시작한 것으로 볼 수 있는데, 관련되는 유적으로는 BC 8000년경 메소포타미아 유역의 그루지아(Georgia) 지역에서 발견된 압착기, BC 7500년경 이집트와 메소포타미아에서 발견된 와인 저장실, BC 4000~3500년에 사용된 와인을 담은 항아리, BC 3500년경 사용된 것으로 보이는 이집트의 포도 재배와 와인 제조법이 새겨진 유물 등이 있다. 그 후 BC 2000년 바빌론의 함무라비 법전에 와인의 상거래에 대한 내용이 있으며 이것이 와인에 관련된 최초의 기술이다. 인류는 자신들이 숭배하는 신에게 와인을 바쳤고, 의식, 축제, 상거래 등에서 중요한 매체로 활용되었다. 이집트인들은 오시리스(Osiris)신에게, 그리스인들은 술의 신인 디오니소스(Dionysus)에게 감사의 뜻으로 와인을 바쳤으며 성경에도 대홍수가 끝나고 노아가 포도나무를 심고 와인을 만들었다는 내용이 있다.

지중해 연안의 온난한 기후에서 최대의 자연환경으로 자라던 포도의 경작은 그리스인들에 의해 발전되었고 로마시대에 이르러 더욱 부흥기를 맞는다. 로마가 식민지로 지배했던 곳은 유럽전역, 영국 일부, 지중해 연안의 아프리카로 로마 군인에게 와인이 필요하였고, 이를 위하여 프랑스의 론, 마르세이유, 보르도, 부르고뉴, 독일의 라인강 유역에 포도밭을 구축하였으며 이것이 현재 유럽의 포도주 생산 기반이 되었다 해도 과언이 아니다.

증류주는 중세에 접어들면서 8세기에 아랍의 연금술사가 강한 주정의 제조과정을 연구하였고, 12~13세기 십자군전쟁 당시 연금술 및 증류비법이 유럽에 전파되었으며, 1171년에 헨리 2세가 아일랜드를 침입하였을 때 보리를 발효하여 증류한 술을 마셨다 한다. 12세기경에는 러시아에서 보드카가 탄생하였고, 14세기경에는 프랑스에서 브랜디가 탄생하였으며, 17세기경에는 네덜란드 의학교수인 실비우스 박사에 의해 진이 탄생하였고, 서인도제도에서는 사탕수수를 원료로 한 럼을 탄생시켰다. 그 후 멕시코에서는 원주민들이 즐겨 마시는 발효주인 풀케를 증류하여 데킬라를 탄생시켰다. 이와 같이 각 나라에서 많이 생산되는 곡물을 위주로 술이 탄생하였으며, 아울러 열매, 과일껍질, 나무뿌리 등을 혼합하여 증류한 여러 가지의 리큐르가 탄생하였다.

인간이 탄산음료를 발견하게 된 것은 자연적으로 솟아나오는 천연광천수(Mineral Water)를 마시게 된데서 비롯된다. 어떤 광천수는 보통의 물과 달라서 인체나 건강에 좋다는 것을 경험으로 알게 되면서 병자들에게 이를 마시게 했다. 기원 전 그리스(Greece)의 기록에 의하면 이러한 광천수의 효험에 의해 장수하게 되었음이 전해지고 있다. 그 후 로마시대에서도 이 천연광천수를 약용으로 마셨다고 전해지고 있다. 그러나 천연광천수의 청량함과 효험에 대해서는 굳은 믿음을 갖고 있었으나 그 원인이 천연광천수 속에 함유된 이산화탄소(CO2)때문이란 것은 알지 못했었다. 천연광천수 속의 탄산가스 존재를 밝혀낸 사람은 18C경 영국의 화학자 죠셉 프리스트리(Joseph Pristry)이며, 그는 지구상의 주요 원소의 하나인 산소의 발견자이기도 하다. 탄산가스의 발견이 인공탄산음료 발명의 계기가 되었고, 그 후에 청량음료(Soft Drink)에 대한 역사의 발판이 되었다. 이때부터 오직 갈증 해소만을 위한 음료가 아닌 즐거움을 추구하는 음료나 건강을 위한 음료를 만들기 시작하였다.

이외에도 인류는 오래 전부터 마셔온 음료 중 하나로 유(乳)제품이 있다. 목축을 하는 유목인들은 양이나 염소의 젖을 음료로 마셨다고 전해진다. 현대인들이 즐겨 마시고 있는 기호음료의 하나인 커피도 A.D. 600년경 예멘(Yemen)에서 한 양치기에 의해 발견되어 약재와 식재, 식료 및 음료로 쓰이면서 홍해 부근의 아랍 국가들에게 전파되었고, 1300년경에는 이란(Iran)에, 1500년경에는 터키(Turkey)에까지 전해지게 되었다.

인류가 단순히 음료 자체를 마시기보다 향료를 가미하여 맛에 관심을 가지게 된 것은 중세 때부터로, 십자군의 원정이나 16C경부터 시작된 남양(南洋) 항로개발로 동양의 향신료를 구하게 된 것이 동기가 되었다.

그 당시에는 초근목피(草根木皮)에 함유된 향신료(Spice and Bitter)를 그대로 사용하였으나 18C에 와서 과학의 발달과 함께 합성향료가 제조되기 시작하였다. 그로인해 19C에 들어오면서 식품공업이 크게 발전하고 제품이 다양화되면서 소비자의 기호에 따른 여러 가지 종류의 청량음료가 시장에 나오게 되었다. 그 외 알코올성 음료도 인류의 역사와 병행하여 많은 발전을 거듭하여 다양한 종류로 개발되었다. 오늘날에는 유제품을 비롯한 각종 과일주스와 청량음료, 영양음료, 기호음료, 기능성음료 등으로 다양화되고 있다.

2. 우리나라 술의 역사

삼국시대를 우리 술의 태동기라 한다면, 고려시대는 성장기, 조선시대는 전성기, 일제 강점기는 쇠퇴기, 현대는 부흥기라고 나눌 수 있다.

(1) 삼국시대 & 통일신라시대

삼국시대에는 곡물을 사용해 술을 빚는 방법이 고구려에서 완성되어 주변국으로 전파되었다. 고구려에서는 곡식을 발효시켜 만드는 양조방법이 완성되어 곡아주(穀芽酒)라는 명주가 탄생했으며, 이 곡주 양조기술은 일본에도 전파되었는데, 일본 '고사기'에 의하면 백제 수수보리(술 빚는 이)가 일본에 누룩과 술 빚는 법을 전했다고 한다. 이를 통해 백제의 양조기술이 일본에 처음으로 전해 졌음을 알 수 있으며, 신라는 고구려에서 들여 온 낙랑주법으로 당대의 시인들이 칭송하던 신라주(新羅酒)를 빚어냈고, 이후 통일신라 시대에는 다양한 양조 곡주가 개발되어 청주류의 음용이 성행하였다.

(2) 고려시대

고려시대가 되면서 탁주, 약주, 소주의 기본형태가 완성되고 양조기술과 술의 종류가 심화되었다. 중국 송나라 서긍이 지은 '고려도경'에 보면 "주류 문화와 예주 문화의 보편화로 감주(甘酒)와 점감주(粘甘酒)가 공식연회석상을 지배하였으며, 전통탁주인 이화주(梨花酒)와 함께 궁중의 양온좌고(良醞左庫)에서는 청주(淸酒)와 법주(法酒)가 빚어졌고, 서민사회에서는 막걸리가 보편화되었다"라고 전하고 있으며, "고려인은 맛이 박하고 빛깔이 짙은 술을 마신다", "잔치 때 마시는 술은 맛이 달고 빛깔이 짙으며, 사람이 마셔도 별로 취하지 않는다"라고 고려시대의 술을 평하고 있다.

고려말기에 증류식 소주가 전래되었는데, 증류식 소주를 두고 원나라에서는 '아라길주', 만주에서는 '아라키', 개성에서는 '아락주'라고 부른다.

현재 소주의 명산지가 된 '개성', '안동', '제주'는 원나라가 일본을 정벌할 계획으로 기지를 둔 지역인데, 이를 미루어 볼 때 증류식 소주는 원나라에서 전래된 것으로 짐작해 볼 수 있다.

(3) 조선시대

조선시대에는 우리 술의 전성기를 맞는다. 조선 전기에는 중양주류의 선호 등, 양조기술상의 고급화 추세로 원료가 맵쌀 위주에서 찹쌀 위주로 전환되고, 고려말기 유입된 증류주가 급속도로 증가 했으며, 특히, 상류층에서는 중양주류를 존중하는 경향이 뚜렷해지면서 백로주, 삼해주, 이화주, 청감주, 부의주, 향온주, 하향주, 춘주, 국화주 등이 명주로서 주품을 자랑했다고 한다.

조선후기에는 가문마다 집에서 빚은 가양주가 발달하고, 다양한 원료와 양조법을 활용한 지역별 명주가 성행하였으며, 이와 더불어 탁주, 약주, 소주 외에 발효주와 증류주를 혼합한 혼양주가 등장하게 된다.

(4) 일제 강점기 & 해방 후 현대

일본이 우리나라를 강점하면서 화려했던 술의 전성기는 쇠퇴기로 전환된다. 1907년 7월 '주세령'이 공포되었고, 그 해 9월 주세령이 강제 집행되면서 일본은 보다 효율적으로 주세를 받아들이기 위해 술 제조를 여러 가지로 통제하게 된다. 1916년 '주세법'이 본격 시행되면서 우리 술이 불법으로 간주되었고, 우리 술을 약주, 탁주(막걸리), 소주로 단순, 규격화하였고, 가양주는 법적으로 만들지 못하게 되었다. 자연스럽게 우리 술은 잊혀져 갔으며, 우리 술은 몇몇 일반 시민들 사이에서 명맥을 이어 갔다. 해방, 한국전쟁 이후 일본식 제도의 잔재, 식량과 원료 농산물의 부족으로 주류생산이 제한되었으며, 1965년 양곡관리법으로 쌀을 사용한 술 제조가 금지 되자 쌀이 주 원료인 전통주는 맥이 거의 끊기게 되며, 대신 밀가루로 빚은 탁주와 약주가 주류를 이루었고, 이는 우리 술의 품질을 저하시키는 계기가 되었다. 1970년대 중반부터 맥주와 희석식 소주의 생산량이 급증하였고, 1987년 맥주의 소비량이 사상 최초로 막걸리 소비량을 넘어섰으며, 1988년 서울올림픽을 계기로 양주 소비도 급증하게 되고, 1995년부터 술을 개인이 빚어 마시는 것이 허용되었으나 90년간의 오랜 공백기간은 우리 전통주를 완벽하게 살리기엔 좀 늦음감이 있다. 그러나 다행이 곳곳에서 우리 전통주 살리기에 나서서 그나마 다행이라 생각한다.

3. 음료의 분류

음료는 크게 비알코올성 음료와 알코올성 음료로 구분되고, 비알코올성 음료는 청량음료, 영양음료, 기호음료로 나뉘며, 알코올성 음료는 다시 양조주와 증류주, 혼성주로 나뉜다. 일반적으로 음료는 다음과 같은 기준, 용도나 알코올 유무, 제조법에 따라 구분된다.

(1) 용도에 의한 분류

1) 식전음료(Aperitifs)

식사 전에 식욕을 돋우기 위하여 마시는 음료를 의미한다. 식전음료는 첫째, 와인을 기초로 하여 만든 버무스의 종류와 둘째, 증류주를 초로하여 만든 비트 종류와 셋째, 비알코올성 음료인 탄산수, 청량음료, 주스류로 구분한다. 식전음료는 공통적으로 쓰고, 신맛을 지녀 식사를 하기 전에 미각을 자극하고 식욕을 촉진하는 역할을 한다.

2) 식중음료(Meal Beverage)

식사를 하면서 함께 마시는 음료로 대표적인 것으로 와인이 있다. 식사와 함께 하는 와인은 대부분 신맛이 나는 드라이한 와인이나 신맛이 약한 미디엄 드라이(Medium Dry) 와인이다. 변형으로 맥주나 칵테일 혹은 비알코올성 음료를 마시기도 한다. 일본에서는 청주를 중국에서는 고량주를 한국에서는 소주나 막걸리가 널리 알려져 있으며 대중화되어 있다.

3) 식후음료(Dessert Beverage)

식사 후 소화촉진을 위해 후식과 함께 마시는 음료로서 대부분 단맛을 지니고 있다. 와인의 경우는 대표적으로 포트와인, 크림세리 등이 있으며, 비알코올성 음료로는 기호음료, 청량음료, 주스 등이 있다. 우리나라에서는 비알코올성으로 발효음료의 대표라 할 수 있는 식혜와 위장의 활동을 도와주는 수정과가 있으며, 먹은 음식의 세균의 멸균작용을 하며 소화흡수를 돕는 매실주 또는 매실주스를 마시기도 한다.

(2) 알코올 유무 및 제조법에 의한 분류

1) 비알코올성 음료(Non-alcoholic Beverage, Soft Drink)

비알코올성 음료는 알코올성 음료와 대비되는 개념으로 알코올 성분이 전혀 들어있지 않은 음료를 총칭한다.

① 청량음료(Soft Drink)

청량음료는 마실 때에 청량감을 주는 음료로 탄산음료와 무탄산음료 등으로 나눠진다. 탄산음료에는 탄산가스가 포함된 것으로 콜라, 사이다, 환타, 토닉워터, 소다수, 칼린스믹스, 진저엘 등이 있다. 무탄산 음료는 일반적으로 Mineral Water(생수)를 가리킨다.

② **영양음료**(Nutritious Drink)

영양음료는 영양성분이 많이 함유된 음료로 건강에 이로운 것이다. 일반적으로 영양음료라고 할 수 있는 것은 야채나 과즙 음료로서 주스, 우유 등이 있다.

③ **기호음료**(Favorite Drink)

기호음료는 식전이나 식후에 즐겨 마시는 커피류나 차류 등을 말한다. 커피는 보통 커피와 디 카페인 커피로 나눠지며 차의 종류에는 홍차, 녹차, 인삼차 등이 있다. 이 같은 기호음료 또한 칵테일의 부재료로도 사용할 수 있다.

2) 알코올성 음료(Alcoholic Beverage, Hard Drink)

알코올성 음료인 술은 알코올과 물의 혼합물에 술의 원료 혹은 제조과정 중에서 우러나오는 미량의 성분을 가지고 있는 액체이다. 따라서 미량 성분은 술의 종류와 그 성질을 결정하는 중요한 요소가 된다. 우리나라 주세법에 의한 술의 개념은 곡류의 전분과 과실의 당분 등을 발효시켜 만든 1% 이상의 알코올 성분이 함유된 음료를 총칭한다.

① **양조주(발효주**-Fermented Liquor)

양조주는 인간이 주식(主食)으로 하고 있는 쌀 · 보리 등의 곡류, 포도 · 사과 등의 과실류를 원료로 하여 전분이나 과당을 발효시킨 술이다. 알코올 발효는 설탕, 포도당과 같은 당분이 Yeast(효모)의 작용으로 알코올과 탄산가스로 변하는 과정이다. 따라서 당분이 함유된 원료에 효모를 첨가해 발효시켜 얻어지는 주정을 양조주라 하는데, Wine과 Cider(사과주)가 있고, 또 하나는 전분을 원료로 하여 그 전분을 당화시켜 다시 발효공정을 거쳐 얻어내는 것으로써 맥주와 청주가 있다. 또한 예부터 현재까지 많은 사람들이 즐겨 마시는 우리나라 전통주인 막걸리가 있으며 막걸리라는 이름은 막 거른 술이라는 데서 비롯되었으며 탁주, 회주, 백주, 탁배기, 농주, 이화주 등으로 지역마다 부르는 이름이 다양하다. 이와 같이 양조주는 알코올 발효가 끝난 술을 직접 또는 여과하여 마시는 것으로 발효주라고도 하는데, 원료 자체에서 우러나오는 성분을 많이 가지고 있으며, 보관이 어렵고, 알코올 함유량이 낮은 특성을 가지고 있다.

② **증류주**(Distilled Liquor)

증류주는 양조주보다 순도 높은 주정을 얻기 위해 1차 발효된 양조주를 다시 증류시켜 알코올 도수를 높인 것이다. 증류방법은 알코올과 물을 끓는점의 차이를 이용하여 고농도 알코올을 얻어내는 과정이다. 즉, 양조주는 서서히 열을 가하면 끓는점이 낮은 알코올이 먼저 증발하게 되는데, 이 증발하는 기체를 모아서 냉각시키면 고농도의 알코올 액체를 얻어낼 수 있다. 이와 같은 증류주에는 위스키, 브랜디, 진, 럼, 보드카, 테킬라 등이 있다.

위스키

브랜디

③ **혼성주**(Compounded Liquor)

혼성주는 증류주나 양조주에 식물성 향미성분을 배합하고 다시 감미료나 착색료 등을 첨가하여 만든 술의 총칭이다. 혼성주는 식물의 원료에 따라 다시 약초, 향초류, 과실류, 종자류 등으로 구분된다.

음료의 분류

<table>
<tr><td rowspan="7">음료
(Beverage)</td><td rowspan="4">알코올성
음료
(Alcholic
Beverage)</td><td>양조주
(Fermented
Liquor)</td><td colspan="2">맥주(Beer)
와인(Wine)
사케(Sake)
막걸리(Rice Wine)</td></tr>
<tr><td rowspan="2">증류주
(Distilled Liquor)</td><td>위스키
(Whisky)</td><td>Scotch Whisky
Irish Whiskey
American Whiskey
Canadian Whisky</td></tr>
<tr><td colspan="2">브랜디(Brandy)
진(Gin)
보드카(Vodka)
럼(Rum)
데킬라(Tequile)
아쿠아비트(Aquavit)</td></tr>
<tr><td>혼성주
(Compounded
Liquor)</td><td colspan="2">약초&향초류(Herbs&Spices)
과실류(Fruits)
종자류(Beans&Kernels)</td></tr>
<tr><td rowspan="3">비알코올성
음료
(Non-
Alcholic
Beverage)</td><td>청량음료
(Soft Drink)</td><td colspan="2">탄산음료(Carbonated)
무탄산음료(Non Carbonated)</td></tr>
<tr><td>영양음료
(Nutritious Drink)</td><td colspan="2">주스류(Juice)
유제품류(Milk)</td></tr>
<tr><td>기호음료
(Favorite Drink)</td><td colspan="2">커피(Coffee)
차(Tea)</td></tr>
</table>

제 2 장
주장(Bar) 관리

제 2 장 주장(Bar) 관리

1. 주장(Bar)의 개념

바(Bar)의 사전적 의미는 '막대기(모양인 것)', '법정', '술집' 등 다양한 뜻을 내포하고 있다. 그러나 바는 불어의 '바리에르(Bariere)'에서 온 말로 고객과 바텐더(Bartender) 사이에 가로 질러진 널판을 바(Bar)라고 하던 개념이 현대에 와서는 술을 파는 식당을 총칭하는 의미로 사용되고 있다. 우리나라 주세법에 나와 있는 "바(Bar)라고 하는 것은 일정하게 정해진 공간에 길게 가로 질러진 널판(Bar)을 사이에 두고 바텐더(Bartender)가 고객에게 술 또는 음료 등을 파는 행위의 장소"라고 하고 있다.

'바(Bar)'라는 의미의 유래는 매우 다양하게 전해지고 있지만, 그 하나가 미국의 서부 개척시대를 돌아보면 흔히 우리가 알고 있는 황야의 무법자와 같은 사람들이 사막을 달려와 흙먼지를 날리며 멋있게 술집 앞에 말을 세우고 술집에 들어가면서 말을 막대기(Bar)에 묶어 놓고 들어가는 것을 영화나 TV에서 보았던 적이 있을 것이다. 그것처럼 사람은 술집에서, 말은 그 술집 앞에서 쉬면서 목을 축이며 휴식을 취하는 것이다. 이러한 개념에서 "바(Bar)라는 것은 지치고 힘든 몸을 쉬어가기도 하며, 술이나 음료로 목을 축이고, 바텐더(Bartender)와 여러 가지 이야기를 나누기도 하는 편안하고도 즐거운 분위기를 연출해 내는 장소 및 공간을 의미하게 되었다."고 하는 주장도 있으며, 다른 이야기는

17~19세기 유럽에서 처음으로 바(Bar)의 형태가 나타나기 시작하였다는 주장이다. 이는 신흥 부르주아(Bourgeois)들과 귀족층의 사교클럽으로 시작되었는데, 카페 · 레스토랑 · 술집의 기능을 함께 갖춘 경우가 많았다. 파리의 비스트로(Bistro)처럼 그저 술을 내어 주는 창구로서의 서비스 바(Bar)만을 갖추고 있거나, 영국의 팝(Pub)처럼 한쪽 면에 사람들이 기대어 서서 술을 마실 수 있는 바를 갖추고 있다고 해도 홀이 커서 테이블 위주의 장사를 하는 경우가 대부분이었다. 오늘날과 같이 바를 중심으로 하는 형태가 생겨난 것은 20세기 초 미국에서 칵테일의 발달과 함께 했다고 전해지고 있다.

오늘날 바는 그 형태가 다양화되고 대형화 되어 점점 팝이나 다른 형태의 술집과 구분이 어려워지고 있다. 레스토랑과 바를 겸한 형태의 업장도 미국을 중심으로 대중화되어 가고 있으며, 한편으로 영국이나 프랑스 등 유럽대륙에서는 아직도 팝(Pub), 살롱(Salon), 브래서리(Brasserie), 비스트로(Bistro), 카페(Cafe) 등의 전통적인 이름을 선호하고 있다.

2. 바(Bar) 경영의 필요성

Bar는 과거 단순하고 수동적인 영업에서부터 출발하여 산업기술의 발달, 인구의 도시집중화, 가처분소득의 증대, 여가의 증대 등으로 Bar의 환경은 양적, 질적으로 급속도로 변화하여 시장의 공급과잉의 현상을 보이고 있다.

그리고 중저가의 영세점포에서부터 대형화, 고급화, 세분화, 체인화 등으로 갖추어진 기업형까지 규모의 다양화, 업태의 다양화로 치열한 생존경쟁이 더욱 심화되고 있다. 따라서 Bar는 더 이상 과거와 같이 단순한 생산 및 판매방식에 의존해서는 수익성을 보장받지 못할 뿐만 아니라 무한경쟁시대에 더 이상 존속할 수 없으므로 Bar가 확보한 인적, 물적, 시설적, 금전적 등의 자원을 효율적으로 운영하기 위한 Bar 경영이 더욱 필요하다.

Bar의 대내외적 환경변화는 급변하고 있으며, 고객의 가치관 변화는 과거와 같이 한탕주의식의 영업방식은 더욱더 곤란하게 되었다. 따라서 환경변화에 적극적으로 대처해 나가기 위해 자기점포의 강점과 단점을 파악하여 강점을 최대한 이용하고 단점을 보완하여 환경에 대한 기회의 요인과 위협요인을 분석, 예측하여 이에 대한 경영방향을 설정하지 않으면 안 되게 되었다.

이는 시장경제에 적합한 경영활동이 이루어지지 않으면 고객을 빼앗기거나 최악의 경우 실패할 수 있음을 의미한다. 따라서 Bar의 궁극적 목표가 되는 조직의 유효성을 극대화하고 경영성과를 향상시키는 데 노력을 기울여야 한다,

그러나 대다수의 영세 Bar는 경영의 개념부족으로 소위 '술장사는 망하지 않는다.', '순수이익률이 높다.' 는 등의 현실인식 부족으로 전근대적인 가시적 운영의 틀에서 벗어나지 못하여 경영이 아닌 주먹구구식의 장사를 하고 있다, 또한 영업을 마냥 '운' 으로 돌리며, 내일은 좀 더 낫겠지 하며 버티다가 결국에는 폐업에까지 이르고 있는 실정이다. 따라서 Bar는 다양한 경영기법의 도입과 시설, 규모 그리고 서비스 등에 있어서 고객의 취향과 대상 고객에 맞는 안락한 분위기 연출에 이르기까지 좀 더 구체적이며 과학적으로 한 단계 높은 경영이 필요하다.

3. 바(Bar)의 조직도

바의 운영에 있어서 조직은 지휘계통과 업무의 책임 한계를 확인시켜주는 것으로 체계적인 조직 및 직무관리가 요구된다. 바조직의 구성은 능률적이고 효율적으로 운영하기 위해 영업형태, 영업시간, 업장의 규모 등에 의해 결정된다.

그 조직도는 다음과 같다.

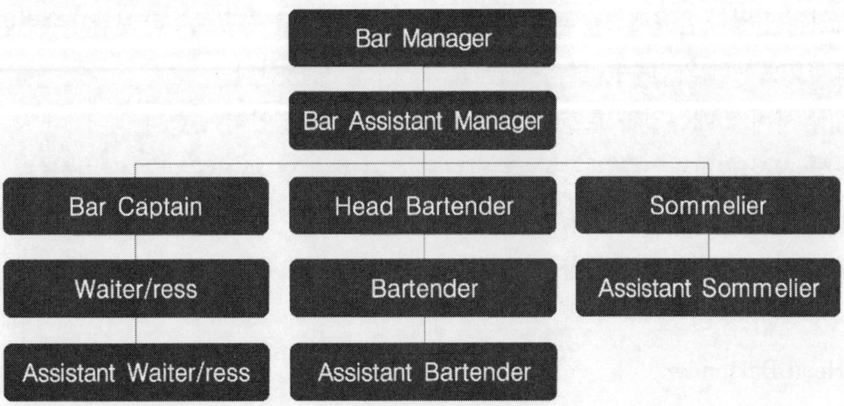

특급호텔 바의 조직도

Bar의 직책은 호텔의 규모나 성격에 따라 약간의 차이는 있지만 대규모 호텔에서는 Bar Manager, Bar Assistant Manager, Sommelier, Head Bartender, Bar Captain, Bartender, Waiter/ress, Assistant Bartender 등으로 구성되어 있다. 따라서 이들 각각의 직무를 분석해보면 다음과 같다.

① Bar Manager

- Bar 직원들의 근무 편성과 Bar 영업을 책임진다.
- 각종 음료 및 칵테일에 대한 풍부한 지식을 가지고 직원들의 교육훈련을 담당한다.
- 고객서비스를 철저히 지휘 · 감독하여 고객관리에 만전을 기한다.
- 호텔서비스의 매뉴얼과 규정을 준수하고 이를 감독한다.
- 영업종료 후 영업보고 및 재료 사용보고서를 작성 · 제출한다.
- 표준 칵테일 Recipe(칵테일 표준량)를 각 Bar에 비치하고 이에 대한 교육을 담당한다.
- 가격조정과 원가계산도 할 수 있어야 한다.

② Assistant Manager

- Bar 영업장의 부책임자로서 Manager를 보좌하고, 부재시 업무를 대행한다.
- 영업 종료 후 영업일지를 작성하여 Manager에게 보고한다.
- 영업장이 항상 청결하고 정상적인 상태로 운영되도록 책임을 지고 감독한다.

③ Sommelier

- 와인의 진열과 음료재고를 점검 · 관리하며 필요시 음료 창고로부터 보급 · 수령한다.
- 고객으로부터 와인주문 및 추천을 돕고 서브를 담당한다.
- 업장 서비스 매뉴얼과 호텔 규정에 대하여 숙지하고 있어야 한다.
- 항상 최선의 서비스를 제공할 수 있도록 음료판매 및 관리에 만전을 기한다.
- 와인의 프로모션을 계획하고 진행할 수 있도록 한다.
- House Wine을 지정하여 이에 따른 판매 전략과 교육을 실시한다.

④ Head Bartender

- 담당구역의 정돈상태와 준비상황을 점검한다.

- Bar 서비스의 책임자로서 정확한 주문과 서브를 담당한다.
- 필요시 지배인의 업무를 보좌하며 대행하기도 한다.
- 판매되는 음료상품의 지식, 시간, 순서들을 정확히 숙지해야 한다.
- 고객이 떠난 후 테이블을 재정비하도록 지시한다.
- 업장의 서비스에 대한 매뉴얼, 긴급조치사항 등을 숙지한다.
- Monthly Inventory(월말 재고조사)를 실시한다.

⑤ Bar Captain
- 접객서비스의 책임자로서 정확한 주문과 서비스를 담당한다.
- 필요시 지배인의 업무를 보좌하며 담당구역 및 준비사항 등을 점검한다.
- 고객으로부터 직접 주문을 받고 계산서를 발행한다.
- 판매되는 품목의 상품지식, 시간, 순서 등을 정확히 숙지해야 한다.
- 직원들의 근무 스케줄을 작성하여 보고한다.
- 각종 음료의 판매촉진을 위한 행사의 목적을 달성할 수 있도록 한다.
- 영업 종료 후 그 날의 영업보고서를 작성하고 특이사항을 보고한다.
- 고객으로부터의 예약사항을 점검하고 이에 따른 준비를 한다.

⑥ Bartender
- 매일 영업에 필요한 각종 음료의 재고량(Bar Stock)과 기물 등을 준비한다.
- 글라스류 및 칵테일 용기 등을 세척, 정리한다.
- 냉장고, 제빙기 등의 기기를 점검한다.
- 와인, 맥주, 청량음료 등의 적정온도가 유지될 수 있도록 점검하고 관리한다.
- Recipe(표준 제조법)에 준하여 지정된 계량기 및 글라스에 제공한다.
- 영업 종료 후 Inventory(재고조사)를 하여 Head Bartender에게 보고를 한다.
- 영업 종료 후 Bar 주위의 청소와 기물정리를 담당한다.

⑦ Bar Waiter/ress
- 담당 테이블과 그 주위를 항상 정리정돈하고 청결을 유지한다.

- 서비스는 정확하게 하며 반드시 트레이를 사용하여 서브한다.
- 항상 고객을 주시하고 주문이나 필요시 즉시 응할 수 있도록 한다.
- 고객이 돌아가고 난 후 테이블을 재사용할 수 있도록 한다.
- 기물 취급법, 상품지식 등을 숙지하여야 한다.
- 판매되는 음료의 상품을 숙지하여 고객에게 추천할 수 있도록 한다.

⑧ Assistant Bartender

- Bar 운영에 필요한 각종 주류를 포함하여 기물, 린넨, 비품 등을 창고로부터 수령한다.
- 칵테일 장식에 필요한 과일류를 슬라이스하여 사용할 수 있도록 준비한다.
- Bar에 있는 비품들을 위생적으로 유지하고 Bar 카운터 주위를 항상 청결하게 유지한다.
- 싱크대에서 글라스류, 은기류, 접시류 등을 닦아 재사용할 수 있도록 준비한다.
- 맥주는 Cooler에 넣어 적당한 온도로 제공할 수 있도록 한다.
- Bar 내부의 청결을 유지한다.

4. 주장 직원의 자격조건

(1) 단정한 용모와 매너

고객과의 첫 대면에서 호감을 주기 위하여 항상 단정함을 유지하고 이를 위해 규정에 따른 헤어스타일과 유니폼, 구두를 갖춘다. 술을 마신 고객들을 상대하여야 하기 때문에 항상 예의바른 태도와 부드러운 화술로 고객에게 서비스한다. 각 고객의 특성을 고려한 서비스를 할 수 있도록 매너를 갖추고 있어야 한다.

(2) 상품지식 숙지 능력

각종 음료에 대해 근무하는 곳과 타 업장에서 판매되는 상품에 대한 해박한 지식을 소유하여, 고객이 요구하는 다양한 주문에 응대할 수 있도록 노력하는 자세를 갖추고 있어야 한다. 또한 새로운 칵테일 상품을 개발할 수 있도록 지속적으로 연구 노력하여야 한다.

(3) 사교성과 유머 능력

바텐더는 고객과 직접적으로 의사소통을 하게 되기 때문에 시사적인 상식뿐만 아니라 다양한 전문적인 지식도 갖추고 있어야 한다. 또한 처음 대하는 고객에게도 쉽게 다가가 고객을 편안하게 해 줄 수 있는 상담능력도 갖고 있어야 한다. 간혹 술에 취하면서 기분이 가라앉는 고객도 있기 때문에 대화 중에 고객을 즐겁게 할 수 있는 유머 구사능력도 갖추고 있어야 한다. 이를 위해 항상 시사적인 내용을 숙지하고 시대적인 이슈에 관심을 가져야 한다. 또한 각 연령층과 직업에 따른 고객에 응대할 수 있도록 다양한 대화 스킬도 갖추어야 한다.

(4) 원가관리에 대한 능력

바텐더는 일반음료의 취급이나 칵테일 조주를 할 때, 표준조주(Recipe)에 의한 정량조주를 해야 한다. 바텐더와 친밀한 관계의 고객이라 해서 많은 양을 제공해서는 안 된다. 단, 단골고객이나 매출에 영향을 많이 미치는 고객의 경우 바 매니저의 재량에 의해 서비스 내용을 조절하여 고객에게 제공할 수도 있다.

5. 주장 근무 수칙

(1) 근무 수칙

1) 미성년자에게 절대로 술을 판매하지 않는다.
2) 언제나 상쾌하고 명랑하게 고객을 응대하고 고객은 항상 옳다고 생각한다.
3) 카운터의 청결을 유지하며 금이 간 글라스류 같은 것은 즉시 폐품처리 한다.

4) 입에서 불결한 냄새가 나지 않도록 항상 구강청결에 신경을 써야 한다.
5) 헤어스타일 및 용모를 항상 단정하게 유지하고 단지 자신의 취향에 의해 머리를 길렀을 경우 지저분하거나 빠지지 않도록 유의한다.
6) 고객이 권하는 술은 받아 마시지 않는 것을 원칙으로 하나, 부득이한 경우 조절할 수 있도록 한다.
7) 고객과 대화 중이라도 새로운 고객이 주문을 요구할 경우 절대로 새로운 고객의 주문을 지체하면 안 된다. 다만 대화를 나누던 고객에게 양해를 반드시 구하고 새로운 고객의 주문에 응하도록 한다.
8) 동일한 고객이 적어도 3회 이상 찾아 왔을 때에는 반드시 그 고객의 성명과 즐겨 마시는 음료를 기억하여 제공하도록 한다.
9) 고객의 주문에 의하여 제공된 음료라 하더라도 반드시 그 음료 맛의 강약 및 맛을 물어 보아 고객으로 하여금 접객요원이 그 고객을 위해 최선을 다하고 있음을 느낄 수 있도록 노력한다.
10) 다른 장소에서 취해서 온 고객이 있을 시 주문을 받지 않도록 하며 담당 바텐더가 다른 고객에게 피해가 가지 않도록 조용히 처리하도록 한다. 만약 매니저가 있다면 매니저가 처리할 수 있도록 한다.
11) 항상 주위에 화제가 될 만한 일을 기억하여 고객과의 대화에 응하도록 할 것 이며 가능한 신문을 매일 탐독한다.
12) 근무 중 음성의 강약을 조절하며 침착하게 행동한다.
13) 고객이 2인 이상 동반하여 왔을 경우, 비록 상대편 일행 중 잘 아는 고객이 있더라도 상대편에서 모르는 체 할 경우는 절대로 아는 내색을 하지 말고 일단은 보통의 인사로 맞이하고 상대편이 아는 체를 했을 경우에는 친근감을 표시한다.
14) 고객 한 사람 한 사람마다 신경을 써서 즉시 재 주문에 응할 자세를 갖추어야 한다.
15) 고객과 대화 시에는 정치나 종교문제, 그리고 타인에 대한 비난 등의 이야기는 절대 금지하도록 한다.
16) 고객이 떠날 때에는 고객이 재방문하길 바란다는 인사를 잊지 말아야 한다.
17) 혼자 온 고객을 큰 좌석으로 안내하지 말고 인원수에 맞는 테이블로 안내한다.

18) 사용한 글라스에 립스틱이나 칵테일 찌꺼기가 남아 있지 않도록 글라스를 항상 깨끗하게 닦아 준다.

(2) 취객 대처방법

바를 운영하다 보면 종종 그 도를 지나쳐 술에 취하는 취객들이 있기 마련이며, 더러는 다른 영업장에서 이미 취한 상태에서 영업장을 방문하는 취객이 있다. 그러므로 이들에 대한 대처방법을 미리 익혀 두어야 한다.

1) 취객의 상반신을 높게 하고, 의복과 넥타이를 느슨하게 풀어준다.
2) 취객의 얼굴이 붉어졌을 경우에는 찬 수건으로 머리를 시원하게 해 준다.
3) 고객이 많이 취해 의식이 없을 경우에는 호텔의 경우 프런트와 객실 부서에 즉시 연락을 해서 빈 객실을 임시로 제공하게 하거나, 투숙객일 경우 객실까지 모셔다 주는 배려를 해야 한다. 또는 운송수단의 수배(대리운전)를 통해 안전하게 귀가할 수 있도록 조치한다.
4) 고객이 구토의 증세가 있을 경우 얼굴을 옆으로 해서 쉬게 하고 수건과 구토봉투나 통을 미리 준비하여 제공한다.
5) 신체의 보온에 주의하고, 취기가 조금씩 떨어지면 뜨거운 커피나 홍차 등을 제공하여 취기를 빨리 가라앉게 한다.
6) 고객을 택시로 환송할 경우에는 만일의 사태에 대비하여 고객의 물건을 미리 점검하고, 택시번호, 회사명 등을 메모해 둔다.

6. 주장의 유형

Bar를 구분하는데 있어서 첫째, 그 분위기에 따라 클래식 바(Classic Bar)와 엔터테인먼트 바(Entertainment Bar)로 구분한다. 둘째, 바에서 주로 제공되는 음료의 주 주제가 무엇인가에 따라 맥주 바(Beer Bar)와 와인 바(Wine Bar)로 구분하기도 한다. 셋째, 다양한 형태의 모습으로 명명되어진 바의 유형이 있다.

(1) 클래식 바(Classic Bar)

우리나라의 경우 종종 위스키 바라고 불리우기도 한다. 이는 가볍게 마시는 맥주보다는 위스키나 코냑과 같은 증류주를 중심으로 판매하기 때문이다. 칵테일도 마티니, 맨해튼(Manhattan), 올드 패션 등 전통적인 레시피에 좀더 무게를 두어 상품을 구성하고 있다. 바의 원형에 가까운 형태의 실내로 대부분 원목인 고급목재 혹은 벽돌재로 고급스럽게 장식하며, 실내는 어두운 편이고, 각 테이블이나 바의 각 사이드는 독립된 공간이란 느낌을 갖도록 인테리어가 되어 있다.

1) Lounge

호텔의 Bar는 장소와 위치에 따라 여러 형태로 분류할 수 있는데, 일반적으로 1층 로비 근처에 위치하고 있는 Lobby Lounge Bar가 일반적이다. 라운지 바에서 판매하는 음료로는 커피, 차, 칵테일, 전통차 및 간단한 간단한 스낵 등이 있다.

또한 고층의 전망이 좋을 곳에 위치한 Sky Lounge Bar가 여기에 해당된다고 할 수 있다. 특급호텔의 대표적인 라운지로는 파크 하얏트 서울의 'The Lounge'로 24층에 위치하여 주스와 차, 와인 및 간단한 식사 등을 즐길 수 있다.

최근 호텔에서는 전략적으로 수익성을 극대화시키기 위해 음식을 함께 제공할 수 있는 Dining 개념의 Lounge Bar를 활성화시키고 있다.

2) Membership Bar

Membership Bar는 호텔 투숙객이나 호텔 회원제에 가입된 고객과 일행들이 주로 편리하게 이용할 수 있도록 만들어진 Bar이다.

일반적으로 Membership Bar에서는 라이브 공연을 보고 즐길 수 있으며 신선한 기분을 느낄 수 있는 Pub Bar와 감미로운 음악이 흐르는 조용한 Music Bar 등을 갖추고 있다.

(2) 엔터테인먼트 바(Entertainment Bar)

엔터테인먼트 바는 고객들에게 바가 음료만을 즐기는 곳이 아니라 흥겹게 즐기면서 음료를 즐기는 곳이란 의미가 강한 곳이다. 분위기는 자유분방하고 동적이다. 예를 들어 홍

겨운 음악과 맞추어 춤을 화려한 바텐딩 쇼를 보면서 고객이 함께 능동적으로 즐길 수 있는 바이다. 따라서 고객층 역시 20대 초반의 젊은 분위기 이며 인테리어도 모던한 스타일이나 테마를 갖고 이루어진 경우가 많다. 바텐더들은 플레어(Flare) 능력을 갖추고 고객을 접객하는 경우가 대부분이다. 바에서 판매하는 주류의 종류도 위스키나 브랜디와 같은 하드 리쿼(Hard Liquor)보다는 맥주나 칵테일 등 소프트한 종류가 주를 이룬다.

1) Pub Bar

주로 라이브 공연이나 재즈 연주 등이 펼쳐지는 영국식 선술집 형태로 운영되는 업장이다. 대표적인 사례로 그랜드 하얏트 서울의 J.J. Mahoney's를 들 수 있다. 라이브 밴드의 공연이 있는 뮤직 룸, 최신 음향 및 조명시스템을 갖춘 댄스 플로어, 아일랜드 스타일의 Bar, 간단한 식사를 즐길 수 있는 룸과 야외 테라스 등 종합적인 Bar 시설을 갖추고 있기 때문에 Entertainment Bar라고도 한다

2) 스포츠 바

바에서 음료를 즐기면서 바 내에 설치되어 있는 당구 · 다트 등의 시설을 이용할 수 있는 바이다. 스포츠를 즐길 뿐만 아니라 직원들의 복장 역시 경쾌하며 발랄하다. 차츰 젊은 층을 대상으로 하는 스포츠 바는 국내에서 확산되고 있는 추세이다.

3) Karaoke Bar

고객들이 음악에 맞춰 노래를 부를 수 있는 유흥적 요소를 제공하고 위스키, 맥주, 와인, 안주 등을 판매하는 곳이다. 일반적으로 다양한 형태의 룸에는 컬러 조명과, 대형 스크린, 최첨단 오디오 시스템 등을 갖추고 있다. 최근 변화된 트렌드는 라이브 및 와인바, 가라오케를 함께 갖춘 신개념의 Entertainment Bar가 증가하고 있다는 것이다.

(3) 제공되는 주 음료에 따른 바의 종류

1) 맥주 바

일반적으로 맥주 바에서는 각국의 다양한 맥주를 갖추어 놓고 고객이 즐겨하는 맥주

를 맘껏 즐길 수 있는 바이다. 바 중앙에 특별 제작된 'ㅁ'자 형태의 커다란 맥주 테이블에 얼음을 채우고 그곳에 다양한 종류의 맥주를 꽂아 놓으면 고객들은 자신의 기호에 맞는 맥주를 자유롭게 선택하여 마실 수 있도록 하는 경우가 많다.

분위기는 클래식 바라기 보다는 엔터테인먼트 바의 성격이 강하며, 자유스럽고 부드러운 분위기에서 음료를 즐기길 원하는 고객이 많다. 또한 무겁게 음료를 즐기기 보다는 가벼우면서도 경쾌하게 음료를 즐기는 고객들이 선호하는 바이다.

2) 와인 바

최근 들어 가장 널리 확산되고 있는 바이다. 와인 바는 다양한 와인을 즐길 수 있는 곳으로 간단한 안주류와 함께 와인 자체를 즐기는 것을 목적으로 하는 Bar라는 점에서 일반 레스토랑과 구별된다. 와인 바에서는 병 판매 뿐만 아니라 잔 판매가 가능한 곳으로 다양한 와인을 마시고자 하는 매니아들이 찾는 곳이기도 하다. 수만 종의 와인 중에서 다양한 가격대에 따른 와인을 갖추고 있는 경우가 많다. 와인 바에는 주인이나 직원 중에 한 명 이상의 와인 전문가(소믈리에)들이 있다. 우리나라의 경우 압구정동, 청담동, 한남동 지역과 강남일대로 점차 확산되어 가고 있는 추세에 있으며, 와인이 갖고 있는 여러 가지 약용기능에 대해 알려지면서 더욱 고객들의 선호도가 높아지고 있는 추세이다. 와인의 가격대는 매우 저렴한 것부터 희소성에 의미가 강한 고가의 와인까지 그 범위가 매우 다양하다. 따라서 가격을 떠나 고객들의 기호에 따라 와인을 즐길 수 있도록 하여야 한다.

최근들어 와인 바의 경우 와인에 대한 강좌를 함께 실시하면서 운영하는 바들이 증가하고 있어 와인 매니아 층이 점차 확산되는데 일조를 하고 있다.(●표시는 각 호텔 와인 바 운영 상황)

서울시내 특1급 호텔 Bar & Lounge 현황

구 분	Lounge Bar	Pub Bar	Membership Bar	Karaoke Bar
그랜드 앰배서더 서울	●	●		
그랜드 인터컨티넨탈 서울	●	●	●	●
그랜드 하얏트 서울	●			
그랜드 힐튼 서울	●		●	●

구 분	Lounge Bar	Pub Bar	Membership Bar	Karaoke Bar
롯데호텔 서울	●	●	●	
롯데호텔 월드	●	●		
르네상스 서울	●			
리츠칼튼 서울			●	
밀레니엄 서울 힐튼	●			
쉐라톤 그랜드 워커힐	●	●		
쉐라톤 서울 디큐브시티	●			
신라호텔	●		●	
웨스틴 조선	●	●		
인터컨티넨탈 코엑스 서울	●			
임피리얼 팰리스	●	●	●	●
파크 하얏트 서울	●			
플라자 호텔	●	●		
JW 메리어트 서울	●	●	●	
W 서울 워커힐	●			

7. 메뉴 계획

바 운영에서 가장 핵심이 되는 것은 바에서 어떤 상품을 판매할 것인가를 결정하는 것이다. 즉, 바의 상품 차림표인 메뉴 결정은 매우 중요한 요소이다. 바에서 메뉴란 각종 음료에 대한 목록표로서 바의 경영은 메뉴의 선정에 의해 좌우된다고 볼 수 있다. 따라서 메뉴 선정에 앞서 수요에 대한 시장조사가 선행되어야 하며, 각 메뉴에 따른 수익 분석도 이루어져야 한다.

메뉴 계획은 시장성과 수익성을 바탕으로 하여 이루어지며, 독특한 메뉴 개발을 게을리 해서는 안 된다. 메뉴의 종류와 수는 바 업장의 주고객층, 고객의 필요와 욕구, 마케팅 전략, 원가관리 등을 고려하여 구성된다.

(1) 메뉴 계획 시 고려사항

1) 바의 입지성

바의 위치에 따라 업종과 형태, 메뉴의 구성과 가격결정, 그리고 주 고객층이 결정되기 때문에 바가 추구하는 경영목적과 자본력 및 여러 가지 주변상황을 최종적으로 고려하여 바의 입지를 선택함으로 주위여건에 적합한 메뉴를 계획한다. 그리고 Bar는 주로 야간에 영업을 하므로 도심지라도 야간에 사람들이 모이는 지역인지, 혹은 야간에 사람들이 빠져 나가는 지역인지에 따라 차이가 매우 크다.

또한 영세 Bar의 경우 많은 물품을 동시에 구매하거나, 많은 재료를 동시에 구비하지 못하는 여건 하에서도 신속하고 쉽게 구매물품을 구입할 수 있는 여건인지를 동시에 고려해야 한다. 이러한 노력은 노동력과 자금이용의 극대화를 꾀할 수 있게 한다.

2) 바의 시장성

바 운영을 위해 시장성을 조사할 경우 바를 이용할 수 있는 고객층 · 시장규모 · 잠재고객의 파악이 우선되어야 한다. 고객층의 기호나 사회적인 정서 · 유행, 업소의 위치, 접근성, 상품의 브랜드 등을 감안하여 메뉴를 결정하여야 한다. 동시에 메뉴가 현재 기호도와 미래 잠재 가능한 메뉴인지를 구분하여 계획하고 차별화된 메뉴 계획도 필요하다.

3) 바의 수익성

메뉴 계획의 구성 목적은 원가합리화를 통한 이윤창출에 있으므로 고객의 욕구에 부합하는지를 파악함과 동시에 메뉴의 전반적인 재료원가, 재료의 조달 여건, 인건비, 바 시설의 공간 확보 여부 등 궁극적으로 수익성 확보 차원에서 메뉴가격을 결정한다.

4) 바의 생산력

바를 구성하는 전문 바텐더 및 소믈리에와 이를 관리하는 지배인들의 역량을 고려하여 메뉴를 계획함으로써 인건비와 재료비의 수익성을 재고할 수 있다.

5) 주 고객층에 대한 사전조사와 적정판매가격에 대한 제고

메뉴의 구성은 적정한 판매 가격을 통하여 경쟁력에 대처하고 매출증대로 주장경영에 기여할 수 있어야 한다. 또한 각각의 상품가격이 고, 중, 저가의 분포가 적절히 믹스되어야 한다. 그리고 표준원가를 초과하지 않도록 하여 고객의 경제적 수준에 부합하고 목표이윤을 실현할 수 있어야 한다.

8. 바(Bar)의 수익관리

(1) 원가관리

원가관리란 고객에게 제공되는 메뉴의 질과 양을 희생시키지 않으면서 원가를 적절하게 최소한으로 유지하는데 있다. 이러한 원가절감을 위해서는 매출액 증대와 효율적인 원가관리가 이루어져야 한다. 메뉴의 질적 향상과 가격 등에 있어서도 타 업장보다 경쟁력이 강화되어 결과적으로 합리적 업장운영이 보장되도록 해야 한다. Bar 경영의 궁극적인 목표는 수익 창출이다. Bar 경영은 제조업과는 달리 재료의 보관이나 저장, 출고 등에 있어 깨지거나 변질될 가능성이 있기 때문에 다음과 같은 원가 리를 실천해야 한다.

- 고객이 선호하는 음료를 예측하여 소비가 되는 음료에 대하여 정확한 판매 기록을 함으로써 불필요한 음료 주문을 피하는 것이 좋다.
- 표준 Recipe를 이용하여 재료의 양과 조주 방법 등을 정확히 해줌으로써 불필요한 낭비를 없앤다.
- 재료의 구매, 검수, 출고가 고객에게 메뉴로 제공되기까지의 낭비 요인을 항상 점검하여 제거한다.
- Bar 직원을 적재적소 배치하여 인건비의 손실을 막는다.

① Daily Inventory(일일 재고조사)

바텐더가 매일매일 출고와 저장의 양을 항상 맞출 수 있도록 매일 재고조사를 실시한다.

② Monthly Inventory(월 재고조사)

일일 재고조사의 마지막 결산으로 한 달 동안 판매된 재료에 대한 출고와 입고량을 점검하여 매출을 올릴 수 있도록 하는 것으로 매출액과 많은 영향을 가지고 있다.

Woobar Cocktail 중 가장 낮은 Cost Menu (W 서울 워커힐)

Campari Soda
(Campari 45ml + Club Soda 1/2can)

Campari : 23,200원/Btl(750ml)

Club Soda : 380원/Can

① Campari : 23200×45/750=1392원

② Club Soda : 380×1/2=190원

① + ② = 1,582원

Woobar Cocktail 중 가장 높은 Cost Menu (W 서울 워커힐)

Royal Mojito
(Fresh Lime 1/2ea +Mint 1/2pk+ Havana Rum 45ml +Champagne100ml)

① Fresh Lime : 3000×1/2=1,500원
② Mint : 700×1/2=350원
③ Havana Rum : 33,400×45/750=2,004원
④ Champagne 60,300×120/750=9,648원
① + ② + ③ + ④ = 13,502원

(2) 인건비 관리

바 직원에게 지급되는 인건비는 재료의 원가와 함께 업장운영에 있어서 가장 높은 비용을 차지하고 있다. 영업에 필요한 직원은 그 영업의 형태와 영업시간 · 휴일 등의 조건 · 점포의 넓이 등에 의해서 결정된다. 직원 인건비에는 급료 · 수당 · 상여금 외에 법정 복지금 · 후생비 · 회비 · 교통비 등을 포함하고 있으며, 각종 국민연금 · 건강보험까지도 포함하여야 한다. 이외에도 최근에는 교육비와 구인비까지 인건비에 포함시키고 있다. 급료와 인건비와의 관계는 대체로 인건비는 급료 × (1.35~2) 으로 본다.

전체 매출액에 대한 인건비 비율(%) = 인건비 / 총 매출액으로 계산한다.

인건비에 있어서 또 한 가지 고려되어야 할 사항이 노동생산성이다. 노동생산성에 영향을 미치는 요인들은 직원들의 감정 · 사고방식 · 기분 등의 정신적인 측면과 작업동선 · 설비수준 · 시설수준 · 작업편리성 및 생산의 단순성 및 물리적 측면 등이 다양하기 때문에 다른 주장과의 비교보다는 자체 내의 분석으로 생산성 표준을 설정하는 것이 필요하다.

시간당 판매량(%) =총 생산량 / 총 노동시간

테이블 당 노동시간=1시간 / 시간 당 판매량

(3) 부대시설 관리

바를 운영하는데 있어서 소홀하기 쉬운 부분이 부대시설에 대한 관리이다. 부대시설 관리 소홀로 인하여 영업정지 또는 영업취소와 같은 행정처분을 당하지 않으려면 위해요소를 사전에 방지해야 한다. 바에서는 알코올성 음료에 대한 판매가 이루어지기 때문에 각종 안전관리가 필요하다. 또한 항상 청결과 위생에 대한 관리를 위해 급수시설 및 하수시설에 대한 철저한 소독과 관리가 필요하다. 특히 화장실의 경우 소독관리와 청결유지를 위해 수시로 점검하며 관리해 주어야 한다. 이외에도 직원들을 위한 탈의실관리도 철저히 해야 한다.

(4) 부정관리

바 경영에 있어서 가장 중요한 문제는 직원들의 부정적인 행위가 매상에 많은 영향을 끼치게 된다. 따라서 직원에게 있어서 가장 중요한 것은 정직이다. 이러한 바의 부정은 경영자의 관리 소홀과 무관심에서 초래될 수 있으므로 바의 관리 책임자는 음료와 술의 구입과 저장 및 판매에 있어서 정확한 전문지식을 갖고 직원들을 감독하지 않으면 안 된다.

바에서 발생할 수 있는 부정의 경우는 대부분 다음과 같다. 이에 대해 적절히 처리할 수 있는 규정을 미리 만들어 두는 것이 필요하며, 사전에 직원들에 대한 철저한 교육과 관리가 필요하다.

1) 무료 서비스의 남용

아무리 숙련된 바텐더라 하더라도 정확한 용량으로 서비스한다는 매우 어렵다. 왜냐하면, 청량음료의 과다 서비스나 단골 고객에게 무료음료를 서비스 하는 것은 있을 수 있기 때문이다. 그리고 이러한 무료음료의 서비스는 곧 바텐더의 수입과 직결되는 문제이므로 감독하기가 매우 어렵다. 일정의 허용량을 정해 놓아도 그 이상의 부정이 발생할 수 있기 때문에 사전에 직원들의 교육이 필요한 것이다.

2) 개인용 음료의 지입판매

바텐더는 판매 시 현금을 계산하면서 개별적으로 메뉴를 제공하기 때문에 음료의 양을 얼마든지 속일 수가 있다. 만약 바텐더가 일정한 월급에 만족하지 않고 부정으로 부수입을 늘리려 한다면 바 운영에 치명적일 수 있다. 따라서 직원을 선발할 때는 각 직원의 인성을 반드시 참고하여 선발하고 교육하여야 한다.

3) 칵테일의 양을 속이는 행위

칵테일을 조주할 경우 매번 같은 양으로 조주하려 노력을 해도 가끔 차이가 날 수 있다. 이를 이용하여 표준 양보다 적은 양으로 조주하여 고객에게 서비스하게 되면 결국 한 병당 조주 가능한 수를 채우고도 술이 남게 되는 경우가 있다. 이렇게 남은 양을 몰래 사용하게 되면 매상에 손실이 생기게 되고 이는 곧 바텐더의 수입과 직결되기도 하고, 경우에 따라서는 남아진 것들을 업장 외로 반출하는 경우도 발생하기 때문에 매일 사용량과 재고량을 확인할 필요가 있다.

4) 잔돈을 거슬러 주지 않는 행위

어느 정도 취기가 오른 고객은 계산할 때 잔돈에 대해 무관심한 경우도 있다. 또한 여러 잔을 마신 고객도 계산 결과 상당액이 나오면 잔돈에 무관심해 질 수 있다. 이를 역으로 이용하여 부정직한 바텐더는 고객의 잔돈을 거슬러 주기를 주저하고 자신의 부수입을 늘리는 경우도 있다. 따라서 정산에 대한 부분을 철저히 할 수 있도록 시스템화 하는 것이 필요하다.

5) 근무 중 과대하게 음료를 직원 자신이 무료로 시음하는 행위

근무 규정에는 근무 중 직원들이 음료를 마실 수가 없다. 그러나 청량음료나 알코올성 음료도 자신뿐만 아니라 동료에게 무료로 건네는 경우가 있다. 이러한 것이 누적되면 원가가 높아져 결국 수익률에 문제가 발생할 수 있다.

6) 공모 행위

함께 근무하는 직원들이 합세하여 부정을 행하는 경우가 종종 있다. 예를 들어 재료의 구입자와 창고관리자, 재고 파악자와 바텐더, 바텐더와 웨이터, 혹은 수납자와 공모로 부정을 행하는 경우가 있다. 따라서 이를 방지하기 위해서는 근무시간의 조편성 등에 유의하고 정확한 계산서의 통제와 특히 바텐더의 충분한 임금과 근무조건의 개선으로 사기를 북돋아 주는 것이 가장 효과적인 방법이다.

제 3 장
바(Bar)의 집기관리

제 3 장 바(Bar)의 집기관리

1. 집기의 종류

주장에서 사용되는 집기류는 바 영업장에 없어서는 안 될 소중한 필수품이므로 모든 기구의 사용방법을 올바르게 숙지하여 조심성 있게 다루어야 한다. 집기들은 과거부터 전통적으로 사용되어 온 도구와 최근에 개발된 도구들을 골고루 갖추어 사용하여야 한다.

(1) 셰이커(Shaker)

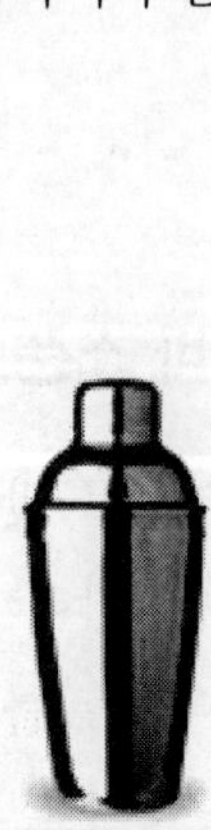

칵테일을 만드는 데 대표적으로 사용되는 기구는 캡(Cap : 뚜껑), 스트레이너(Strainer : 여과기), 바디(Body : 몸체)의 3부분으로 구분된다. 칵테일을 조주할 시에는 먼저 만들고자 하는 칵테일에 소요되는 각종 알코올성 음료와 기타 부재료를 바디에 얼음과 함께 넣고 스트레이너를 끼우고 캡을 덮은 후 흔들어 모든 재료가 골고루 섞이게 한다. 크기는 내용물의 용량에 따라 구분되는데 16oz(480ml), 12oz(360ml), 8oz(240ml)가 있는데 일반적으로 바 업장에서는 16oz의 사용이 가장 많다. 재질로는 은도금 · 스테인리스와 같은 금속성과 유리 그리고 플라스틱 등의 재질로 만들어 진 것이 있으나 주로 다루기 쉽고 가격이 저렴한 스테인레스와 같은 금속성 제품이 가장 일반적으로 사용된다.

(2) 믹싱 글라스(Mixing Glass) 또는 믹싱 틴(Tin)

칵테일 조주방법 중 스터(Stir)할 때 쓰이는 기구로써 유리로 만들어진 것으로 비커와 같이 술을 따르는 주둥이가 나와 있다. 술을 혼합할 때 사용되며 바 스푼으로 재빠르게 휘저어 혼합해 내는 것이다. 사용방법은 먼저 믹싱 글라스에 얼음과 재료를 넣고 왼손으로 글라스 윗부분을 잡고 우측으로 약간 기울인 상태로 바 스푼으로 재료와 얼음을 동시에 회전시키나 이 때 스푼 잡는 방법이 잘 못 되면 부드럽게 회전시킬 수가 없다.

스푼 잡는 법은 오른손의 중지와 약지 사이에 바 스푼의 중앙 나선상 부분을 가볍게 끼우고 엄지와 인지로 끝의 포크 부분을 잡는다. 엄지와 인지의 힘을 빼고 중지 바닥과 약지의 등으로 스푼을 시계방향으로 휘젓는다. 이 때 너무 서둘러 젓거나 너무 오래 혼합하면 칵테일이 너무 묽어지는 경우가 있기 때문에 조심해야 한다.

(3) 바 스푼

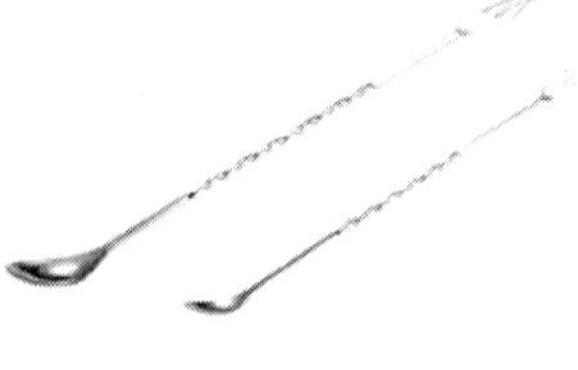

칵테일을 만들 때 재료를 휘젓기 위해서 사용되는 기구이며 손잡이가 길고 스푼의 중간부분은 나선형으로 되어 있어 음료를 저을 때 도움이 되는 역할을 한다. 한쪽 끝은 스푼으로 다른 한쪽은 포크 모양과 같이 생겼다. 음료에 들어가는 부재료의 양을 측정하기 위한 도구로도 사용된다. 칵테일 레시피에서 1Tsp는 바로 이 스푼 한 개의 분량을 말하고, 포크 부분은 병속의 체리를 꺼낸다거나 레몬 슬라이스 등을 찍어 올릴 때 사용된다.

(4) 스퀴저(Squeezer)

레몬이나 오렌지의 과즙을 짜 낼 때 쓰이는 기구로 스테인레스 제품이 많이 사용된다. 중앙에는 나선형의 돌기가 있어 레몬이나 오렌지를 반절로 잘라 절단면을 여기에 대로 눌러 돌리면서 과즙을 짜낸다. 최근에는 반으로 절단된 레몬이나 오렌지를 놓고 위에서 뚜껑을 덮고 눌러주는 손잡이를 잡아 즙을 짜 주는 것도 있다.

(5) 스트레이너(Strainer)

믹싱 글라스에서 제조된 칵테일을 글라스에 따를 때 얼음이 흘러나오지 않도록 막아주는 역할을 하는 기구로써 주걱형을 한 평평한 스테인레스판에 나선형의 용철(Wire)을 장치한 것이다.

(6) 계량 컵(Measure Cup, Jigger Cup)

음료의 양을 정확하게 측정하기 위하여 사용하는 기구로 스테인레스 제품이 많이 사용된다. 삼각형 30ml와 45ml의 컵이 등을 맞대고 있는 것이 일반적으로 바에서 가장 많이 사용된다. 30ml(1oz) 혹은 60ml(2oz)짜리가 있는데 30ml(1oz) 부분을 포니(Pony)라고 하며, 45ml 또는 60ml 부분을 지거(Jigger)라고 한다.

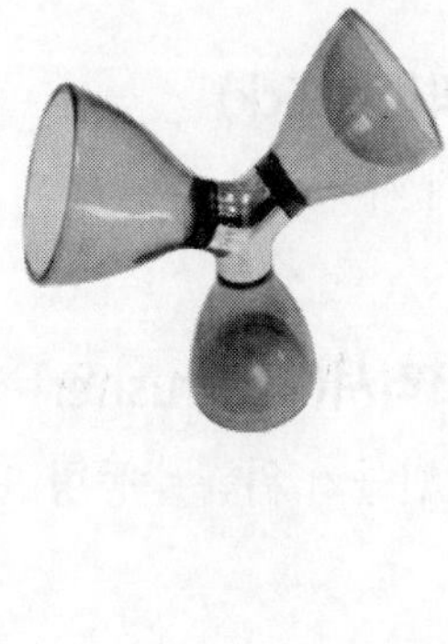

(7) 블렌더(Blender)

프로즌 스타일의 칵테일을 만드는데 필요 불가결한 도구로써 전동식 믹서기(Electric Blender)의 사용이 일반적이다. 블렌더는 믹싱이 잘 되지 않는 부재료를 사용할 때 믹싱을 용이하게 하기 위해서 사용하는데 밀크 셰이커 혹은 트로피컬 음료(Tropical Drinks)와 같이 얼음을 분쇄해야 하는 경우에 필요하다. 당분이 많이 들어 있는 칵테일은 중간 속도로 약 5초 이내로 돌리고, 계란이나 유제품이 들어 간 칵테일은 약 10초간 돌린다. 피나 콜라다(Pina Colada)와 같은 경우 빠른 속도로 10초 이상 돌려야 좋은 맛이 나온다.

(8) 얼음용 집기(Ice Equipment)

1) 아이스 패일(Ice Pail : Ice Bucket)

얼음을 짧은 시간 넣어두는 통으로 주로 큐브 아이스(Cube Ice)를 넣어두며 테이블에 서브할 때 사용한다.

2) 아이스 스쿠퍼(Ice Scooper : Ice Shovel)

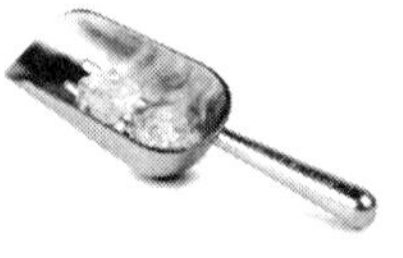

얼음을 떠내는 삽 또는 국자 같이 생긴 기구이다.

3) 아이스 통(Ice Tong)

얼음 집게로 사용되는 기구이다.

4) 아이스 픽(Ice Pick)

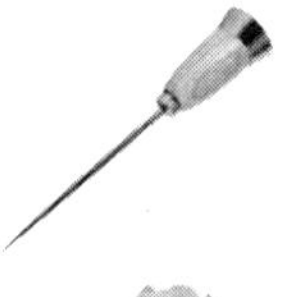

얼음을 깰 때 사용하는 송곳 같은 기구이다.

5) 아이스 크러셔(Ice Crusher)

분쇄얼음을 만들기 위한 수동형 또는 전동형의 제빙기이다.

6) 와인 쿨러(Wine Cooler)

화이트 와인이나 샴페인 등을 서브할 때 차갑게 쿨링시키는 기구로 스테인리스나 은제품이 있다. 테이블 서브 시 테이블 옆에 와인 스탠드를 놓고 와인 쿨러를 올려놓아서 사용한다.

(9) 비품의 종류

비품이라는 것은 집기와는 달리 소모품의 개념이 강하며 적정 재고를 항상 유지해야 하는 것이다.

1) 푸어러(Pourer, Pouring Lip)

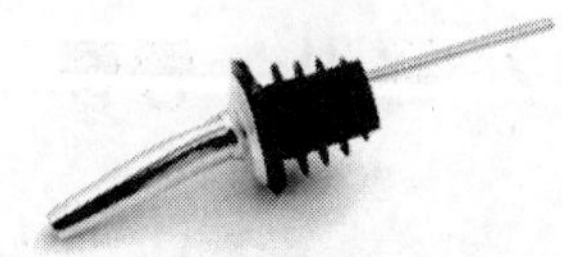

술병에 꽂아 술이 한꺼번에 쏟아지는 것을 방지해 주는 것으로 일정한 양이 지속적으로 나올 수 있도록 하는 것이다. 술을 따르는 데 있어서 커팅(Cutting)을 용이하게 하고 술의 손실을 없게 하기 위해 사용되며, 리큐르 등에 사용 시에는 설탕의 결정이 응집되어 더러워지기 쉬우므로 더운 물에 자주 씻어 사용하는 것이 좋다. 푸어러 또는 스푸터(Spouter)라 한다.

2) 머들러(Muddler)

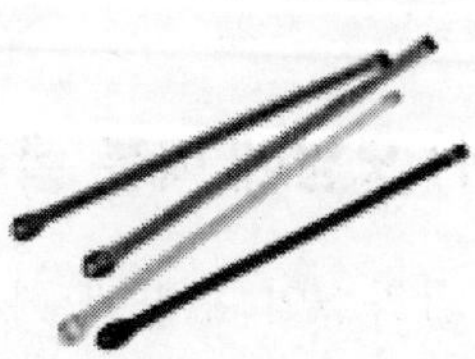

롱 드링크 종류를 휘젓는 막대로 설탕이나 과일의 과육을 으깨는 데 사용하기도 한다. 재질도 나무, 플라스틱, 유리, 스테인레스 등 다양하며 모양도 가지각색이다.

3) 스트로(Straw)

청량음료에 잘게 부순 얼음이 들어간 칵테일을 마실 때 사용한다. 모양이나 재질, 색 등이 다양하다. 그러므로 글라스 종류나 크기, 칵테일의 색과 분위기에 따라서 스트로의 두께 · 길이 · 색깔 · 모양 등을 선택하여 사용하면 보기 좋다.

4) 코스터(Coaster, Glass Mat, Tumbler Mat)

글라스 밑에 깔아서 사용하는 것으로 둥글거나 네모진 두꺼운 종이 제품이 많고, 섬유, 가죽제품까지 많으나 되도록 수분을 잘 흡수할 수 있는 것이 유용하다.

5) 나이프(Knife)

오렌지 · 레몬 · 파인애플 · 샐러리 등의 각종 부재료를 자르거나 껍질을 벗기는 데 사용하고 또한 간단한 오드블을 만드는데 사용한다.

6) 글라스 리머(Glass Rimmer)

키스 오브 파이어, 마가리타 등의 칵테일을 만들 때 설탕 또는 소금을 글라스 입구주위에 바를 때 사용한다.

2. 글라스 종류

완성된 칵테일을 고객에게 서빙할 때 고려해야 하는 것 중에 하나가 적절한 글라스의 선택이다. 글라스에 따라서 음료의 맛이 달라지며 상품의 가치도 달라 보이기 때문이다. 칵테일을 마실 때에는 분위기가 매우 중요한 역할을 하는데 인간이 지닌 오감 즉, 시각(Color) · 후각(Flavor) · 미각(Taste) · 청각(Music, Shaker Sound) · 촉각(Touch : 손과 입으로 느끼는 느낌)을 이용하여 음미하면 좀 더 품위 있는 분위기를 연출할 수 있다.

(1) 모양에 따른 글라스의 종류

글라스의 모양에 따라 크게 원통형 글라스(Cylindrical Glass), 스템드형 글라스(Stemmed Glass), 머그형 글라스(Mug Glass), 저그형 글라스(Jug Glass)의 4 가지로 구분한다.

1) 원통형 글라스(Cylindrical Glass)

보통 원통형은 스팀이 없기 때문에 스팀리스 글라스(Stemless Glass)라고도 하며, 기둥이 없다. 예를 들면, 콜린스 글라스(Collins Glass), 하이볼 글라스(Highball Glass), 온 더 락스 글라스(On The Rock Glass), 텀블러 글라스(Tumbler Glass), 올드 패션 글라스(Old Fashioned Glass), 좀비 글라스(Zombie Glass) 등이 있다.

2) 스템드형 글라스(Stemmed Glass)

몸통과 아래 손잡이, 즉 기둥이 있는 글라스이다. 예를 들면, 고블렛 글라스(Goblet Glass), 사워 글라스(Sour Glass), 쉐리 글라스(Gherry Glass), 와인 글라스(Wine Glass), 샴페인 글라스(Champagne Glass), 리큐르 글라스(Liqueur Glass) 등이 있다.

3) 머그형 글라스(Mug Glass)

기둥이 없는 몸통에 옆 손잡이가 있는 것을 말한다. 맥주잔 혹은 커피잔으로 많이 사용되는 글라스이다.

4) 저그형 글라스(Jug Glass)

머그와 비슷하지만 크기나 용량면에서 머그보다 크고, 주로 홈이 있어 따르기에 용이하다.

(2) 사용 용도에 따른 글라스의 종류

1) 리큐르 글라스(Liqueur Glass) :

리큐르 · 위스키 · 스피리츠 등을 스트레이트로 마실 때 사용하는 컵으로 용량은 약 30ml가 일반적이며 계량 컵으로 사용할 수도 있다. 코디얼 글라스(Cordial Glass)라고도 하는데, 단맛이 나는 과일주스를 서빙할 때 사용할 수도 있으며 모양은 딸 튤립 모양의 리큐르 잔과 리큐르 소스(Liqueur Saucer)가 있다. 디저트 와인 혹은 브랜디를 제공할 때에도 사용된다.

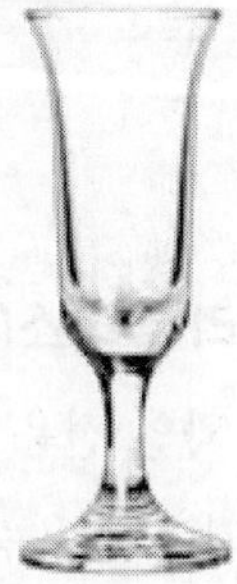

2) 칵테일 글라스(Cocktail Glass)

대표적인 숏 드링크(Shot Drink)의 칵테일 전용 글라스이다. 모양은 역삼각형인 것이 일반적이지만 샴페인 글라스처럼 둥근 모양의 것도 있으며 용량은 90ml이다. 사이즈가 큰 것은 크림이나 과일 주스 등을 부재료로 사용할 때 많이 이용하며 작은것은 드라이 에프리티프(Dry Aperitif) 혹은 알코올 도수가 강한 식후주(After Dinner Drink) 음료를 만들 때 사용한다.

3) 샴페인 글라스(Champagne Glass)

샴페인 소서(Saucer)와 샴페인 플루트(Flute)의 두 종류가 있다. 일반적으로는 샴페인 소서를 지칭하며 아메리칸 스타일을 의미한다. 샴페인 플루트는 유럽 스타일을 말한다. 용량은 약 90~180ml 정도이나 소서형의 표준용량은 120ml이다. 두 종류의 샴페인 혹은 스파클링 와인을 서빙할 때 사용한다.

소서형

플루트형

4) 쉐리 글라스(Sherry Glass)

쉐리 와인 전용 글라스로 와인 글라스와 리큐르 글라스의 중간 크기이며 용량은 60ml이다. 튤립 모양의 리큐르 글라스를 쉐리 와인 글라스라고도 한다.

5) 와인 글라스(Wine Glass)

와인을 마시기 위한 것으로 디자인이나 크기는 여러 가지가 있다.

① 레드 와인 글라스(Red Wine Glass)

일반적으로 와인의 맛과 향을 보호하기 위하여 무늬가 없고 무색 투명하며 배가 약간 불룩한 튤립형이 표준이다.

② 화이트 와인 글라스(White Wine Glass)

레드 와인 글라스보다 가는 모양의 긴 스팀으로 튤립 모양으로 90~120ml 정도의 용량이다.

6) 브랜디 글라스(Brandy Glass)

브랜디를 스트레이트로 마실 때 사용되는 튤립형의 대형 글라스로 스니프터(Snifter)나 나폴레옹 글라스(Napoleon Glass)라고도 부른다. 용량은 180~300ml이다.

7) 사워 글라스(Sour Glass)

사워 종류의 칵테일용으로 다리가 있고 용량이 약 120ml의 것이 일반적인데 스카치, 버본, 아리 혹은 캐나디언과 같은 사워 종류의 칵테일용 글라스이다.

8) 고블렛(Goblet)

맥주나 알코올이 없는 칵테일, 얼음을 많이 넣는 칵테일 등에 사용하며, 용량은 약 300ml인 것이 표준이다.

9) 샷 글라스(Shot Glass)

위스키를 스트레이트로 마실 때 사용하는 글라스로 원통형 모양을 하고 있으며 용량은 30ml이다.

10) 올드 패션 글라스(Old Fashioned Glass)

위스키나 칵테일을 온더 록(On The Rocks) 스타일로 마실 때 사용하여 록 글라스(Rock Glass) 또는 온더 록 글라스(On The Rocks Glass)라고도 한다. 용량은 180~240ml이다.

11) 콜린스 글라스(Collins Glass)

탄산이 든 칵테일 등에 사용하며 침니 글라스(Chimney Glass), 톨 글라스(Tall Glass)라고도 한다. 하이볼보다 좁고 긴 모양을 하고 있으며 용량은 300~360ml이다.

12) 필스너 글라스(Pilsner Glass)

원래는 필스너 맥주 전용 글라스로 사용하였으나, 근래에는 칵테일용으로도 많이 사용하고 있다. 위가 넓고 아래가 좁은 모양을 하고 있으며 용량은 200~240ml이다.

13) 하이볼(Highball)

보통 240~300mm 용량으로 Gin&Tonic, Fizz 종류의 칵테일 글라스로 사용되고 있다. 콜린스 보다는 키가 작고 넓다.

14) 아이리시 커피 머그(Irish Coffee Mug)

아이리시 커피 혹은 기타 뜨거운 음료를 서빙할 때 사용되는 머그이다.

칵테일은 반드시 어떤 글라스에 맞추어 마셔야 한다는 법은 없으나, 칵테일은 입으로 맛을 느끼는 동시에 눈으로 즐기는 음료이다. 따라서 너무 화려하거나 색이 강한 글라스는 칵테일 본연의 맛을 감소시키기 때문에 피하는 것이 좋다.

글라스의 종류와 크기 비교

3. 글라스 취급 시 유의사항

글라스는 취급이 매우 조심스러운 것이다. 깨지기 쉽거나 금이 가기 쉽기 때문에 조심해야 한다. 글라스를 사용할 경우 절대 글라스의 상단이나 안쪽을 잡아서는 안된다. 또한, 글라스는 위생이 중요하다. 글라스류를 잡는 곳은 스템일 경우에는 스템을 잡고, 원통형일 경우에는 몸통의 아랫부분을 잡아야 한다. 글라스를 여러 개 운반할 경우 트레이(Tray)를 사용하든가, 혹은 스템드 글라스의 스템 부분을 손가락 사이에 끼워서 잡은 상태로 운반하여야 한다. 트레이를 사용할 경우에는 미끄러지지 않도록 트레이 매트(Tray Mat)나 냅킨을 깔아야 한다. 글라스 윗부분이 아랫방향으로 향하도록 운반하는데, 글라스끼리 부딪혀서 깨지지 않도록 조심한다.

4. 글라스 세척법

글라스는 항상 사용 후 바로 세척해 놓아야 한다. 특히 유제품이나 부재료가 첨가된 음료일 경우 부재료의 침전물이 글라스에 붙기 전에 바로 세척해야 한다.

글라스는 중성세제를 묻힌 스폰지로 깨끗이 닦고 잘 헹군 뒤 더운 물로 다시 씻어 겹치지 않도록 엎어 놓는다. 그리고 마르기 전에 얼룩이 남지 않도록 글라스를 타월로 깨끗하게 닦는다. 글라스를 닦는 방법은 첫째, 펼친 행주의 끝을 엄지 손가락에 끼우고 마른수건으로 감싸듯이 글라스의 밑을 쥔다. 둘째, 밑에 늘어진 반대쪽 끝을 쥐고 마른 수건을 안에 넣은 뒤 바닥으로 밀어 넣는다. 셋째, 수건 위에 엄지 손가락을 글라스 안에 넣은 뒤 바닥으로 밀어 넣는다. 넷째, 글라스를 닦고 난 뒤에는 글라스 밑바닥을 쥐고 보관한다.

글라스 세척기

제 4 장
양조주(Fermented Liquor)

제 4 장
양조주 (Fermented Liquor)

과거부터 자연발생적으로 생긴 술을 인간이 이용하게 되면서 술의 역사가 시작되었다. 즉, 과일이나 곡류와 같은 당질 원료에서 야생의 미생물이 자연적으로 생육하여 알코올이 생성되었고, 이러한 발효의 산물을 우연한 기회에 사람들이 마신 결과 사람들을 흥분시키게 하며 기호에 적합하다는 것을 알게 되었다. 따라서 사람들은 이러한 발효 현상을 터득하게 되어 결국은 직접 술을 빚어서 마시게 되었다. 양조주는 일면 발효주라고도 불린다. 양조주는 과일이나 곡류 및 기타원료에 들어 있는 당분이나 전분을 곰팡이와 효모의 작용에 의해 발효시켜 만든 술이다.

과일은 당분을 가지고 있기 때문에 쉽게 술을 만들 수 있다. 그러나 쌀이나 보리와 같은 곡식에는 당분이 없고, 전분이 있기 때문에 자연 상태 그대로는 술이 되기 힘든다. 그래서 누룩이나 엿기름 등을 이용하여 녹말을 분해한 다음 당분을 만들어 내는 과정을 거치게 되었다. 양조주는 알코올성분이 비교적 낮아 변질되기 쉬운 단점이 있으나 원료성분에서 나오는 특유의 향기와 부드러운 맛이 있다.

여기에는 당분을 함유하고 있는 포도, 사과 등의 과실은 효모에 의해 바로 발효가 된 포도주(Wine), 시드(Cidre) 등이 있으며, 전분질을 함유한 보리, 밀, 옥수수 등의 곡류는 당분화 한 후에 발효가 된 맥주, 청주 등으로 분류한다.

이외에도 벌꿀로 만든 미드(Mead), 배(Peach)를 사용하여 만든 페리(Perry), 멕시코에서 생산되는 용설란으로 만든 발효주인 풀케(Pulque), 야자열매의 즙을 발효시켜 만든 토디(Toddy) 등이 있다. 양조주를 대표하는 맥주와 와인은 대부분이 유럽의 여러 지역에서 많이 생산되고 있으며, 지역의 특성인 기후와 토양에서 그 맛과 특성이 결정된다. 특히 서유럽 지역에는 와인을 많이 마시는 나라와 맥주를 많이 마시는 나라로 대별할 수 있다. 즉, 맥주를 선호하는 나라에는 중북부 유럽 국가들인 독일, 벨기에, 룩셈부르크, 아일랜드, 영국, 덴마크, 네덜란드 등이 속하며 와인을 선호하는 나라로는 남부 유럽 국가들인 프랑스, 포르투갈, 이탈리아, 스페인 등이 속한다. 대부분 와인을 선호하는 나라들은 포도를 재배하기 좋은 기후 조건을 가지고 있지만, 맥주를 선호하는 국가들은 대개 포도 재배에 불리한 기후를 가지고 있는 나라들이란 것을 알 수 있다.

양조주의 경우는 제조경비가 많이 들고 제조시간이 오래 걸리고 장기보관이 어려우며, 3~18도수로 주정도가 낮다. 원료자체만으로 발효가능한 단발효의 과실주와 원료를 당질화해서 발효시키는 복발효의 곡물주가 있다.

발효의 4대 요소는 원료(전분질과 당질), 효모(누룩), 공기(02), 온도(30℃)이다.

1. 발효방식에 따른 양조주(발효주)의 분류

(1) 단발효주

포도, 사과 등의 과일이나 수수 설탕즙액은 포도당, 자당을 함유하고 있으므로 효모에 의한 발효만으로 술이 된다. 이와 같은 술을 1회의 발효만으로 된다는 뜻에서 단발효주라고 한다.

(2) 복발효주

곡류 등의 전분을 함유하는 원료는 먼저 전분을 당화하고 나서 효모로 발효하는 두 가지 공정을 거쳐 만든 술이다. 당화는 효모작용으로 이루어지므로 일종의 발효로 생각하고 2회의 발효를 거친다는 의미에서 이런 술을 복발효주라고 한다.

(3) 단행복발효주

복발효주 중 맥주는 당화가 완료되고 나서 발효를 행하므로 양자가 뚜렷이 구분된 공정으로 이루어진다. 이와 같은 술을 단행복발효주(단행당화 발효주)라고 한다.

(4) 병행복발효주

청주 술덧에서는 당화와 발효가 동시에 진행되므로 병행복발효주(병행당화 발효주)라고 한다. 동양에서는 오랜 옛날부터 병행복발효식으로 술을 제조하여 왔다.

술덧이라 함은 주류의 원료가 되는 물료를 발효시킬 수 있는 수단을 가한 때부터 주류를 제성하거나 증류하기 직전까지의 상태에 있는 물료를 말한다.(주세법 제3조)

<table>
<tr><th colspan="4">양조주(Fermented Liquor)</th></tr>
<tr><td rowspan="2">분류</td><td rowspan="2">단발효주</td><td colspan="2">복발효주</td></tr>
<tr><td>단행복발효주</td><td>병행복발효주</td></tr>
<tr><td>방법</td><td>원료에 함유된 당분을
그대로 발효</td><td>원료의 전분을 당화시킨
당액을 발효</td><td>누룩을 이용하여
전분질의 당화와
발효를 동시에</td></tr>
<tr><td>제품</td><td>와인</td><td>맥주</td><td>막걸리</td></tr>
</table>

2. 맥주

일반적으로 맥주라 함은 보리를 싹을 낸 맥아(Malt)에 호프(Hop)와 이스트(Yeast)를 첨가, 발효시켜서 탄산가스가 함유된 양조주를 말한다. 법률상으로는 각 나라마다 차이가 있겠으나, 맥아, 호프, 물, 효모를 원료로 하여 발효시킨 양조주를 말한다.

맥주는 보리(대맥)를 발효시켜 쓴맛을 내는 홉과 물, 그리고 효모를 섞어 저장하여 만든 탄산가스가 함유된 알코올성 음료이다.

맥주의 성분은 종류에 따라 약간의 차이는 있으나 일반적으로 물이 90%로 대부분을 차지하며, 그 외 알코올과 탄수화물, 유기산 등이 함유되어 있다. 맥주의 색깔은 대부분 맥아와 홉에서 비롯되며 농색에서 담색을 나타낸다. 맥주의 맛은 쓴맛, 단맛, 신맛들이 잘 조화되어 있으며 탄산가스를 함유하고 있어서 상큼하고 시원한 맛을 갖는다. 맥주의 색깔이나 광택과 함께 가장 중요시되는 외형적 특성은 바로 거품이다. 거품은 맥주 중에 탄산가스 유출을 막아주고 맥주의 산화를 억제하는 보호막의 역할을 하기 때문에 맥주는 거품의 형상과 그 지속성이 있어야 한다. 거품은 맥주 중에 녹아 있던 탄산가스가 방출될 때 일어나는 현상이다.

최초의 맥주는 B.C 3000년경 메소포타미아의 수메르인의 유적지에서 출토된 점토판에서 발견되었다. 이 방법은 맥아를 빻아서 빵을 만든 다음 빵에 물을 붓고 반죽하여 발효시킴으로써 맥주를 만드는 것이다. 맥주가 대중화된 것은 15세기 이후 홉을 사용하면서부터이고, 산업혁명 이후 열처리 살균법이 발명됨으로써 대량 생산소비가 가능해졌다고 한다. 우리나라 최초의 맥주는 1876년 일본에서 들어온 삿포로 맥주였고, 1900년을 전후에서 네비스 맥주와 기린맥주가 들어왔으며 1980년을 전후해서 대중화되었다.

맥주를 뜻하는 영어 단어인 '비어(Beer)'의 유래는 두 가지가 있다. 첫째, 라틴어의 '마시다'라고 하는 '비베레(Bebere)'라고 하는 것과 둘째, 게르만족의 언어 중 '곡물'을 뜻하는 '베오레(Biore)'가 있는데, 현재는 후자가 정설로 되어있다. 맥주를 지칭하는 대표적인 언어로는 다음과 같다.

독　일 : 비어
이태리 : 비르라(Birra)
스페인 : 세르베자(Cerveza)
포르투갈 : 세르베자(Cerveja)
미　국 : 비어(Beer)
중　국 : 페이주(碑酒)
프랑스 : 비에로(Biere)
덴마크 : 올레트(Ollet)
체　코 : 피보(Pivo)
러시아 : 피보(Pivo)
영　국 : 엘(Ale)

(1) 맥주의 원료

① 보리

맥주를 만드는 가장 대표적인 원료로 보리를 싹틔운 후 건조시킨 맥아이다. 맥아는 전분을 분해시켜 당과 덱스트린을 만드는 당화효소와 단백질을 분해시켜 펩타이드와 아미노산을 생성하는 단백질 가수분해효소를 함유하고 있다. 맥아는 또한 효모에 필요한 영양분을 재공하며, 맥주에 필요한 향미성분을 함유하고 있기 때문에 매우 중요한 맥주의 원료이다. 맥주 양조에 사용되는 맥주보리는 두 줄 보리이다. 두 줄 보리는 봄보리와 겨울보리가 있고 우리나라에서는 주로 겨울 보리를 사용한다. 이것은 영하 3℃ 이상이 되어야 재배가 가능하다. 수확한 보리는 수분을 가하여 싹을 틔운 후 건조시켜 맥아로 만드는데, 싹을 틔우는 과정에서 양조에 필요한 효소가 생성된다.

② 홉(Hop)

홉은 뽕나무과 넝쿨풀로서 그 암꽃을 사용하는데, 암수술에 있는 수지(樹脂)에 쌉쌀한 맛과 향기의 근원인 루프린과 푸무론이 있다. 홉의 향미가 맥주의 맛을 좋게 할 뿐만 아니라 잡균의 번식을 억제하여 맥주의 부패를 방지하고 맥주의 거품을 보다 좋게 하며 맥주를 맑고 깨끗하게 하는 역할을 한다. 또한, 맥주가 신경을 진정시키고, 내분비와 외분비를 촉진시키며, 식욕을 증진시킨다고 하는데, 이러한 약리작용도 홉의 약효라 할 수 있다.

홉

③ 물

맥주는 90%의 물로 구성되어 있기 때문에 물은 맥주의 품질을 결정하는 중요한 원료 가운데 하나라 할 수 있다. 맥주 양조에 사용되는 물은 무색투명하고 오염되지 않은 무취 무미의 깨끗한 물이여야 한다. 일반적으로 담색맥주에는 칼슘, 마그네슘과 탄산염의 함유량이 비교적 적은 연수가 적합하고, 농색맥주에는 경수가 좋다. 맥주 양조용수는 제조회사에서 만들어지는 맥주의 특성에 따라 여러 가지 방법으로 처리하여 적합한 용수를 사용하게 된다.

④ 효모

맥주 양조에 사용되는 효모는 야생효모가 아니라 배양효모를 사용하고 있다. 효모는 맥즙(맥아를 분쇄한 후 물과 적당한 온도로 당화시켜 끓인 것)속의 당분을 발효시켜 알코올과 탄산가스로 분해시킨다. 양조효모의 종류는 매우 다양하고 풍부한 향을 만들어내는 효모, 맛을 조화롭게 하는 효모, 깨끗한 끝 맛을 특징으로 하는 효모 등 여러 가지이다.

(2) 맥주 제조 과정

① 발아(Malting) → ② 분쇄(Milling) → ③ 담금(Mashing) → ④ 끓임(Brewing) → ⑤ 냉각(Cooling) → ⑥ 발효(Fermentation) → ⑦ 숙성(Conditioning)

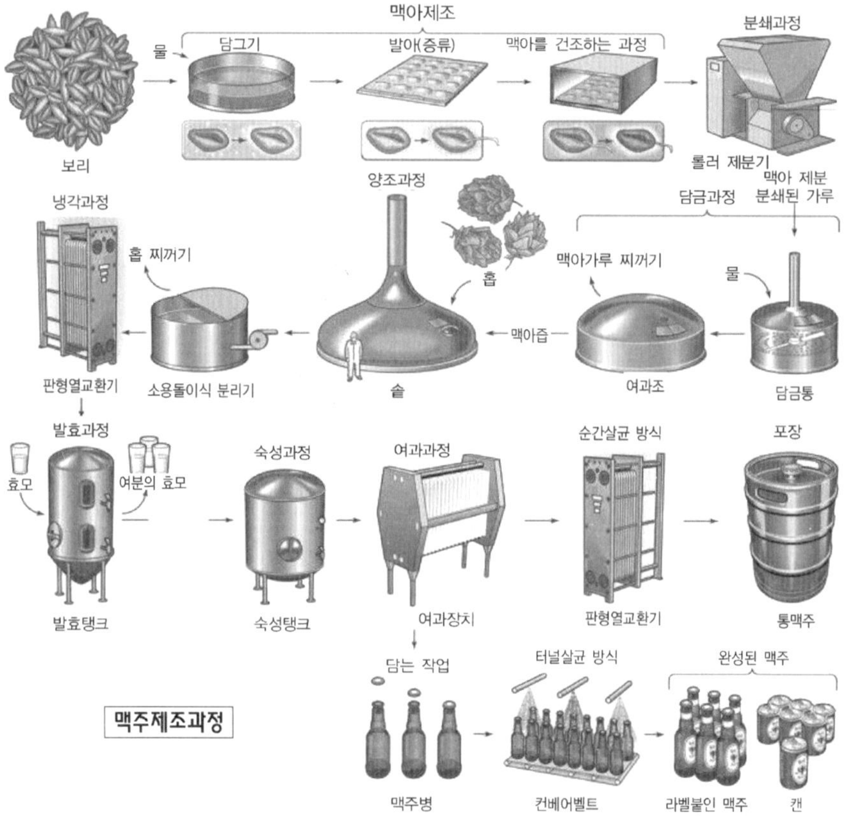

맥주제조과정

① 발아(Malting)

맥주 제조의 첫 단계는 보리를 발아시켜 맥아(malt)로 만드는 작업이다. 와인에 비해 맥주는 생 보리에서 당분을 추출하기가 쉽지 않다. 포도는 분쇄하면 포도즙의 당분이 발효되어 알코올이 되지만 보리의 당분은 보리의 딱딱한 껍질 안에 전분의 형태로 갇혀 있어 추출하기가 힘든다. 그래서 보리의 전분을 추출하기 위해서 보리를 발아시킨다. 이를 위해 먼저 보리를 물에 담가 이틀가량 발아에 필요한 수분을 흡수시킨 후 일주일가량 따뜻한 곳에서 싹을 틔운다. 적당하게 발아된 보리는 더 이상 보리의 싹이 자라지 않도록 화로에서 열을 가해 발아를 중지시킨다. 보통 보리를 맥아로 만드는 데 걸리는 시간은 약 10일이다.

발아

② **분쇄**(Milling)

두 번째 단계는 맥아의 성분이 물에 용해되기 쉽도록 맥아를 분쇄하는 과정이다.

맥아가 분쇄과정을 거치면 가루 형태의 엿기름이 된다.

분쇄

③ **담금**(Mashing)

세 번째 단계는 담금이다. 이는 전분을 당으로 변화시키는 과정을 말한다.

분쇄한 맥아를 통에 넣어 따뜻한 물(35~55℃)에서 죽처럼 만드는 것을 '담금'이라고 한다. 담금이 끝나면 여과과정을 통해 맥아즙(wort)과 맥주 찌꺼기가 분리된다.

담금

④ **끓임**(Brewing)

네 번째 단계는 끓임이다. 말 그대로 여과된 맥아즙을 끓이는 과정인데, 이때 홉(hop)을 첨가한다. 이 과정에서 홉의 두 가지 중요한 성분인 수지와 기름이 나온다. 수지는 맥주에 쓴 맛을 주고, 기름은 맥주에 홉 특유의 향을 준다. 보통 홉을 첨가하면서 9분 정도 끓인다.

끓임

⑤ **냉각**(Cooling)

다섯 번째 단계는 냉각이다. 끓인 맥아즙에서 홉 찌꺼기를를 분리시킨 후 냉각기로 냉각시키는 과정이다.

냉각

⑥ **발효**(Fermentation)

여섯 번째 단계는 발효다. 이 단계에서 효모를 투입하여 발효시킨다. 냉각된 맥아즙에 맥주효모를 첨가하여 발효탱크에 넣으면 효묘가 성장, 번식하면서 발효성 당을 흡수하고 대신 알코올과 이산화탄소를 배출한다.

상면발효 맥주(Ale)은 16~21℃의 비교적 높은 온도에서 3~6일 정도 발효시키고, 하면발효 맥주(Larger)는 4~10℃의 저온에서 6~10일간 발효시킨다.

발효

⑦ 숙성(Conditioning)

마지막 단계는 숙성이다. 숙성 단계는 맥주의 맛과 탄산 정도를 조정하기 위한 단계로 맥주의 종류에 따라 숙성기간이 다르다. 에일(Ale) 계통의 맥주는 약 2주, 라거 계통의 맥주는 낮은 온도에서 30일 또는 그 이상의 숙성 과정을 거친다.

숙성

사실 가장 마지막 단계는 판매다.

맥주는 KEG(스테인리스통), BOTTLE(병), CAN(캔)의 형태로 판매가 되는데 여과과정을 거친 맥주는 KEG, 끝으로 여과와 가열처리를 통해 효소나 효모의 활동을 정지시켜 보존성을 높인 것이 BOTTLE이나 CAN이다.

따라서 맥주 맛은 KEG 〉 BOTTLE 〉 CAN 순으로 볼 수 있다.

맥주를 여과처리하거나 열처리에 의해 맥주를 살균처리하면 맥주에 좋지 않은 잡균이 없어지지만 동시에 맥주에 좋은 미생물도 함께 죽기 때문이다.

(3) 맥주의 분류

① 효모 발효법에 따른 분류

가. 하면발효 맥주

하면발효 맥주는 발효가 끝나면서 가라앉은 효모를 사용하여 만드는 맥주로, 비교적 저온에서 발효되며, 일반적으로 Lager Beer(라거 맥주)라고 부른다. 라거 맥주는 7~12일 정도 발효 후, 다시 0℃이하에서 1~2개월간의 숙성기간을 거쳐 만들어진다. 이러한 라거 맥주 양조 방법은 현재에 이르러는 영국을 제외한 전 세계 맥주 생산량의 70%를 차지하고 있다. 체코의 Pilsenr Beer, 독일의 Dortmund, Munchen Beer 등과 오스트리아의 Wien Beer, American Beer 등이 여기에 속한다. 하면발효 맥주의 형태별 특징을 살펴보면 다음과 같다.

▪ Lager Beer

원 맥즙의 농도가 11~12%인 보편적인 맥주로서 농색 및 담색으로 구분할 수 있으며, 저장기간 특히 후숙기간이 긴 향미가 좋은 맥주이다. 60℃에서 30분 정도 살균처리한 후 병입된 것이며 주정도수는 4° 이다.

Lager Beer

▪ Pilsner Beer

체코의 필젠에서 유래된 타입으로, 연수를 양조용수로 사용하며 담색 맥아를 사용하기 때문에 맥아 향기가 약한 황금 빛깔의 맥주로 담백하면서 쓴 맛이 강하고 상큼한 맥주로서 알코올 함량은 3~4%이다

Pilsner Beer

▪ Munchen Beer

독일의 뮌헨에서 유래된 타입으로 흑갈색 맥아를 섞어서 만들기 때문에 맥아의 향이 강하고 쓴 맛이 부드럽다.

Munchen Beer

▪ Wien Beer

오스트리아 빈에서 유래된 타입으로, 색과 향미가 농색맥주와 담색맥주의 중간형이다.

Wien Beer

나. 상면발효 맥주

상면발효 맥주는 발효도중 생기는 거품과 함께 떠오르는 성질을 가진 효모를 사용하고 만드는 맥주이다. 상면 발효 맥주는 18~25℃의 비교적 고온에서 2주 정도 발효 후 15℃ 정도에서 약 1주일간 숙성을 거쳐 만들어진다. 이것은 냉각설비가 개발되지 않았던 15세기 이전까지 주로 사용되던 전통적 양조방법으로 영국 등지에서 사용되던 방법이다. 이 방법으로 만들어진 맥주는 맥아의 농도가 짙고, 색상이 진하며 알코올 도수가 높다. 영국의 Ale Beer, Stout Beer, Porter Beer 등이 여기에 속한다. 상면발효 맥주의 형태별 특징을 살펴보면 다음과 같다.

▪ Porter Beer

영국의 대표적인 맥주로서 맥아즙 농도, 발효도와 홉의 사용량 등이 높은 강하고 진한 흑맥주이다. 맥아즙 농도, 발효도, 홉의 사용량이 높고 캐러멜로 착색하여 검은 색깔을 띤다. 5% 정도의 알코올을 함유하고 있으며 일정 비율의 흑맥아를 사용하여 제조한다.

Porter Beer

▪ Ale Beer

에일 맥주는 홉의 냄새가 강한 특징이 있으며, 몰트의 훈제 정도에 의하여 Dark나 Brown의 천연색이 양성되어 아주 특별한 맛이 탄생된다. 이러한 에일(Ale)은 맥주의 귀족이라 불릴 만큼 고급스러운 제품으로서 많은 양을 마셔도 포만감이 전혀 없이 식사와 같이 즐길 수 있는 와인 대용의 세계유일의 맥주이다.

일반 맥주보다 호프를 1.5~2배 정도 더 넣을 뿐만 아니라 후숙기간이 짧아 탄산가스가 적으며 거품도 적고 쓴맛이 강하다. 일반 맥주보다 고온에서 발효시키기 때문에 호프향이 강하고 쓴맛이 강한 것이다. 대체로 주정도는 4~4.5°이며 담색이다. Ale 중 제일 약한 맥주인 Pale Ale과 농색이고 맥아 맛이 온화한 Mild Ale, 향기가 짙은 Scotch Ale 등이 있다.

Ale Beer

▪ Stout Beer

색이 매우 검으면서 감미롭고 다소 탄 냄새를 지니며 강한 맥아향을 갖고 있다. 쓴맛이 강하고 8~11℃의 강한 알코올 함유량을 지니고 있다. 약 6개월 이상의 후숙 기간을 가지며 최종 발효는 병 속에서 시킨다.

Stout Beer

② 맥아의 색에 따른 분류

가. 담색 맥주

열은 색의 맥아를 사용해 양조한 맥주로 짙은 색의 맥주에 비해 깨끗한 감이 난다. 전 세계적으로 이 담색 맥주의 소비량이 농색 맥주에 비해 많다. 담색 맥주로는 필젠 맥주와 도르트문트 맥주가 대표적이다. 우리나라에도 대부분이 담색 맥주이다.

나. 농색 맥주

짙은 색의 맥아와 특수한 맥아, 그리고 옅은 색의 맥아를 섞어 양조한 맥주로 담색 맥주에 비하여 깊고 풍부한 맛이 있고 진한 풍미를 갖고 있다. 농색 맥주로는 영국의 Pale Ale과 Mild Ale 등이 대표적이다.

(4) 맥주 서비스

맥주의 온도는 기호에 따라 조금씩 달라지나 일반적으로 맥주의 독특한 맛이 살아나는 온도는 여름에는 4~8℃ 겨울에는 8~12℃ 정도로 해서 마시는 것이 좋다. 미지근한 맥주는 거품이 너무 많고 쓴맛이 나며 반대로 너무 차가우면 거품이 잘 일지 않을 뿐더러 맥주 특유의 향도 사라진다. 가끔 맥주를 빨리 차갑게 하려고 냉동실에 넣어 두는 경우가 있는데, 이는 향이나 성분의 조화가 깨져 쓴맛만 남게 되는 수가 있다. 맥주의 거품은 청량감을 주는 탄산가스가 새어나가는 것은 물론 맥주가 공기 중에서 산화되는 것을 막아 주기 때문에 맥주를 따를 때에는 2~3cm 정도 거품이 덮이도록 하는 것이 좋다.

(5) 맥주 취급방법

맥주를 관리하는데 있어 많은 사람들은 안전한 제품이라 잘못 인식하고 있다. 맥주는 주류제품 중에 가장 상하기 쉬운 것으로, 양조장에서 만들어진 제품의 맛과 향을 유지하고 상하지 않도록 잘 다루어야 한다. 맥주는 병입된 후에 숙성을 하지는 않지만 병입되기 전 약간의 공백 기간에도 숙성이 되므로 신선하게 유지하는 것이 중요하다. 좋은 맥주의 조건으로는 흔히 호박색의 빛깔과 산뜻한 향기 그리고 상쾌하고 청량감 있는 술맛이 나야 한다. 이를 위해서는 마시기 전의 보관 장소는 온도변화가 심하지 않는 곳으로 햇빛에 노출되지 않아야 한다. 또한, 운반할 때도 가급적 충격을 피해야 하는데 충격은 맥주안의 단백질이 응고하는 혼탁현상을 일으키기 때문이다. 맥주가 변질되어 혼탁현상이 나타나면 인체에 해는 없다하더라도 맛과 향을 잃게 되어 맥주의 제 맛을 즐길 수 없게 된다. 또한 맥주는 오래 저장하여 그 맛과 향기를 잃게 해서는 안 되기 때문에 입고된 제품의 순서대로 First In First Out System(FIFO) 방법을 사용하여 맥주의 신선도를 유지하여야 한다.

■ 맥주 궁금증

▶ 맥주 많이 마시면 살찌나요?

아니다. 맥주는 알코올 1ml당 7cal의 열량을 낸다. 따라서 살이 찐다는 이야기가 널리퍼져 있지만 알코올로 섭취한 칼로리는 혈액순환이나 체온상승에 이용되기 때문에 체내에 축적되는 일은 없다. 대신 맥주를 마시면 식욕이 증가해 안주로 과식을 하기 때문에 살이 찌게 되는 것이다.

▶ 더러운 컵에서 거품이 나지 않는다?

맞다. 더러운 컵, 특히 기름기가 묻어 있는 컵에는 거품이 안 나고 거품이 나도 금방 사라진다. 왜냐하면 탄산가스를 감싸고 있는 거품이 유류에 의해 표면 장력을 잃어 거품을 지탱하는 힘이 약해지기 때문이다.

▶ 맥주를 마시면 소변이 자주 마려운 이유는?

술을 마시기 시작하면 1~2시간 사이에 혈중농도가 높아지기 때문에 항이뇨 호르몬의 방출이 늦어져 빈번히 화장실을 드나들게 되는 것이다. 그러나 3~4시간 마시는 동안 화장실에 가는 횟수는 점점 줄어든다.

▶ 맥주를 덧 따르는 것이 나쁜 이유는?

컵에 따른 맥주에는 탄산가스가 빠져있다. 여기에 맥주를 더 다르면 혼합이 되어 신선한 맛이 약해지고 맥주 맛이 떨어진다. 따라서 맥주는 다 마신 후에 따르는 것이 원칙이다.

▶ 홧김에 마신 술은 뒤끝이 좋지 않다?

울적한 기분에 술을 마시는 경우 스트레스 때문에 간장에서 알코올을 분해하는 속도가 늦어진다거나 술이 빨리 취하거나 뒤끝이 좋지 않은 것이 아니라 다만 속상한 기분에 많은 양을 마시거나 빨리 마시기 때문에 이런 말들이 나오는 것이다.

▶ 술을 섞어 마시면 더 해롭다?

술을 섞어 마시는 경우 섞어 마신다는 것 자체보다 대부분 자신의 주량을 초과하여 많이 마시기 때문에 훨씬 빨리 취하고 숙취현상이 심하게 일어날 수 있다.

▶ 술 마시기에 적합한 안주는 따로 있다?

알코올은 물에도 기름에도 녹는 성질을 갖고 있기 때문에 술 마시기 전에 지방 뿐 아니라 단백질, 탄수화물을 고르게 섭취하는 것이 좋다. 대부분 어포종류나 포테이토칩같은 마른안주를 먹지만 이것은 대부분 몸에 해롭고, 술과 함께 먹는 안주로는 신선한 과일이나 야채종류가 좋다.

▶ 한잔 술은 백약 중에 으뜸?

혈중 알코올 농도 0.02~0.04%일 경우 기분이 상쾌해지고 피로감이 없어지며 머리가 오히려 산뜻해진다.

▶ 일반적으로 남자가 여자보다 술이 세다?

여자는 남자에 비해 훨씬 쉽게 알코올 의존상태에 빠질수 있고, 보다 짧은 기간과 보다 적은 양으로 남자들과 똑같은 과음에 의한 이상증세를 나타내기도 한다.

▶ 술은 식전에 마셔야 제맛?

빈속에 마시는 술은 최악이고 술 마시기 전에는 가벼운 식사를 하는 것이 좋다.

▶ 술을 빨리 깨려면 목욕이나 조깅을?

숙취상태에서 기분전환으로 목욕을 하는 것은 괜찮지만 술에 취해 있을 때 목욕탕, 사우나에 들어간다든지 조깅을 하는 것은 삼가해야 한다.

▶ 술 마시면 금방 얼굴이 빨개지는 건 왜일까?

알코올이 체내에서 아세트알데히드로 분해된 뒤 아세테이트로 분해되지 못한 상태로 언제까지나 간장 속에 있어서 얼굴이 붉어지게 되는 것이다.

▶ 마른 사람이 더 빨리 취한다?

간장에서 알코올을 분해하는 분해 효소에는 개인차가 있고 체중에 따라 다르다. 위에서 흡수된 알코올은 온몸을 돌아 체내의 수분이 있는 곳에 고르게 침투하는데 몸집이 큰 사람은 그 농도가 묽어지게 된다.

▶ 병맥주와 생맥주의 차이는?

병맥주와 생맥주의 차이는 제조과정의 마지막에 열처리를 했는지 않했는지에 있다.

즉, 병맥주는 열처리를 해 효모가 죽은 맥주이고, 생맥주는 효모가 살아남아 계속 발효 중인 맥주이다. 생맥주는 살균하지 않은 맥주이기 때문에 풍미는 살아 있지만 살균처리가 되지 않아 운반과 저장을 잘해야 하며, 소비도 빨리 해야 한다. 이에 비해 병맥주는 6개월까지 보관할 수 있다.

▶ 마시다 남은 맥주는 어떻게 처리할까?

마시다 남은 맥주는 재활용할 수 있다. 맥주를 약간 섞은 물에 머리를 감으면 머릿결이 좋아진다. 또한 돼지고기를 삶을 때 물 대신 맥주를 쓰면 돼지고기의 누린내가 없어지면서 기름기가 싹 빠지고 고기 맛이 부드러워진다.

▶ 맥주를 맛있게 마시려면?

맛있는 맥주란 보관된 온도에 의해 결정된다. 여름에는 4~8℃가 가장 이상적인 맥주 온도다. 온도가 높으면 거품만 나오는 김빠진 맥주가 되기 일쑤이다. 반대로 혀가 마비될 정도의 차가운 온도라면 오히려 맥주 맛은 싱거워진다. 5℃ 이하로 온도가 내려가면 맥주 속의 단백질이 엉겨서 혼탁해 지기도 한다.

맛있는 맥주를 즐기기 위해서는 마시기 2~4시간 전에 냉장실에 저장하는 것이 좋다. 급한 김에 냉동실에 놓기도 하는데, 급격한 온도의 변화는 맥주 맛에 나쁜 영향을 미친다. 냉동된 맥주는 해동 후에도 원래의 맛과 풍미가 살아나지 않는다. 특히 병맥주는 깨질 염려가 있으므로 절대 냉동실에 넣어서는 안 된다.

맥주는 잔에 거품이 2~3cm 정도 되도록 따라 마시는 것이 좋으며, 첨잔은 피한다. 안주는 단맛이 나는 것보다 약간 짭짤한 맛이 나는 것이나 신선한 과일, 야채가 좋다. 두부찜이나 생선전 같은 우리 음식도 좋은 맥주 안주다.

▶ 맥주 컵

고대 오린엔트의 유목민들은 술을 마시는 데 동물의 뿔이나 가죽 주머니를 사용했다. 가장 즐겨 사용한 것은 쇠뿔이다. 그러나 이는 휴대하기는 간편한 반면 원추형의 모양 때문에 다 마실 때까지 놓을 수 없었던 단점이 있었다. 이 후 쇠뿔 술잔은 비슷한 모양의 도기 제품이나 청동 은제로 만들어지기도 했는데, 이를 텀블러(tumbler)라고 한다. 텀블러란 손잡이가 없고 바닥이 평평한 잔을 말한다.

뭐니뭐니 해도 맥주하면 연상되는 글라스의 대표는 손잡이가 달린 '조끼'다. 영어의 저그(jug)에서 나온 것으로 보이는 이 단어는 일반적으로 대형의 입이 큰 잔을 가리킨다. 조끼 가운데 도기 제품으로 뚜껑이 달린 것은 스타인(stein)이라 부른다.

유리로 된 맥주잔은 수돗물로 헹구어 기름기 없는 곳에 엎어 놓아 자연스럽게 물기가 마르도록 하는 것이 헝겊으로 닦는 것보다 좋다.

▶ 병맥주의 뚜껑 톱니는 모두 21개!!

원래 병맥주의 뚜껑은 와인처럼 코르크가 주류였다. 이것이 지금과 같은 왕관 모양의 뚜껑으로 바뀐 것은 19세기 말에 이르러서였다. 병마개는 제병기술, 열 살균법과 함께 저장맥주가 빠른 속도로 전 세계에 퍼지는 데 결정적인 역할을 했다.

세계 최초의 병마개는 1892년 영국인 윌리엄 페인트가 발명특허를 얻었다. 그가 고안한 병마개는 병마개 뒤에 코르크판이 붙어 있다는 것 외에 현재의 것과 크게 다르지 않다.

요즘 들어 병마개 안쪽의 코르크가 플라스틱으로 변해 있는데, 코르크나 플라스틱은 병마개의 금속이 병속의 맥주와 접촉해 부식하는 것을 막고, 김이 빠지지 않게 하는 역할을 한다. '스커트'라 불리는 왕관의 톱니는 메이커와 상품에 관계없이 모두 21개로 같다.

〈출처〉 http : //myhome.naver.com/yakult99/frm3].htm

(6) 맥주의 효능

① 식욕증진 및 소화촉진 작용

알코올을 조금만 섭취하면 소화효소의 기능을 증가시켜 음식의 흡수를 촉진시킨다는 것은 잘 알려진 사실이다. 맥주에 들어 있는 탄산은 위액의 분비를 촉진시켜 위 내에서 소화운동을 빠르게 하여 식욕을 증진시킨다. 맥주 속의 탄산가스는 끈끈한 물질과 결합되어 있기 때문에 분해가 서서히 일어나서 위에 대한 자극이 온화하다. 또 맥주가 갖고 있는 고미(苦味/쓴맛) 성분인 호프 고미질은 담즙의 분비를 촉진하여 소화작용을 돕고 맥아 제조시에 생성되는 히스토 염기는 장의 운동과 분비작용에 대하여 강한 촉진작용을 한다.

② 이뇨촉진 작용

맥주 속의 고미질은 이뇨촉진 작용이 있다. 따라서 초기 담석증 환자의 경우 맥주를 적당량 마시게 되면 소변과 함께 작은 담석이 배출될 수도 있어 권장하고 있다. 일반적으로 맥주를 마시면 화장실을 자주 찾게 되는 것도 바로 호프 내에 들어있는 고미질 때문이다.

③ 신경안정 및 수면 촉진 작용

맥주의 원료인 호프 성분은 신경중추에 작용하여 신경을 진정시키고, 수면을 촉진시키는 효과를 갖고 있다.

④ 항균작용

독일의 한 연구에 의하면 위암환자는 위산이 부족한데 맥주를 조금 주었더니 위산분비를 자극하여 항균력이 생기므로 수술 시에 세균전염의 위험을 덜었다는 기록이 있다.

⑤ 호르몬의 작용

1953년 독일의 코호(Koch)박사와 하임(Heim)박사의 연구에 의하면 맥주는 여성호르몬 에스토로겐(Eestrogene or Oestrogene)을 함유하고 있으며, 이 호르몬은 탄수화물의 흡수와 전환을 촉진시키며 광물질의 신진대사를 원활히 하기 때문에 여성의 미용효과에 좋음을 밝혔다.

3. 와인(Wine)

와인은 영어로는 와인(Wine), 프랑스어로는 뱅(Vin), 이탈리아어로는 비노(Vino), 포르투갈어로는 비뇨(Vinho), 독일어로는 바인(Wien)이라한다. 와인은 넓은 의미로는 과실을 발효시켜 만든 천연음료이나, 국내에서는 일반적으로 잘 익은 포도의 즙을 발효시켜 만든 양조주를 의미한다.

와인의 주원료인 포도는 기온 · 강수량 · 토질 · 일조기간 등의 자연적인 조건에 크게 영향을 받는다. 따라서 좋은 와인을 만드는데 있어서 포도나무 · 토질 · 기후 · 인간의 기술과 노력 등의 4가지 요소가 매우 중요한다. 즉, 와인제조에는 좋은 포도의 품종이 가장 중요하다. 따라서 포도나무 재배는 잘 자랄 수 있는 있는 배수가 잘되는 자갈과 모래성분 그리고 석회질이 많은 토양이 필요하며, 평지보다는 경사진 언덕이 좋다. 이외에도 포도의 당분과 향의 결정적 요인인 적당한 일조량과 강우량이 좋은 와인을 만들기 위한 요소라고 할 수 있다. 이러한 자연적인 요소와 더불어 보다 양질의 와인을 만들고자 하는 인간의 노력과 정성이 조화롭게 어우러져 최고의 와인을 탄생시키게 되는 것이다.

(1) 와인의 역사

포도의 재배가 지구상의 어느 지방에서 언제쯤부터 시작되었는지는 정확하지 않으며, 또 포도를 이용한 와인이 언제부터 시작되었는지도 정확하지 않지만, 고대 인류에게 와인은 신비스런 음료였음엔 틀림없다. 비위생적인 환경에서 물을 비롯한 모든 음식물이 쉽게 상하고 이러한 음식물을 섭취함으로써 많은 질병들이 발생하였는데, 우연히 발견된 포도즙 즉, 와인은 발효과정을 거치는 동안 포도껍질에 묻어 있는 효모 이외의 생물이 자랄 수 없어 병원균의 침투가 있을 수 없고, 또 발효 후에는 생성된 알코올로 인하여 거의 무균상태에 가까운 위생적인 음료로서 이런 문제를 해결해 주었다.

와인의 역사는 지금부터 약 6000년 전 소아시아 지방에서 시작된다. 그 후 메소포타미아의 한 무덤에서 포도씨가 발견됨에 따라 기원전 4000년경의 고대 그리스, 이집트, 페르시아인들도 그 이전부터 와인을 즐겨 마셨음이 입증되기도 하였다.

고대 이집트의 람제이 왕 분묘에서 포도나무의 재배에서부터 발효에 이르는 과정이 그려진 벽화가 발견되어 기원전 1400년경부터는 본격적인 와인제조가 이루어졌다는 사실이 증명되었다.

한편 기원전 10세기~11세기 사이에 써진 것으로 알려진 성경에는 와인에 대한 내용이 500여 군데 나와 있으며, 노아가 최초로 경작한 식품이 포도였다고 전해지고 있다. 성경에는 예수 그리스도가 '와인은 나의 피요, 빵은 나의 몸이다'라고 한 후 와인은 기독교와 매우 밀접한 관계를 갖게 되었고 종교계에서는 와인을 신성한 음료로 여기게 되었다. 이 외에도 성경에는 포도밭은 먹을 것과 마실 것을 모두 주기 때문에 가치 있는 재산으로 언급되었다. 또한 와인은 알코올 성분으로 인해 의학적으로 이용되기 시작하였다.

그 후 대로마제국이 탄생되면서 프랑스, 독일, 스페인, 포르투갈 등 점령지에 포도나무를 심게 하였는데, 이 때 포도나무를 심도록 한 지역이 대부분 강가나 계곡이었다. 로마제국의 멸망 후, 와인은 수도원을 중심으로 널리 보급되었는데, 현재의 보르도(Bordaux), 론(Rhone), 모젤(Mosel) 지방에 대규모 포도단지가 형성되었고 그 후부터 와인이 대중에게 보편화되었다. 기독교의 전파와 함께 종교단체에서는 종교용과 의료용으로 와인을 공급했으며 사원들도 커다란 포도원을 갖게 되었다. 영국에서는 튜더왕조 시대부터 와인에 관이 조직되었고, 이것이 영국 해군의 시발점이 되었다. 이 당시부터 와인의 저장용으로 병이 사용되기 시작했으며 헝겊이나 나무로 마개가 만들어졌다.

와인의 역사 중 가장 위대한 발전은 17세기 후반에 프랑스에서 이루어졌다. 1658년 베네딕트회의 수도승인 한 청년이 샹파뉴(Champagne) 지방의 하우트빌러스(Hautvillers) 수도원에서 샴페인 만드는 방법과 코르크 마개를 사용하는 방법 등을 개발하였다. 1756년부터 등장한 와인상표는 원래 유명한 와인에만 사용하였는데, 20세기에 들어와서는 보편화 되었다. 18세기부터는 와인은 음식과 함께 생활양식의 일부분이 되어 생활과 밀접한 관계를 갖는 문화생활의 일부가 되었다. 뿐만 아니라 천연적인 와인에 여러 가지 초근목피와 열매를 배합하여 맛과 향을 더욱 독특하게 만들었다. 이는 식욕촉진제로 사용되기도 하였으며, 몸이 허약하거나 병중 회복기의 환자에게는 약제로 사용되기도 하여 생활 곳곳에 사랑받는 음료로 거듭나게 되었다.

(2) 와인의 제조과정

수확한 포도가 포도주로 탄생하기 위해서는 여러 가지 과정을 거쳐야 한다. 각 단계별로 그 과정을 살펴보면 다음과 같다.

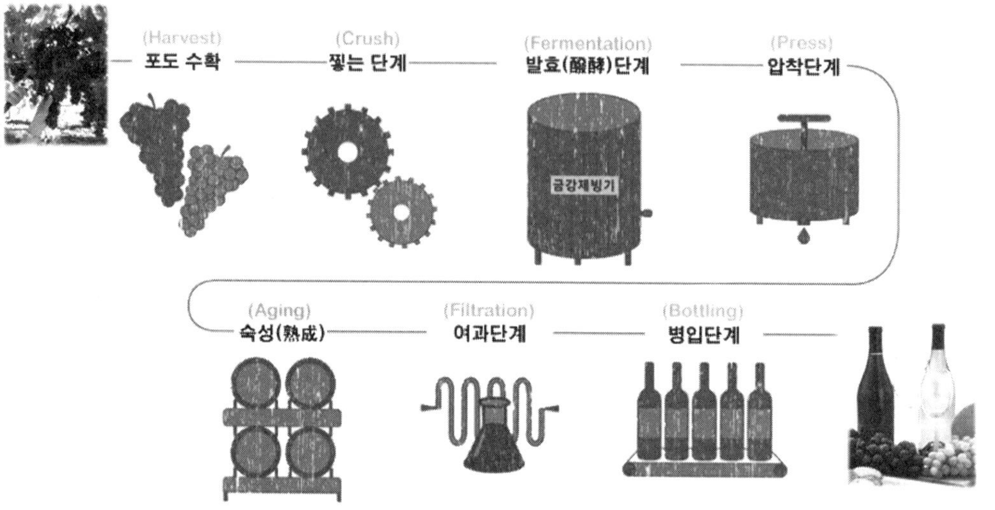

와인의 제조과정

① **화이트와인 제조과정**

화이트와인은 잘 익은 청포도로 만든다.

포도수확(포도원) → 운반 → 공장 → 제경파쇄(줄기를 골라내고 포도를 으깸) → 압착→주스→발효→앙금분리(걸러내기)→숙성→여과→병입→코르크마개→병 저장→출하

② **레드와인 제조과정**

레드와인은 적포도로 만든다. 화이트와인과는 달리 레드와인은 붉은색이 중요하므로 포도껍질에 있는 붉은 색소를 많이 추출해서 와인을 만들어야 하므로 화이트와인과는 제조 방법이 좀 다르다.

포도수확(포도원) → 운반 → 공장 → 제경파쇄(줄기를 골라내고 포도를 으깸) → 전발효→압착→후발효→앙금분리(걸러내기)→숙성→여과→병입→코르크마개→병 저장→출하

※ 화이트와인과 레드와인이 맛이 다른 이유

화이트와인은 포도를 으깬 뒤 바로 압착하여 나온 주스를 발효시키지만, 레드와인은

씨와 껍질을 그대로 함께 오랫동안 발효하여 붉은 색소가 추출되도록 한다. 화이트와인은 레드와인의 색을 내는 마세라시옹(Maceration) 과정이 없다. 따라서 화이트와인은 맛이 상큼하고 깨끗하나 레드와인은 발효 시 붉은 색소뿐만 아니라 씨와 껍질에 있는 타닌 성분까지 함께 추출되므로 떫은맛이 난다.

(3) 와인의 분류

와인의 종류는 수도 없이 많지만 만드는 방법이나 색깔, 맛, 알코올의 유무, 탄산가스 유무, 저장기간 등에 따라 여러 가지로 분류하고 있다.

① 색조에 따른 분류

일반적으로 화이트, 레드, 로제 와인의 3가지 색으로 대별한다.

가. 화이트와인(White Wine)

물처럼 투명한 것에서부터 엷은 노란색, 연초록색, 볏짚색, 황금색, 호박색을 띤다. 잘 익은 청포도는 물론이고 일부 적포도의 과피를 벗겨서 양조하기도 하며 무색 투명한 병에 넣는다. 포도를 으깬 뒤 바로 압착하여 나온 주스를 발효시킨다. 맛이 순하고 상큼하다. 일반적인 알코올 농도는 10~13% 정도이며, 8도 정도로 반드시 차게해서 마셔야 제맛이 난다. 레드와인에 비하여 당분함량이 적어서 숙성기간도 짧고 탄닌산의 함량도 부족하여 양조한 후 질과 색의 퇴화현상이 빨라서 저장 · 보관할 수 있는 기간이 짧다는 단점이 있다.

나. 레드와인(Red Wine)

붉은 벽돌색, 자주색, 루비색, 적갈색, 등적색(橙赤色), 적색, 적자색이며, 자색(紫色)이 나면 오래되지 않은 것이고, 등색이 될수록 오래된 것이다. 적포도로 만드는 레드와인은 포도껍질에 있는 붉은 색소를 추출하는 과정에서 씨와 껍질을 그대로 함께 넣어 발효하므로 떫은맛이 난다. 일반적인 알코올 농도는 12~14% 정도이며, 화이트와인과는 달리 상온(섭씨 18~20도)에서 제맛이 난다. 포도의 과피와 함께 양조하였기 때문에 탄닌산과 기타 미네랄 성분의 함량이 많아 병 안에서의 숙성기간도 길고 오랜기간 동안 저장 · 보관할 수 있다.

다. 로제와인(Rose Wine)

엷은 붉은색이나 분홍색을 띤다. 로제와인은 일반적으로 분홍색이지만, 이것도 엷은 분홍색에서 등색에 가까운 것까지 있다. 레드와인과 같이 껍질을 함께 넣고 발효시키다가 어느 정도 우러나오면 껍질을 제거한 채 과즙만을 가지고 와인을 만든다. 보존기간이 짧고 오래 숙성하지 않고 마시게 되는 로제와인은 색깔로는 화이트와인과 레드와인의 중간이라 하지만 맛으로 보면 화이트와인에 가깝다.

② 식사 코스에 따른 분류

가. Aperitif Wine

본격적인 식사를 하기 전에 식욕을 돋우기 위해서 오르되브르와 더불어 마시는 것으로서, 한 두잔 정도 가볍게 마실 수 있게 산뜻한 맛이 나는 화이트와인이나 샴페인, 셰리, 베르무트, 소테른 등이 이것에 포함된다.

나. Table Wine

보통 '와인'이라고 하면 식사 중 와인을 의미한다. 테이블 와인은 식욕을 증진시키고 분위기를 좋게 하는 역할 외에도 입안을 헹궈내어 다음에 나오는 음식들의 맛을 잘 음미할 수 있게 해준다. 색은 백색에서 적색의 순서가 된다. 발포주도 식탁용 와인으로 좋다. 알코올 함량은 보통 9~13도 정도이다.

다. Desert Wine

식사 후에 입안을 개운하게 하기 위해 마시는 와인이다. 약간 달콤하고 알코올 도수가 약간 높은 디저트 와인으로 마신다. 포트나 셰리가 대표적인 디저트 와인에 속하며, 소테른, 포트, 마딜라주, 프림세리 와 같은 단맛이 농후한 와인을 말한다.

③ 제조 방법에 따른 분류

탄산가스의 유무에 따라서 발포성 와인(Sparkling Wine)과 비발포성 와인(Natural Still Wine)으로 구분하고, 알코올 첨가 유무에 따라서 강화주(Fortified Wine)와 비강화주(Unfortified Wine)으로 구분한다.

가. 스파클링 와인(Sparkling wine)

발포성 와인이라 부르는데, 이것은 발효가 끝나 탄산가스가 없는 일반 와인에 다시 설탕을 추가해서 인위적으로 다시 발효를 유도해서 와인 속에 기포가 있는 와인을 가리킨다. 특히 프랑스 샹파뉴 지방에서 생산되는 것만을 샴페인이라고 부르는데, 이 샴페인과 이탈리아의 스푸만테가 대표적 와인이다. 알코올 도수는 대체로 9~14도이다.

나. 비발포성 와인(Still Wine)

비발포성 와인은 일반 와인이라 한다. 이는 포도당이 분해되어 와인이 되는 과정 중에 발생되는 탄산가스를 완전히 제거한 와인으로 대부분의 와인이 여기에 해당한다. 그 색깔은 레드, 화이트 로제 와인이 있으며, 알코올 도수는 11~23도 정도이다. 프랑스, 독일, 이탈리아 등은 보통 10~12도이다.

다. 주정강화 와인(Fortified Wine)

일명 알코올 강화 와인이라고도 한다. 스페인의 셰리나 포르투갈의 포트처럼 발효 중 증류주(브랜디)를 첨가해 알코올 함유량을 16~20% 정도로 높인 것이다. 맛은 단맛에서부터 드라이한 맛까지 여러 단계가 있다. 스페인의 쉐리와인(Sherry Wine), 포르투갈의 포트 와인(Port Wine) 및 마데이라 와인(Madeira Wine) 등이 있다.

라. 가향 와인(Flavored Wine)

와인 발효 전후에 과실즙이나 쑥, 키니네, 고수풀 등 천연향을 첨가하여 향을 좋게 한 것이다. 알코올 함량은 19~20도 정도이다. 식욕을 돋우기 위한 식전 와인이나 칵테일용으로 널리 쓰이고 있다. 베르뭇(Vermouth)이 가향 와인의 대표적인 예로 칵테일용으로 많이 쓰인다.

④ 당분에 따른 분류

일반적으로 단맛과 쓴맛으로 분류한다. 일반적으로 레드와인은 잔당(殘糖)이 거의 없으므로 떫은맛이 난다. 화이트와인은 단맛의 정도 차이로 매우 쓴맛, 쓴맛, 약간 쓴맛, 약간 단맛, 단맛, 매우 단맛으로 나누어진다. 매우 쓴맛은 단맛이 느껴지지 않는 화이트와인이며 강한 신맛과 진한 맛이 특징이다. 매우 단맛은 귀부와인 등의 농후한 단맛이 나는 와인이며 그 밖의 것은 중간적인 단맛이다. 일반적으로 단맛은 당분 함량과 산의 세기로 결정되며 당분이 많고, 산이 적을수록 달게 느껴진다.

맛은 포도즙 내 당분이 완전 발효되지 않고 남게 되는 잔당에 의해 느껴진다. 레드와인은 대부분 드라이한데 색깔이 짙을수록 드라이한 경향이 있고, 화이트와인은 색깔이 엷을수록 드라이한 성향을 띤다. 그 중 크게 단맛의 유무에 따라 분류해 볼 수 있는데 드라이 와인과 스위트 와인, 그리고 중간격인 미디엄드라이 와인으로 나눌 수 있다.

가. 드라이 와인(Dry Wine)

포도 발효 시 천연 포도당이 완전 발효하여 단맛이 거의 나지 않는다. 식용촉진에 적합한 와인이다.

나. 미디엄 드라이 와인(Medium-dry Wine)

드라이와 스위트의 중간으로 약간의 단맛이 난다. 데이 드라이(Demi Dry) 또는 세미드라이(Semi Dry)라고도 한다.

다. 스위트 와인(Sweet Wine)

드라이와는 반대로 발효 시 완전 발효되지 못하고 천연 포도당이 남아 단맛이 난다. 경우에 따라서는 가당을 한 것도 있다. 주로 식후 디저트와 함께 마신다.

⑤ 저장기간에 따른 분류

가. 어린 와인(Young Wine)

발효과정이 끝나면 별도로 숙성기간을 거치지 않고 바로 병에 담겨져 판매되거나 장기간 보관이 안되는 것으로 품질이 낮은 와인이며, 주로 자국 내에서 소비하는 저가의 와인이다. 일반적으로 와인을 담근지 약 1~2년 된 와인을 말한다.

나. Aged Wine(or Old Wine)

발효가 끝난 후 지하창고에서 몇 년 이상의 숙성기간을 거친 것으로 품질이 우수한 와인이다. 와인을 담근지 약 5~15년 된 와인을 말한다.

다. Great Wine

와인을 숙성시킨지 15년 이상으로 오래 묵혀서 향과 맛의 풍미가 좋아진 와인을 말한다. 모든 와인을 오래 묵힌다고 좋은 것이 아니라 포도품종에 따라, 재배작황에 따라서 전문가에 의해 오래 저장될 것인지, 아닌지를 결정한다.

(4) 와인의 빈티지(Vintage)와 라벨

① 와인의 빈티지

빈티지는 와인에 사용된 포도의 수확 연도를 의미한다. 다른 농산물과 같이 포도도 기후의 영향을 크게 받는데, 즉 강우량, 일조시간, 기온의 변화가 포도 수확물의 질과 성격에 영향을 준다. 예를 들어, 덥고 건조했던 여름의 수박이 달고 맛있듯이 포도에 있어서도 1년동안의 기후의 변화가 과실 안에 농축되어, 와인의 품질을 결정한다. 따라서 와인 상표에 적혀있는 수확 연도를 봄으로써 어느 정도 그 와인의 성격을 예측할 수 있다. 그러나 대부분의 와인들은 빈티지와 무관한 경우가 많은데 그건 와인의 대부분은 품질을 일정하게 하기 위해 다른 지역, 때로는 다른 해의 와인을 브랜딩해서 제조하기 때문이다. 이것은 매년 일정한 품질의 와인을 적절한 가격으로 공급하고자 하는 와인 공급업자의 노력이다.

그러나, 보르도(Bordeaux)나 버건디(Burgundy)의 샤또(Chateau)나 도메인(Domain)들처럼 그 생산자의 개성을 특출하게 나타내는 와인들의 경우에는 수확 연도에 따라 품질의 차이가 남으로써, 아시는 사람에게 매우 깊은 흥미의 대상이 되기도 한다. 이런 와인들은 마시기 적당해질 때까지 10년 이상 걸리는 경우가 적지 않으므로, 빈티지 표시는 절대 빼놓을 수 없다. 이러한 경우에 빈티지는 질적인 차이뿐만 아니라 스타일도 결정한다.

빈티지는 일반적으로 라벨에 표시되어 있다. 생산 연도가 중요한 이유는 첫째, 포도주별로 보관할 수 있는 기간이 다르기 때문이다. 와인은 포도 품종과 제조 방법에 따라 그 보존 기간이 다르다. 예를 들어 까베르네 소비뇽(Cabernet-Sauvignon) 같은 품종으로 만든 포도주는 상대적으로 오래 보관할 수 있으나, 가메이(Gamay)로 만든 포도주는 그렇지 못한 편이다. 따라서 무조건 오래 되었다고 좋은 것은 아니다. 최적의 숙성 시기에 마셔야 한다. 신선할 때 마셔야할 와인이 있고, 장기간 세월의 관록이 밴 묵직하고 그윽한 맛을 즐겨야 하는 와인이 따로 있다. 빈티지를 모르면 풋내나는 와인을 마시게 되거나 적정기가 지난 김빠진 와인을 마시게 될 것이다.

② 라벨 읽는 방법

와인의 라벨은 나라별로 각각 다른 기준을 가지고 표기되므로 약간 복잡하고 어려운 것이 사실이다. 대체로 와인의 라벨에는 포도의 생산 연도, 포도의 품종, 포도 재배 나라, 지역, 제품명, 와인등급, 와인생산회사가 표시되어 있다. 국가 및 지역별로 조금씩의 차이가 있다.

프랑스 와인 라벨 식별

(5) 세계의 와인

① 프랑스 와인

세계적으로 유명한 와인 생산국 프랑스는 그리스시대부터 로마시대에 이르기까지 계속하여 포도의 생산을 장려했다. 그 후 프랑스의 포도는 기원전 500년경에 프랑스 남부 지중해 연안으로 전파되었다. 이후 점차 프랑스 전역으로 전파되었다.

오늘날 프랑스 와인은 오래 숙성시켜 특유의 복합적인 향과 부드러운 맛을 즐길 수 있는 최상품 와인을 전 세계에서 가장 많이 생산하는 나라로는 프랑스가 꼽힌다. 와인의 역사가 오래되고 기후와 토양이 포도재배에 이상적이기 때문이다.

프랑스 와인 5대 샤또

② 이탈리아 와인

지중해에 위치한 반도국가로 겨울에는 온난 다습하고 여름에는 고온 건조한 전형적인 지중해성 기후를 가지고 있어 밀, 옥수수, 쌀, 감자, 포도, 올리브 등이 주로 생산되며, 포도와 올리브 등은 남부에서 주로 생산되고 있다. 이탈리아 와인의 생산량은 세계 2위이고 산지는 거의 이탈리아 전역에 걸쳐 있으며 포도의 품종도 많다.

이탈리아 북서부 피에몬테지방에서는 이탈리아의 와인 왕으로 불리는 바롤로의 레드 와인을 생산한다. 이것은 네비올로종으로 만든 색이 진한 와인이다. 또 이 지방에는 이탈리아의 대표적인 발포성 와인인 아스티 스프만테가 있다. 이것은 마스카트종을 사용하여 샴페인식 또는 탱크식으로 만들고 있다.

③ 독일 와인

생산량은 프랑스 · 이탈리아의 약 10%로 적지만, 우수한 품질의 것이 많다. 특히 약 85% 이상을 생산하는 화이트와인은 세계에서 최고의 품질로 인정받고 있다. 독일 와인은 기원전 1세기경 고대 로마의 점령에 의해 포도가 재배되기 시작하였다. 재배면적은 프랑스에 비해 떨어지지만 독일 특유의 양조방법을 개발하여 현재 세계적인 수준의 와인 생산국으로 성장하고 있다.

와인 산지는 라인강 및 그 지류인 모젤강 유역에 걸치는 완만한 골짜기가 주산지이며 거의 절반이 화이트와인이다. 라인와인은 갈색의 홀쭉한 병에 담겨 있으며 주질(酒質)은 단맛이 나면서 묵직하다. 모젤와인은 녹색 병에 담겨 있으며 주질은 섬세하고 상쾌하다. 그리고 라인와인은 <호사>, 모젤와인은 <우아>의 형용으로 알려져 있다.

④ 스페인 와인

스페인은 프랑스에 인접하고 있으며 고대 로마시대 이전부터 포도를 재배하였다. 포도를 재배하기에 알맞은 기후 조건을 갖춘 스페인은 세계 제1의 가장 넓은 포도 재배면적을 확보하고 있으며, 세계 제3위의 와인 생산국이고, 그 중에서도 생산량의 약 10%를 차지하는 셰리는 세계적으로 유명하다. 북부의 리오하지역의 템프라니요종으로 만드는 리오하 레드와인은 적당한 신맛과 좋은 단맛을 가지고 있으며, 숙성이 알맞게 된 와인이다. 그 밖에 셰리와 비슷한 쓴맛의 만자니야(작은 사과), 몬티야, 또 포트와 비슷하게 만드는 말라가주가 있다.

⑤ 포르투갈 와인

유럽 서남부 이베리아 반도 서쪽 끝에 위치한 포르투갈은 고대 로마시대 이전부터 스페인을 거쳐 포도를 재배하였다. 프랑스 보르도 지방과 비슷한 기후를 갖고 있어 포도를 재배하기에 알맞은 조건을 갖추고 있다. 포르투갈은 전체 인구의 약 15%가 와인산업에 종사하고 있다. 포르투갈 와인 하면 우선 마테우스 로제와 포트 와인이 대표적이다. 와인 생산량은 세계 6위(1996년 기준)를 차지하고 있다. 1943년부터 판매되기 시작한 가볍고 산뜻한 맛의 마테우스 로제와인은 세계에서 가장 인기 있는 와인으로서 명성이 높다.

⑥ **미국 와인**

미국은 와인 생산의 역사가 200여년 전 스페인의 한 선교사에 의해 시작하였으나, 최근에 비약적인 발전을 보여주고 있다. 이는 포도를 재배하는데 적합한 기후와 토양의 조건 및 와인을 만드는 기술에 관한 과학적인 노력과 연구의 결과이다. 미국 와인의 전통은 프랑스나 이탈리아 등에 비해 짧지만 품질과 생산량 면에서는 경쟁력을 가지고 있다. 특히 캘리포니아 지역은 미국 전체 와인 생산량의 85%를 차지하고 있으며, 현재 이 지역은 태평양 연안의 해양성 기후와 변함 없는 일조량 등이 와인을 만드는데 적합한 조건을 갖추고 있다. 와인 제조용으로 사용되는 품종은 대부분 유럽종이거나 미국에 자생하는 토종 포도의 개량종이며 강한 향을 얻기 위한 샤르도네, 풀 냄새가 나는 향취와 상쾌한 맛이 감도는 와인을 만들기 위한 쏘비뇽 블랑(Sauvignon Blanc), 특히 캘리포니아 지역에서 가장 많이 생산되는 진판델(Zinfandel) 등이 유명하다.

(6) 와인관련 기구

① **와인글라스(Wine Glass)**

와인은 온도에 따라 맛이 달라지므로 마시는 잔도 긴 손잡이가 달린 와인글라스를 사용한다. 레드와인 글라스는 좀 크고 오목하고 화이트와인 글라스는 좀 덜 오목하며, 샴페인 글라스는 튤립형으로 좁고 길게 생겼다. 와인을 마실 때는 와인의 종류에 따라 그 특징을 보다 더 자세히 맛보기 위하여 그에 맞는 적당한 글라스를 선택하는 것이 좋다.

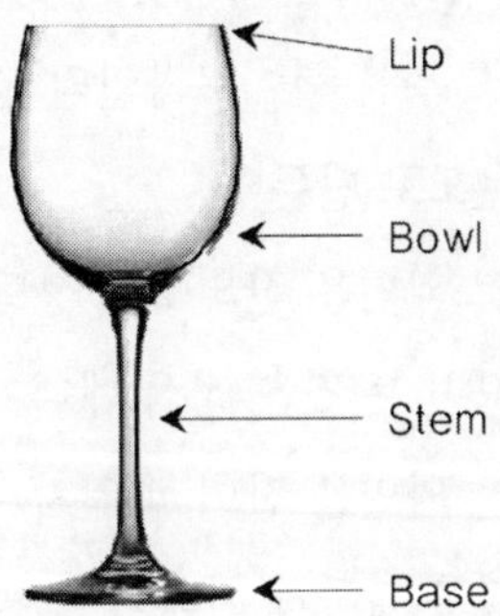

일반적으로 와인 잔은 립(Lip), 몸통(Bowl), 손잡이(Stem)와 받침(Base)으로 나눌 수 있는데, 글라스의 길쭉한 손잡이(stem)는 와인 잔을 쉽게 돌려 와인이 잔 표면적에 많이 퍼지도록 함으로써 와인의 향을 좀 더 많이 느끼게 해주는 역할을 하며 또한 손으로부터 전달되는 열을 차단하는 역할도 한다.

② **코르크 스크류**(Cork Screw)

코르크 스크류는 코르크를 따는데 쓰인다. 와인을 따기 전에 와인 입구를 잘 닦고 입구의 종이를 떼어 낸 다음 코르크 스크루(Cork Screw)를 코르크에 대고 가볍게 돌려서 빼낸다. 만약 와인을 세워서 보관하면 코르크가 말라서 코르크 스크루를 사용하더라도 코르크가 부서지는 등 잘 빠지지 않는 일이 일어날 수 있다.

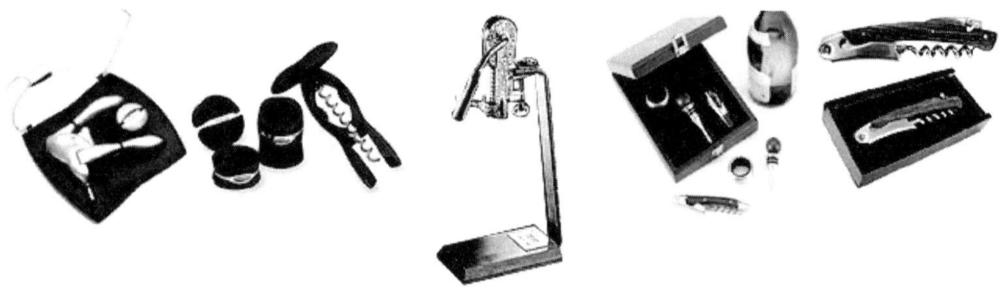

Cork Screw

(7) 와인에티켓

우선 화이트와인의 경우 12~14°C, 레드와인의 경우는 16~18°C 정도의 가장 적절한 온도로 만든다.

와인은 잔의 2/3 정도까지 넘치지도 모자라지도 않게 따라야 하며 와인잔을 손에 들고 받는 것은 정식 매너가 아니다.

와인은 잔이 비워지기 전에 채워주어야 한다. 따를 때는 와인이 병 입구에서 흐르는 것을 피하기 위해 병을 약간 돌리면서 들어올린다.

와인잔을 잡을 때는 손잡이(다리)를 잡아야 하는데 그 이유는 체온으로 인해 와인이 덥혀지는 것을 방지하기 위한 것이다.

(8) 와인의 취급과 보관

최상의 와인을 즐기기 위해서는 첫째, 적절한 구매체제 유지하고 둘째, 적절한 장소에 알맞은 온도로 저장하며 셋째, 적재 물량의 적절한 순환이 필요하다.

① **온도(Temperature)**

최적온도는 12℃가 이상적이지만, 약간의 차이가 있어도 괜찮다. 너무 더우면 와인이 상하게 되고 너무 차가우면 숙성이 중단된다. 맛있게 와인을 즐기기 위해서는 마시기 2~3시간 전에 냉장고에 넣어 두어야 하며, 이상적인 방법은 물과 얼음을 채운 와인 쿨러(Wine Cooler)에 약 30분 정도 냉각시키는 것이 좋은 방법이다. 와인은 그 종류에 따라 적정 온도가 조금씩 다르다.

가. 식전용 와인 : 쉐리 와인(Sherry Wine), 두보넷(Dubonnet), 베르뭇(Vermouth) 등은 5~10℃ 정도에서 가장 맛이 있다.

나. 디저트용 와인 : 포트 와인(Port Wine), 마데이라(Madeira) 등은 17~21℃가 적정 온도이다.

다. 레드와인(Red Wine) : 레드와인은 실온에서 마시는 것이 가장 와인의 진맛을 느낄 수 있다. 따라서 17~21℃가 적정 온도이다.

라. 화이트와인(White Wine) : 레드와인과는 달리 시원하게 하여 마신다. 5~10℃가 적정 온도이다.

마. 로제 와인(Rose Wine) : 10~12℃에서 가장 맛있다.

바. 스파클링 와인 : 샴페인(Champagne), 아스티 스푸만테(Asti Spumante)는 4~8℃가 적당하다.

② **진동(Vibration)**

와인 속의 찌꺼기가 떠오르는 것을 막고 코르크가 풀어지는 것을 방지하기 위해 진동은 최소화하여 보관한다. 냉장고도 진동이 있으므로 장기간 보관에는 좋지 않다. 특히 레드와인이나 샴페인 등을 테이블로 이동할 때에는 흔들리지 않게 조심스럽게 다루어야 한다.

③ **직사광선의 노출 방지(Darkness)**

와인이 햇빛을 받게 되면 빠르게 숙성되어 식초로 변하거나 직사광선으로 라벨이 바래지게 된다. 따라서 어둡고 서늘한 지하창고에 저장하는 것이 바람직하다. 햇볕에 노출을 시키면 병의 온도가 올라가 내용물을 변질시킬 수 있다.

④ **습도(Humidity)**

코르크 마개가 건조하게 되면 와인과 공기의 접촉으로 와인이 상하거나 향을 잃게 될 우려가 있다. 그뿐만 아니라 코르크 마개를 뽑을 때 파손되는 경우가 생긴다.

저장소의 온도가 낮다면 습도는 적당한 것으로 본다. 매일 마시는 레드와인은 실내온도 18~20℃로 선반에 보관하고 화이트와인은 냉장 보관한다. 와인을 보관할 때 코르크가 와인과 접촉되게 옆으로 눕혀 놓는다. 이렇게 함으로써 코르크가 마르고 수축하는 것을 막을 수 있다. 이는 외부 공기와의 접촉으로 산화되어 맛이 시어지고 또한 외부의 균이 병 속으로 침입하여 부패하는 것을 방지하기 위함이다.

(9) 와인 서비스

와인의 판매 증대 및 서비스의 질을 향상시키기 위해 다음과 같은 내용을 서비스 요원들은 숙지하고 있어야 한다.

① **와인 병을 오픈하는 요령**

- 와인의 상표를 주문한 고객에게 확인시키기 위해 상표가 고객을 향하게 하여 고객의 좌측에 서서 보여 드린다.
- 코르크 스크루에 있는 나이프를 이용하여 병목의 캡슐 윗부분을 제거한 후, 서비스 크로스로 병마개 주위를 잘 닦는다.
- 코르크 스크루 끝을 코르크의 중앙에 대고 천천히 눌러 넣는다(코르크를 완전히 통과하여 코르크 조각이 술병 안으로 떨어져서는 안 된다).
- 나사를 천천히 돌려 코르크마개가 1cm 가량 남은 위치까지 뽑은 후, 서비스 크로스를 받쳐 손가락으로 코르크를 잡고 천천히 돌려서 마개를 뽑는다.
- 코르크의 냄새를 맡아 이상 유무를 확인하고, 고객에게 확인하도록 코르크를 보여준다.
- 와인을 서브하기 전에 서비스 크로스로 병목 주위를 깨끗이 닦는다.
- 와인을 주문한 고객에게 테스팅(Tasting)하도록 한다.
- 테스팅이 끝나면 다른 고객에게 순서대로 와인을 따른 후 병목을 서비스 크로스로 닦아, 와인 방울이 테이블에 떨어지지 않도록 한다.

② **화이트 와인 서비스**

- 화이트와인은 적정한 온도 유지를 위해 얼음과 물이 채워진 와인쿨러나 냉장고에 넣어 보관한다.
- 병마개는 고객 앞에 준비된 와인쿨러 속에서 따야 한다.
- 고객에게 제시하는 것과 오픈하는 것은 '와인 병을 오픈하는 요령'에 따라 이행하고 와인 서비스 글라스와 와인병과의 높이는 보통 와인의 종류에 따라 2~3cm가 적당한다.

③ **레드와인 서비스 : 와인 바스켓(Wine Basket)을 이용한 경우**

- 와인 바스켓에 냅킨을 깔고 레드와인을 눕힌다.
- 고객에게 주문한 상표를 확인시킨다.
- 와인 바스켓 목밑에 브레드 플레이트를 엎어 깔고 왼손으로 바스켓을 잘 잡고 오른손으로 코르크 스크루의 나이프를 이용 캡슐을 제거한다.
- 냅킨으로 병목 주위를 닦은 다음 코르크 스크루를 코르크에 돌려 넣는다. 이때 병이 움직이지 않도록 조심스럽게 다룬다.
- 받침대를 이용, 왼손으로 받침대를 고정시키고 코르크를 천천히 오른손으로 빼낸다.
- 다시 병목 주위를 깨끗이 닦은 다음 서브한다.
- 서브 요령은 바스켓을 오른손의 엄지와 중지 사이에 끼워 잡고 인지로 병을 살짝 누르면서 잡는다.
- 주문한 고객에게 먼저 테스팅 한 다음 좋다는 승인이 있으면 사회적인 지위나 성별, 연령을 참작하여 서브하는 것이 일반 원칙이다.
- 와인 글라스와 와인 병의 높이는 약간 떨어지게 하여 글라스의 1/2~2/3정도 서브하고 병을 약간 돌려 커팅(Cutting)한다.
- 이때 서비스 크로스를 쥐고 있는 왼손은 가볍게 뒤쪽 허리 등에 붙이고 서브한다.
- 서브가 끝날 때마다 와인 병을 조심스럽게 서비스 크로스로 닦아 와인 방울이 테이블이나 고객에게 떨어지지 않도록 주의한다.

④ 샴페인 서비스

- 와인 쿨러에 물과 얼음을 넣고 샴페인 병을 넣어 차갑게 한 다음 서브한다.
- 샴페인 병을 들어 고객의 좌측에서 상표를 확인시킨다.
  이때 물기가 떨어지지 않게 서비스 크로스를 병의 바닥에 댄다.
- 왼손 엄지로 병마개를 누르면서 오른손으로 은박이나 금박의 포장지 윗부분을 벗긴다.
- 왼손 엄지는 계속 병마개를 누르면서 감겨진 철사를 푼다.
- 병에 물기를 제거한 다음 오른손 엄지를 병 밑쪽 파인 곳에 넣어 나머지 손가락으로 병을 잡고 왼손으로 병목 부분을 받치고 따른다.
- 샴페인 글라스와 병의 높이는 약 3~5cm정도가 적당한다.
- 각각의 고객에게 매번 서브 한 후에는 서비스 크로스로 병목의 물기를 조심스럽게 닦아 샴페인이나 병에 있는 물이 테이블이나 고객에게 떨어지는 것을 방지한다.

이상의 방법 외에 와인에 있는 침전물(Sediment)을 가라 앉혀 와인을 마시기 위한 방법으로 디켄터(Decanter)과정이 있다. 이는 와인을 따를 때 침전물이 와인 잔에 섞여 들어갈 수 있기 때문에 디켄터에 따라서 와인을 제공하는 것을 말한다. 와인은 디켄팅(와인과 침전물을 분리시키는 작업)하기 전에 1~2시간 정도 병을 똑바로 세운 후 디켄터에 따르면 된다. 디켄터는 와인 애호가들이나 고급 레스토랑에서 주로 사용하는 방법이다. 프랑스어로는 '까라프(Carafe)'라고 하는 이 병은 와인 병 속에 담긴 와인을 옮겨 붓는 투명한 유리병을 말한다.

와인을 디켄터로 옮기는 이유는 첫째, 와인을 옮겨 담는 과정에서 공기, 즉 산소와 접촉을 원활하게 해주기 위함이다. 이 과정에서 와인에 숨어 있는 미묘한 와인의 향이 산소와의 접촉을 통해 더욱 강해질 수 있기 때문이다. 둘째, 레드와인의 경우에는 시간이 오래 지나면, 와인 병 바닥에 침전물이 가라앉을 수 있다. 그러므로 디켄터에 조심스럽게 옮겨 담으면서 이 침전물을 제거하는 것이다.

(10) 와인의 시음(Wine Testing)

와인은 마시는 것과 맛을 보는 것은 차이가 있다. 이는 마시는 와인을 마음으로 음미하느냐 그렇지 않느냐의 차이이다. 사람들은 각자 선호하는 맛이 있다. 시음과정은 후각과 혀의 촉각, 미각을 총동원해야 하는 감각의 훈련이자 개발이라고 볼 수 있다. 다른 음료와 달리 와인은 색깔, 향, 맛의 순에 따라 인간의 세 가지 감각을 사로잡는 매력으로 인해 와인의 맛을 느낄 수 있다.

① 색깔(Color)

와인의 선명도(Clarity), 색깔(Color) 및 색의 농도를 구분한다. 눈으로 와인을 마시기 위해 먼저 와인 잔에 약간의 와인을 채우고 위로 들어 밝은 쪽이나 뒤 배경이 흰색이 있는 밝은 방향으로 향하게 하여 45도 가량 기울게 하여 색을 관찰한다. 많은 색깔들의 와인이 있지만 화이트와인의 색깔은 연두 빛이 감도는 황금색과 볏짚단의 색조와 같은 투명한 와인이 있으며, 레드와인은 핑크 색에서 검붉은 색으로 나눌 수 있다.

② 향(Smell)

와인의 향가기 와인 잔 내부 공간 전체에 꽉 차도록 가볍게 흔들어 준 다음 코를 대고 냄새를 맡는다. 계속 냄새를 맡게 되면 후각이 쉽게 마비되므로 잠깐씩 여러 번에 걸쳐서 냄새를 맡으면 고유의 향취를 감지할 수 있다.

와인의 향은 포도열매 그 자체의 천연향인 아로마(Aroma)의 발효와 숙성에서 생성되는 숙성향인 부케(Bouquet)가 있다. 탄닌에 의해 오랫동안 숙성을 시키는 레드와인의 경우 부케향을 느낄 수 있고, 화이트 와인의 경우 아로마 향이 강하게 느껴진다.

③ 맛(Taste)

혀로 느끼는 와인을 말한다. 일반적으로 사람의 혀는 단맛(Swiit), 신맛(Sour), 쓴맛(Bitter), 짠맛(Salty)의 4대 기본미가 있다. 와인의 단맛은 설탕, 알코올, 글리세린 등에서 느껴지며, 일반적으로 당분 함유량이 0.5%까지는 드라이(Dry)하다고 하며, 0.5% 이상은 스위트(Sweet)하다고 한다. 신맛은 pH나 산도(Acidity : 상큼하거나 시큼하다는 맛), 쓴맛(떫은 맛)은 페놀, 탄닌 등에서 나는 맛이다. 짠맛은 와인에서 중요하지 않은 맛이다. 결국 와인은 단맛, 쓴맛, 신맛으로 구별한다. 단맛은 혀의 앞쪽 부분에서, 신맛은 중앙의 바깥쪽 부분에서, 쓴맛은 제일 안쪽 부분에서 느낄 수 있기 때문에 와인이 처음 혀의 어느 쪽에 닿느냐에 따라 각자의 느끼는 맛이 달라질 수 있다.

제 5 장
증류주 (Distilled Liquor)

제 5 장
증류주(Distilled Liquor)

증류주는 발효된 술, 즉 양조주를 '증류(Distillation)'라는 화학적인 방법으로 이용하여 얻어낸 고농도 알코올을 말한다. 즉, 곡물이나 과일 또는 당분을 포함한 원료를 효모에 의해 발효시켜서 만든 약한 주정을 증류기에 의해 다시 증류하여 만든 술로서 보다 강한 알코올 성분과 순도가 높은 주정을 얻기 위하여 증류하는 것이다. 이 방법은 알코올이 포함되어 있는 혼합물(Alcoholic Liquid)로부터 알코올을 분류해 내는 작업을 의미한다. 이는 성질이 다른 알코올 성분과 물의 성분을 분리하는 것을 말한다. 물의 비등점(100℃)과 알코올의 비등점(78℃)이 각기 다른 것을 가지고 있다는 것을 이용하여 만들어진 술이다.

알코올과 물의 혼합물은 가열하여 발생되는 기체에는 원래의 액체보다 알코올 성분의 액체를 얻게 된다. 따라서 가열과 응축을 2~3회 정도 반복함에 따라 알코올 성분이 높아져 원하는 농도의 알코올을 얻을 수 있는 것이다. 즉, 물과 알코올이 섞여 있는 것을 가열하면 80℃에서 알코올은 액체에서 기화하며, 물(H_2O)은 100℃에 도달할 때가지 기화현상을 일으키지 않는다. 따라서 80~100℃ 사이의 온도를 유지하면서 가열하면 알코올 성분만이 기화하므로 이것을 다시 80℃ 이하로 냉각시키면 순도가 높은 알코올을 얻을 수 있는 것이다. 따라서 증류주는 알코올 농도가 비교적 높으며, 증류방법에 따라 불순물의 일부 또는 대부분의 제거가 가능하다. 특히 우리나라에서 많이 음용되는 희석식 소주는 불순물을 거의 제거한 주정을 원료로 제조되고 있다. 세계적으로 대표적인 증류주는 브랜디, 위스키, 보드카, 럼, 데킬라 등이다. 증류주는 인류가 만든 가장 후대의 술로서 스코틀랜드나 아일랜드의 위스키, 북유럽 각지의 화주는 16세기경부터 만들어졌다고 한다.

이와 같은 증류주는 단식 증류기(Pot-Still)와 연속식 증류기(Patent-Still)의 두 종류의 기기에 의해 만들어 진다.

1. 증류방법

(1) 단식 증류기(Pot Still)

단식 증류기는 말 그대로 발효된 술을 증류기에서 1번 증류시키는 것을 말한다. 보통의 단식 증류기는 솥 모양으로 생겼기 때문에 Pot Still이라고 한다.

단식 증류기

증류하는 과정은 증류기에 발효된 술을 넣고 가열하면 알코올이 먼저 끓어 기체가 되고 기체가 되어 관을 따라 이동하다가 차가운 물에 코일을 꼬아서 만든 응축관을 통과하면서 다시 액체로 변하여 고농도의 알코올이 생성된다. 일정량의 발효된 술(술덧)로 1회 증류 과정을 시킨다고 하여 단식 증류 라고 한다.

(2) 연속식 증류기(Patent Still)

연속식 증류는 공학적인 용어로는 정류(精溜 : Rectification)라고 하는데, 연속식 증류기를 만든 아일랜드의 Aeneas Coffey의 이름을 따서 Coffey Still 혹은 기둥처럼 생겼다고 해서 Column Still 또는 Patent Still 이라고도 한다.

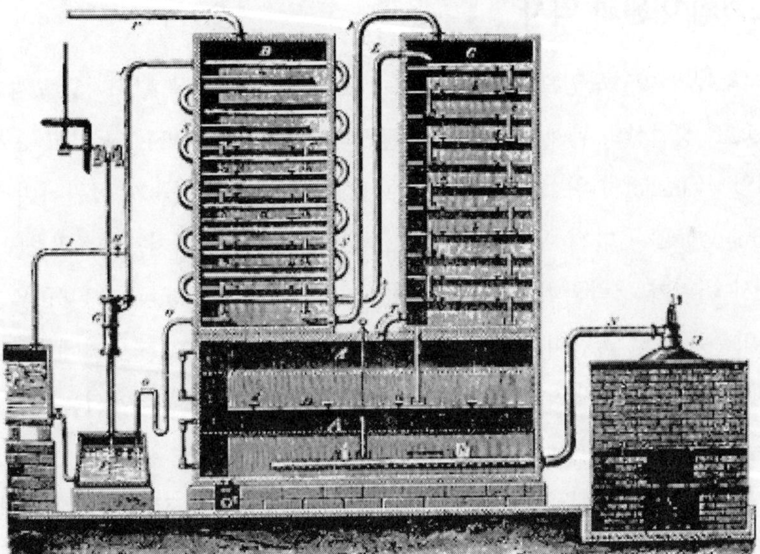

연속식 증류기

증류기 내부에는 Plates(단)가 여러 개 설치되어 있는데 발효된 술들이 각 단을 흘러내리면서 응축과 수축을 반복하게 되면서 여러 번 증류된 효과가 나기 때문에 연속식 증류기라고 한다.

증류방식에 따른 장점과 단점

	단식 증류기	연속식 증류기
장점	- 시설비가 저렴 - 맛과 향 보존 유리	- 대량생산 가능 - 생산원가 절감
단점	- 대량생산 불가능 - 재증류의 번거로움	- 주요 성분 상실 - 고가의 시설비
대표적 술	Malt Whisky	Grain Whisky

2. 위스키(Whisky)

(1) 위스키의 어원과 역사

영국 · 미국에서 발달하였으며, 맥아를 주원료로 하여 이것을 당화 · 발효시킨 후 증류하여 만든 술로, 상업상의 관례에 따라 아일랜드와 미국에서는 'Whiskey'라고 표기한다.

고대 게일어(Gaelic)의 위스게 바하(Uisge-Beatha : 생명의 물)가 어원이며, 이것이 어스퀴보(Usquebaugh) , 다시 우슈크(Uisqe), 어스키(Usky)를 거쳐, 위스퀴보(Whiskybae)가 되고 다시 어미가 생략되어 위스키가 되었다. '생명의 물(Water of Life)'은 본래 연금술(鍊金術)의 용어로서 라틴어로 아쿠아비타(Aqua Vitae)라 쓰며, 9세기에 코르도바의 의사가 포도주에서 증류한 '생명의 물'은 알코올이었다. 그 후 프랑스에서는 포도주를 증류한 브랜디를 가리켜 오드비(eau-de-vie : 생명의 물)라 불렀다.

현재의 위스키가 아일랜드에서 처음 만들어진 시기는 명확하지 않으나 1171년경 영국의 Henry Ⅱ세가 아일랜드에 침입했을 때 그 곳 사람들이 보리를 발효하여 증류한 술을 마시고 있었다고 전해지고 있어, "영국에 전해진 것은 12세기 또는 그 이전이며, 스코틀랜드와 거의 동시에 증류가 시작되었다"고 한다. 초기에는 맥아(麥芽 : Malt)를 원료로 한 알코올에 사프란(Saffron) · 넛메그 기타 향신료와 설탕으로 맛을 들인 것으로, 거의 약용이었다.

16세기 초 스코틀랜드에서 상품화되었으나 1823년의 세제개혁 때까지 중세(重稅) 때문에 밀조가 많았고 대규모적인 증류소는 적었으며, 대부분이 가정에서 소규모로 제조되었다. 17세기에 들어와 스코틀랜드의 산악지대에서 맥아건조에 이탄(泥炭)을 사용하고 단식 증류기(포트 스틸)를 씀으로써 농후한 맛과 향기가 있는 위스키를 만들었다. 이것이 스카치위스키(Scotch Whisky)의 발단이다. 그후 18세기에 이르러 재증류법을 시도하게 되었고, 1826년에 영국의 로버트 스타인(Robert Stein)에 의해 연속식 증류기가 발명되었으나 실용화 되지 못했다. 1831년에는 아일랜드의 아니아스 코페이(Aeneas Coffey)씨가 보다 진보된 연속식 증류기를 발명하여 특허를 내서 능률성이 높은 연속식 증류기(페이턴트 스틸 : Patent-Still)가 되어 이에 의하여 곡물(주로 옥수수)을 원료로 한 그레인 위스키(Grain Whisky)가 제조되기 시작했다.

19세기 중엽부터 로우랜드(Lowland)의 유수한 그레인 위스키업자 6개사가 모여서 D.C.L(Distillers Company Limited)을 주식회사 조직으로 결성하여 조업을 관리토록 했다. 19세기 말경에는 런던 시민 전체에 번져 그때까지 대중들에게 진(Gin)이 누리고 있던 인기를 앞지르기에 이르렀다. 이러한 추세를 몰아 D.C.L은 군소 위스키 증류소를 매입, 막강한 조직으로 키워 나아가면서 남북 아메리카를 위시한 영국의 식민지에 적극적으로 수출하여 커다란 시장을 구축해 나아갔다. 이러한 확장과 더불어 위스키를 저장 년수가 다른 맥아 위스키를 혼합하여 더 좋은 맛을 만들어내는 방법이 일반화되었고, 결국 맥아 위스키와 곡류 위스키를 혼합하여 수출에 알맞은 맛을 만들어 내는 것이 보통이었다.

미국의 위스키는 영국에서 들어온 이주자(주로 스코틀랜드인)들에 의해 만들어졌고, 초기에는 켄터키주의 버번에서 밀주되었으므로 버번 위스키라 불렀다. 그런데 이것은 옥수수를 주원료로 썼으므로 지금도 옥수수를 절반 이상 함유하는 것을 이렇게 부른다. 일반적으로 위스키는 보리(Barley), 호밀(Rye), 밀(Wheat), 옥수수(Corn), 귀리(Oat) 등 곡류를 주원료로 곡물에 싹을 내거나 갈아서 발효하여, 증류, 숙성의 과정을 거쳐 만들어진 술이다. 이렇게 만들어진 무색 투명한 알코올을 참나무(Oak)와 같은 목재통에 수년 동안 저장하여 숙성시키면 나무의 성분이 우러나와 짙은 호박색의 훌륭한 맛과 향기를 지닌 완숙한 위스키가 된다.

(2) 위스키의 제조과정

모든 위스키의 맛과 향은 발효, 증류, 숙성 및 블렌딩(Blending)이라는 주요 과정에서 양조자의 결정에 영향을 받는다. 몰트(Malt)된 보리를 발효하는데 사용하는 효모의 작은 차이, 또는 증류기의 크기나 형태, 숙성용 통을 만드는데 사용할 오크통의 종류에 따라 스카치 위스키의 여러 다양한 맛이 서로 달라지므로, 스카치라는 이 증류주는 과학과 예술의 여러 요소를 융화시키는 양조자 능력의 표현이며, 생산자를 대변한다.

위스키 제법에는 여러 종류가 있으나 원칙적인 예를 들면 다음과 같다. 분쇄한 건조 맥아(몰트)에 더운물을 가하여 54~63℃에서 녹말을 당화시킨 후 24~25℃로 냉각시켜, 다시 효모를 가하여 발효시킨다.

발효액을 증류하여 알코올 성분을 약 60%로 한 다음, 이것을 나무통에 넣어 저장한다. 저장기간은 약 7년이며, 우수한 품질의 것은 12~15년간 묵혀 저장하는데, 이 사이에 통의 재료에서 향미에 관여하는 미량성분이 추출되고 색조도 무색에서 담갈색으로 변한다. 이것이 위스키의 원주(原酒)이며, 이것을 그대로 또는 토대로 하여 혼합해서 제품으로 만든다.

1) 몰팅(Malting)

몰팅이란 보리를 맥아(Malt)로 만들기 위하여 발아를 관리하는 것이다. 몰팅의 목적은 보리가 녹말을 발효할 수 있게 충분한 양의 당분과 효소를 함유하도록 만드는 것이다. 몰팅을 할 때에는 먼저, 증류소의 물을 가득 채운 통에 보리를 2~3일 동안 담가 놓고 일정하게 공기를 주입하고, 전통 방식대로 보리를 30cm 두께 정도로 바닥에 펼쳐 놓고 싹을 틔운다. 보리의 뿌리가 엉키지 않게 보리를 뒤집어 주어, 발아가 진행되면서 자연스럽게 천연 효소와 당분이 생성되면 덜 마른 보리를 건조시켜야 한다. 건조시키기 전 보리에는 50% 정도의 수분이 남아 있고 전분은 부분적으로만 당분으로 바뀐다.

발아를 중단하기 위해서는 열이 필요한데, 이 과정을 '건조'라고 한다. 건조는 바닥이 철제 그물망으로 된 개방형 화덕 속에서 진행되는데 이때 사용하는 연료는 석탄과 이탄이며, 이탄은 부패한 식물이 탄화한 한 형태인데, 스코틀랜드에는 흔하게 볼 수 있으며, 그 구성은 지역에 따라 다르다. 아일라(Islay) 지방의 이탄은 향이 강한 해초 및 이끼로 구성되었고, 본토의 이탄은 보다 가볍고 헤더(Heather)와 나무가 더 많다. 이탄을 얼마나 사용하고, 어느 정도의 향이 위스키에 배어 나는지는 생산자마다, 지역마다 달라서 몰트 위스키의 서로 다른 맛과 향이 발생하게 되는 것이다.

이러한 전통적인 건조 과정은 2~3일간 진행되며, 건조가 끝나면 보리의 습도는 3%로 내려간다. '분쇄'는 건조된 맥아의 당분이 물과 더 쉽게 반응하여 발효가 촉진될 수 있도록 적당한 크기로 가루를 내는 과정이다. 이렇게 분쇄한 맥아를 엿기름(Grist)이라고 한다.

2) 매싱(Mashing)

매싱이란 다음 단계인 발효에서 전분, 당분, 효소 등 분쇄된 맥아의 내용물이 가능한 한 최대로 용해될 수 있도록 당화조(Mash Tun)에서 당분 용해액을 만드는 과정이다. 이 당분 용해액을 맥아즙(Wort)이라고 한다. 분쇄한 맥아 가루에 63~68도의 뜨거운 물을 붓는다. 맥아 가루 1/4에 물 3/4으로 구성된 이 혼합물은 회전 날개가 설치된 당화조로 보내진다.

뜨거운 물 속에서 몇 시간이 지난 뒤 걸쭉해진 맥아의 전분은 맥아당으로 변하는데, 이 과정에서 당분이 생긴 맥아즙을 언더백(Underback)이라는 큰 통으로 흘려보낸다. 뜨거운 물을 두 번 더 첨가하여 남아 있는 당분을 충분히 추출한다. 새로운 맥아즙은 먼저 흘려보낸 맥아즙과 합친 뒤 23도로 냉각된 통 속에서 곧바로 식힌다. 당화 과정이 끝나고 남은 찌꺼기는 가축 사료로 사용한다.

3) 발효(Fermentation)

발효란 맥아즙의 당분 속에서 효모가 화학적 변화를 일으켜 알코올과 이산화탄소 등을 생성하는 과정이다. 매싱 과정에서 생성된 맥아즙을 워시 백(Wash Back)이라는 커다란 통에 담은 뒤 효모를 첨가한다. 워시 백은 전통적으로 주로 오리건의 소나무나 삼나무로 만들어지며, 이들 나무는 곰팡이가 생기는 것을 방지하는 데에 매우 큰 역할을 한다.

오늘날에는 스테인리스 스틸 통을 사용하기도 한다.

이는 보관이 용이해 최적의 발효 과정을 거칠 수 있다는 장점이 있다. 하지만 열을 통 전체에 골고루 전달하기 위해 여전히 나무 통을 고수하는 경우가 많다. 맥아즙은 워시 백에서 2~3일 정도 지나면 알코올 함량 7~8%의 액체가 된다. 이것이 바로 맥아로 만들어진 워시(Wash)이다. 발효된 워시는 증류를 거치기 전에 저장 양조 통으로 보낸다.

4) 증류(Distillation)

증류란 워시에 열을 가하여 효모의 활동을 멈추게 하며, 물과 알코올의 끓는 점 차이를 이용하여 높은 도수의 알코올을 추출하기 위한 과정이다. 순수 몰트 위스키의 경우 구리로 만든 단순한 구조의 단식 증류기로 증류한다.

제1단계로 1차 증류기인 워시 스틸에서 워시를 증류하는데, 워시 스틸은 직접 열을 가하거나 증기를 이용해 가열하는 방법을 쓴다. 워시를 가열하면 알코올의 끓는 점이 물의 끓는 점보다 낮으므로 알코올이 물보다 먼저 증발하게 되는데, 이 기체를 모아서 냉각하면 알코올 농도가 높은 액체를 얻을 수 있다. 이 액체를 모은 것이 바로 알코올 함량 20%의 로우 와인(Low Wine)이다.

제2단계로 로우 와인은 2차 증류기인 스피릿 스틸에서 증류한다. 이 단계에서는 증류를 감독하는 사람이 관찰, 평가하고 측정할 수 있도록 로우 와인이 유리로 된 스피릿 세이프를 통과하게 된다. 이는 증류 작업을 통제하고 관리하는 과정이자 알코올 순도를 조절하기 위한 단계이다. 처음 흘러나온 액체(초류)에는 불순물(알데히드나 퓨젤 오일)이 많기 때문에 그 부분만 모아서 1차 증류기(워시 스틸)로 보내 다시 증류하고 중간에 흘러나온 액체(중류)만 리시버로 보낸다. 2차 증류기를 통과한 알코올은 보통 70도인데, 여기에 물을 첨가하여 63.5도로 희석시킨 뒤, 통에서 숙성한다.

스코틀랜드에서는 일반적으로 증류를 두 번 하지만 세 번의 증류 과정을 거치는 증류소도 있다. 예를 들어 스코틀랜드 로우랜드 지역의 유명한 싱글 몰트 위스키인 오큰토션의 경우이다. 아이리시 위스키는 스카치 위스키와는 달리 대부분 세 번 증류한다.

5) 숙성(Maturation)

새로 증류한 스피릿은 이제 오크 통에 넣어 숙성 과정을 거친다. 이 통들은 다시 한 번 철저한 관리가 이루어지는 창고로 옮겨지게 된다. 스카치 위스키는 법적으로 적어도 3년간 창고에 봉인된 채 숙성되어야 한다고 명시되어 있지만, 보통 3년보다 오랜 시간 동안 숙성 창고에 넣어두게 된다.

숙성 시 사용하는 오크 통의 종류와 기후는 위스키 제조의 마지막 단계에서 중요한 역할을 한다. 숙성 과정은 위스키의 최종 풍미에 최대 60%까지 영향을 미칠 수 있다. 증류주는 통 안에서 맛과 향과 관련된 여러 요소를 주고받는데, 특히 나무의 물관을 통해 서서히 산화되면서 부드러워진다. 가장 흔히 쓰이는 통은 한번 사용되었던 버번(Bourbon)이나 셰리통(Sherry)이다. 새 오크통을 사용하면 바닐라(Vanilla) 및 타닌(Tannin)의 독특한 맛과 향이 위스키에 너무 많이 스며들게 된다. 미국산 오크통은 흡수성 및 타닌 함유량이 상대적으로 떨어지는데, 통의 내부를 태우면 원액을 깨끗이 하고 나무의 당분을 카라멜화 시켜서 바닐라, 코코넛, 꿀 및 향의 특색을 더 많이 배어 들게 한다. 통의 선택은 위스키의 최종 특징을 구분짓는데 가장 큰 역할을 한다. 버번 통은 위스키에 바닐라 풍미를 더한다. 또한 셰리 와인 통은 위스키에 셰리 풍미를 더하는 것에서 한발 더 나아가, 묵직한 맛과 깊은 호박색, 가끔 붉은 빛까지 선물한다. 위스키의 숙성은 건조한 기후보다는 습한 기후에서 보다 천천히 진행되는데, 온도의 변화는 숙성을 가속화시키는 중요한 요소이다. 건조한 기후에서는 물보다 알코올이 증발되고 습한 기후에서는 알코올보다는 물이 증발된다. 통의 선택은 위스키의 최종 특징을 구분짓는 데 가장 큰 역할을 한다. 오크 통의 크기에 따라 숙성 속도도 달라진다. 통이 작을수록 숙성이 빠르게 진행되고, 통이 클수록 상대적으로 천천히 숙성된다.

일반적으로 알기로는 몰트가 오래될수록 더 좋다고 알려져 있는데, 사실은 그렇지가 않다. 위스키의 종류에 따라 숙성되는 시간이 다르기 때문에 전문가는 증류소의 특성 및 나무의 영향이 완벽히 균형을 맞추는 시점을 포착하는 것이다. 형편없는 위스키는 30년 동안 숙성시키더라도 여전히 형편없을 것이다. 일반적으로는 위스키가 오래될수록 비싼데, 이는 오래된 세월 동안의 보관비용에 따른 것이며, 또 다른 이유는 매년 1~2%의 술이 증발하며, 알코올이 더 휘발성이 강하기 때문에 실제 술의 알코올 함유량은 더 떨어질 수밖에 없다. 12년간 저장된 통에서는 총 25%의 내용물이 증발되는데, 이렇게 자연 증발로 잃는 손실을 '천사의 몫(Angel's Share)'이라고 한다. 위스키를 오크통에서 숙성시키는 것은 과학인 동시에 예술이고, 이에 엄청난 시간과 노력이 들어가기 때문에, 제조사들은 서로 다른 종류의 통을 사용해서 각자의 몰트 위스키에 특색을 불어넣고자 한다.

6) 병 주입(Bottling)

병 주입이란 말 그대로 숙성된 위스키를 병에 담는 과정이다. 병입이라고도 하며 어떻게 담느냐에 따라 종류가 달라진다. 싱글 몰트 위스키로 불리기 위해서는 오직 한 증류소에서 만들어진 몰트 위스키만을 담아야 한다. 만약 한 곳 이상의 증류소에서 만들어진 몰트 위스키들이 섞여 있다면, 이는 블렌디드 몰트 위스키라고 불리게 된다. 또한 몰트 위스키가 그레인 위스키와 섞이면 이는 블렌디드 위스키라고 부른다.

보통의 위스키는 여러 숙성 기간의 위스키들을 큰 통에 넣어 특색 있는 하우스 스타일을 만들어 낸 것으로, 싱글 몰트 중 가장 어린 몰트의 나이를 숙성 기간으로 표시한다. 한 통에서 나온 위스키만을 모아 병 주입한 위스키의 경우에는 'Single Cask' 또는 'Single Barrel'이라고 적는다. 최근 희석되지 않은 위스키가 유명세를 타고 있기는 하지만 보통의 위스키들은 희석되어 40~43% 사이의 알코올 함유량으로 병 주입, 판매된다.

위스키는 또한 냉각 여과하는 과정을 거치기도 하는데 이는, 위스키 내부에서 자연 발생하는 지방성 아미노산을 차갑게 하여 하나로 모은 뒤 걸러내는 방법이다. 'Unchill Filtered' 표시가 없는 이상 대부분의 위스키가 이 방법을 통해 병에 주입된다. 이 과정을 거치지 않은 위스키의 경우에는 낮은 온도에서 저장되거나 차가운 물과 섞였을 때, 안개가 낀 것처럼 부옇게 변할 수 있으나 이는 정상이다.

〈위스키 제조 과정〉

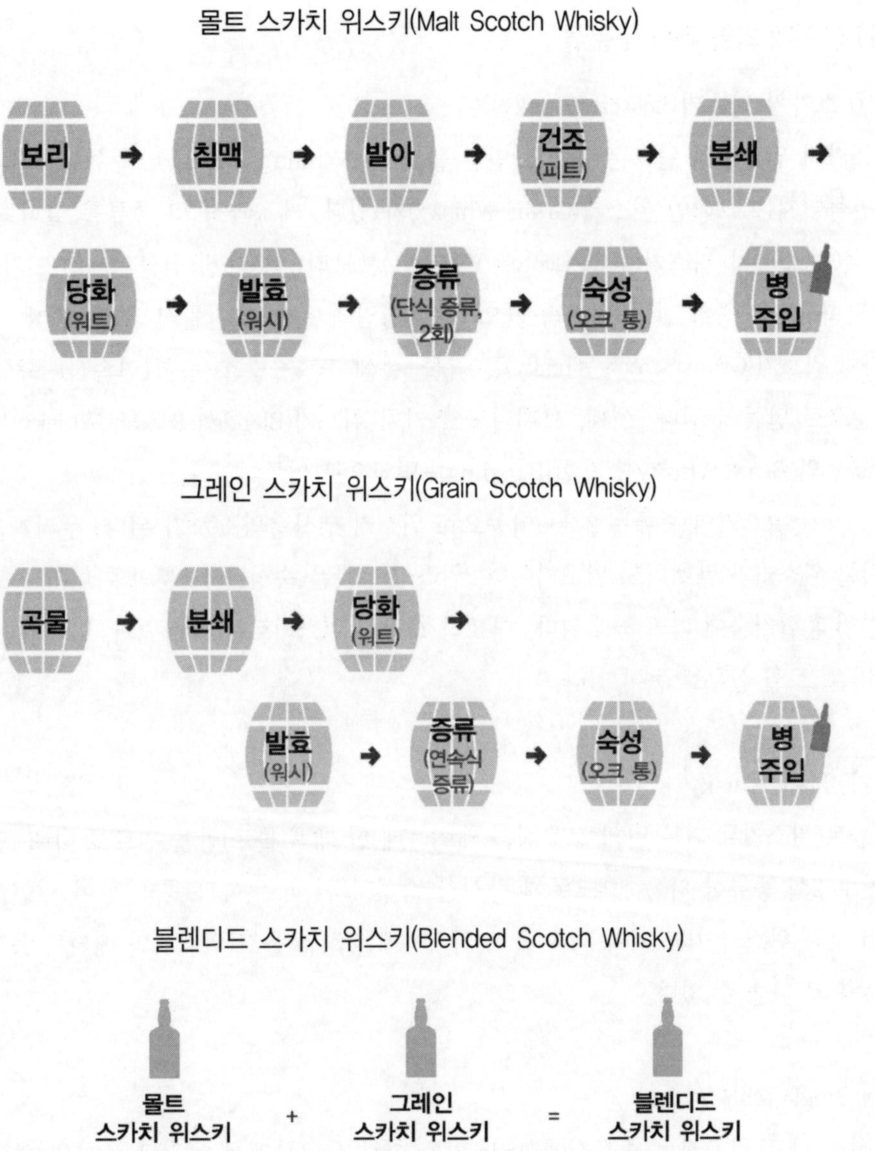

출처 : 위스키 수첩, 성중용

(3) 위스키의 종류

위스키는 산지(産地), 원료, 증류기, 주세법에 따라 다음과 같이 분류할 수 있다.

1) 산지에 의한 위스키 분류

① 스카치 위스키(Scotch Whisky)

스카치 위스키의 원료는 맥아로 만든 몰트 위스키(Malt Whisky), 옥수수, 보리, 귀리로 만들어지는 그레인 위스키(Grain Whisky)가 있다. 제조과정 및 종류를 살펴보면, 첫째, 몰트 스카치 위스키(Malt Scotch Whisky)는 보리-침맥-발아(몰트)-건조(피트)-분쇄-당화-발효-증류(단식2번)-숙성(오크통)-병입의 순으로 만들어 지며, 둘째, 그레인 스카치 위스키(Grain Scotch Whisky)는 곡물-분쇄-당화-발효-증류(연속식)-숙성(저장)의 순으로 만들어 진다. 셋째, 브랜디드 스카치 위스키(Blended Scotch Whisky)는 Malt Whisky 와 Grain Whisky를 혼합(Blending)-병입으로 이루어진다.

스카치 위스키의 종류는 2,300여종으로 위스키 생산량의 60%가 된다. 우리가 대부분 마시는 위스키가 블랜디드 위스키이며, 위스키의 맛은 숙성 연도 뿐만 아니라 몰트와 그레인의 혼합기술에 따라 좌우된다. 대표적 스카치 위스키로는 죠니워커, 발렌타인, 시바스 리갈, 로얄 살루트 등이 있다.

가. Malt Whisky

몰트 위스키는 피트 탄의 그을림을 배어들게 한 대맥(몰트)만을 원료로 하여, 단식 증류기로 2회 증류한 다음, 오크통에 장시간 숙성시켜, 피트 향과 통의 향이 배인 독특한 맛이 나는 위스키이다. 이와 같은 몰트 위스키에는 싱글 몰트 위스키와 배티드 몰트 위스키 등으로 나눌 수 있다.

▪ Single Malt Whisky

싱글 몰트 위스키는 증류소에 따라 피트 향과 오크통에서 우러나온 향의 성분이 약간의 차이가 있어 다른 증류 공장의 몰트 위스키를 일체 혼합하지 않고 출하시킨 것을 말한다.

나. Grain Whisky

보리의 맥아와 옥수수, 밀을 혼합하여 당화, 발효 과정을 거친 뒤 연속식 증류기로 대량 증류시킨 위스키이다. 피트를 태워 건조하는 방식이 아니기 때문에 몰트 위스키보다 맛의 특징이 적고 가벼운 타입의 위스키로 몰트 위스키와 블렌딩하기 위한 목적으로 만든다.

다. Blended Whisky

블렌디드 위스키는 몰트 위스키와 그레인 위스키를 적당한 비율로 혼합한 것인데 우리가 마시고 있는 스카치 위스키의 대부분이 블렌디드 위스키이다. 배합 비율에 따라 맛이 달라지기 때문에 회사마다 배합 비율의 노하우를 가지고 있다.

- Ballantine's

발렌타인 시리즈는 설립자인 George Ballantine이 1827년 스코틀랜드 에든버러에서 첫 식료품 및 주류 점을 개업하면서 그 시작을 함께 했다. 사업을 확장하면서 품격 높은 고급 위스키를 만들려는 그의 끊임없는 노력은 점점 기품 있고 세련된 상류사회에서 인정을 받게 되었고, 영국 왕실에서 최고 명품에게만 수여되는 'Royal Warrant' 상을 수상하게 되면서 스코틀랜드뿐만 아니라 해외에서도 그 명성을 이어 가게 되어, 품격 높은 위스키로 자리 잡게 된다. 스탠더드 급에서부터 30년까지 숙성시킨 다양한 제품을 생산하고 있다. Ballantine's Finest, Ballantine's 12년, Ballantine's MASTERS, Ballantine's 17년, Ballantine's 21년과 Ballantine's 30년 등이 있다.

▪ Chivas Regal

Chivas Regal이란 'Chivas 집안의 왕자'라는 뜻으로 1843년에 빅토리아 여왕으로부터 궁정 납품을 인정받은 프리미엄급 위스키이다. 시바스, 그 특유의 부드러움은 바로 스코틀랜드의 스페이사이드라는 지역에서 비롯된다. 이곳은 독특한 자연 환경을 자랑하는 신비한 매력의 지역으로 시바스 리갈 블렌딩의 핵심인 부드럽고 원숙한 위스키 제조를 위한 완벽한 조건을 제공한다.

▪ Cutty Sark

커티샥은 게일어로 '짧은 셔츠'라는 뜻인데, 1869년 이 이름을 붙인 배가 스코틀랜드에서 출발 동양 항로에 취항하여 매우 빠르기로 이름을 날렸다. 커티샥은 그 이름을 따서 1923년 탄생하였다. 몰트 위스키와 그레인 위스키의 배합으로 블렌딩 과정을 거쳐 우아하고 섬세하면서도 복잡한 향과 청량감과 달지 않은 부드럽고 상쾌한 맛을 특징으로 하고 있으며 그 색은 밝고 투명한 호박색을 띠며, 전 세계적으로 사랑받는 블렌디드 스카치 위스키이다.

▪ Johnnie Walker

조니 워커(Johnnie Walker)사는 1820년에 설립되어서 약 200여년의 블렌딩 경험을 보유하고 있으며, 7백만통 이상 숙성된 세계최대의 몰트 위스키 컬렉션을 보유하고 있다. 조니 워커사의 뛰어난 재능을 갖춘 블렌딩팀은 그 오랜 전통과 방대한 종류의 몰트 위스키를 활용해서 그 누구도 따라갈 수 없는 위스키를 만들어낸다.

▪ Glenfiddich

싱글몰트 위스키 마켓의 리더로서 시장을 이끌어 나가고 있는 글렌피딕은 게일어로 골짜기를 뜻하는 Glen(글렌)과 사슴을 뜻하는 Fiddich(피딕)의 합성어이다. 1887년 크리스마스에 스코틀랜드 스페이사이드 지역에 위치한 글랜피딕 증류소에서 첫 제품이 탄생하였다.

▪ Macallan

맥캘란은 하일랜드 산 싱글 몰트 위스키로, 밀조 시대에도 생산하였다. 1824년에는 더 글렌리베트의 뒤를 이어 이미 공인 증류소의 면허를 얻었다, 제2차 세계대전 후 규모를 확대했으나 옛날의 증류소를 지금까지도 사용하고 있어 위스키의 풍미가 중후하다. 맥캘란 몰트의 특징은 쉐리통에 숙성시킨다는 점이다. 쉐리 외에 피노, 아몬틸라도 등에 사용한 통에서부터 크림통에 이르기까지 폭넓게 쓰고 있다.

제조법에 의한 스카치 위스키 브랜드의 구분

제조법	브랜드
Malt Wisky	Glenfiddich Macallan
Blended whisky	Ballantine's Chivas Regal Cutty Sark J&B Johnnie Walker

2) Irish Whiskey

① 아이리시 위스키의 개요

아이리시 위스키는 영국령 북아일랜드와 아일랜드 자치 공화국 전체에서 생산되는 위스키를 말한다. 아일랜드는 위스키의 발생지로 알려져 있다. '1171년 잉글랜드의 헨리

2세의 군대가 이 땅을 정복하러 건너왔을 때, '아이리시'라는 강렬한 술을 마시고 있는 것을 보았다.' 라는 기록이 남아 있다. 이것이 위스키에 관한 최초의 기록이다.

현재 아이리시 위스키의 제법은 스카치 위스키와 유사한 것 같으나 제조과정이 다르다. 스카치 위스키는 맥아를 건조시킬 때 피트 탄을 태운 연기에 건조시키는데 아이리시 위스키는 Bar닥에 건조시킨다. 건조시킨 맥아를 갈아서 물을 넣어 열을 가하여 맥아즙을 만들 때 밀과 호밀을 함께 넣고 즙을 만든다. 이때에 한 번에 끝내는 것이 아니고 4번을 반복하여 끓여서 냉각시킨 다음 발효시켜 단식 증류법으로 3번 반복하여 증류한다. 증류된 원액은 쉐리 등으로 사용하였던 오크통에 넣어서 5년 이상을 숙성시키며 스카치보다 부드럽고 짙은 맛이 나며 몰트 위스키에서 나는 훈향이 없다는 차이가 있다.

② 아이리시 위스키의 유명상표

- John Jameson

존 제임슨은 1780년 더블린에서 존 제임슨이 설립한 증류소의 위스키이다. 오랫동안 아이리시의 고전적인 증류법을 지켜 '아이리시(기름지다)'라고 표현되는 해피 타입의 위스키를 만들어 왔다. 그러다가 콘 위스키를 블렌딩한 부드러운 풍미의 맛을 개발하여 온더락 등으로 호평을 얻고 있다.

- Old Bushmills

올드 부시밀즈는 영국령 북아일랜드에서 유일한 브랜드이며, 또한 현존하는 아이리시 위스키 중 가장 역사가 오래된 브랜드이다. 부시밀즈의 의미는 북아일랜드에 있는 도시 이름인데 '숲속의 물레방아간'이라는 뜻으로, 그 곳에서 만들어지고 있는데서 붙여진 이름이다.

3) American Whiskey

① 아메리칸 위스키의 개요

아메리칸 위스키는 신대륙에 이주해 온 영국계 이민자에 의해서 시작되었다. 미국의 위스키에 관한 최고의 기록은 1770년 피츠버그에서 호밀로 증류주를 만들었다는 내용이 기록되어 있다. 따라서 최초의 아메리칸 위스키는 Rye Whiskey라고 할 수 있으며 옥수수를 원료로 위스키가 만들어진 것은 1783년 켄터키 주에서 외반 윌리엄스라는 사람이 보리에 옥수수를 넣어서 만든 것이 옥수수 위스키, 즉 Bourbon Whiskey의 시초로 기록되어 있다. 현재, 미국의 위스키는 연방법의 규제 하에서 제조되고 이다. 그 법에 의하면, 위스키란 곡물의 발효액을 알코올 95도 이하에서 증류하여 오크통에서 숙성하고 알코올 함유량 40도 이상으로 병입된 것이다. 원료로 옥수수를 51% 이상 함유하고 있으면 버번 위스키가 되며, 옥수수 80% 이상 함유하고 있으면 콘 위스키가 된다.

이러한 위스키를 2년 이상 통에서 숙성하면 명칭 위에 '스트레이트'라는 말이 붙는다. 또한 법적으로는 버번으로 분류되지만 테네시주에서 만들어지며 그 곳에서 생산되는 숯으로 여과한 후에 숙성시킨 것은 상거래 관습상 Tennessee Whiskey로 구분된다.

② 아메리칸 위스키의 유명상표

- Jack Daniel's

잭 다니엘 위스키는 테네시주에서 버번과 유사한 방법으로 생산하는데 제조 과정에서 증류시킨 원액을 사탕단풍나무 목탄으로 여과시키는 한 단계 과정을 더 거친 다음 숙성시킨다. 따라서 잭 다니엘은 버번 위스키보다 부드럽고 향이 좋아 미국을 대표하는 위스키로 널리 알려져 있다. 창업자 잭 다니엘이 소년시절부터 위스키 증류 일을 돕다가 1846년 테네시주 링컨 군 린치버그 마을에서 창업하였다.

- Jim Beam

짐빔은 1795년 제이콥 빔이 버번 군에 위스키 증류소를 건립하면서 시작되었다. 현존하는 미국의 증류회사 중에서는 가장 오랜 역사를 가지고 있다. 버번 위스키의 특징으로는 Sour Mash공법으로 위스키를 생산하고 있는데, 맛이 부드러워 소프트 버번의 대명사로 인정받고 있다. 블랙라벨은 고급품으로 라벨에 101개월(8년 5개월)이라 기재되어 있는데 장기 숙성에서 얻어진 마일드한 풍미가 특징이다. 우리나라에서는 Bourbon Coke의 칵테일기주로서 많이 이용되고 있는 브랜드이다.

Jack Daniel's & Jim Beam

4) Canadian Whisky

① 캐나디안 위스키의 개요

캐나다의 위스키 역사는 미국의 독립전쟁으로 인하여 북쪽의 캐나다로 이주하는 영국이민이 늘어나면서부터 시작되었다. 1920년에 미국의 금주법이 시행되고 거대 주류기업인 씨그램사와 하이럼 워커사가 설립되면서 발전하게 되었다. 캐나다에서는 스트레이트 위스키를 만드는 것이 법으로 금지되어 모든 위스키는 라이 위스키와 콘 위스키의 블렌디드인데, 라이트한 풍미가 현대인의 기호에 맞아 많은 인기를 얻고 있다. 위스키의 제조 공정은 라이를 중심으로 한 약간 향미가 진한 플레이버링 위스키 제조와 옥수수를 중심으로 한 크림 맛의 위스키 제조로 나눠진다. 3년 이상 숙성시킨 후 배합하서 제품화된다. 또한, 원료로 51% 이상 라이를 사용하면 라벨에 라이 위스키라고 표시할 수 있다. 제품으로는 캐나디안 클럽과 크라운 로얄이 그 쌍벽을 이루고 있다. 모두 미국 내에도 증류공장이 있어 전 세계에 공급하고 있다.

② 캐나디안 위스키의 유명상표

- Canadian Club

캐나디안 클럽은 1858년에 창업한 하이럼 워커사의 주력 제품이다. C.C라는 예칭으로 전 세계에 알려져 있다. 빅토리아 여왕 시대인 1898년 이래로 영국 왕실에 납품되고 있으며 라벨에 영국 왕실의 문장을 표시하고 있다.

▪ Crown Royal

크라운 로얄은 왕관의 모양을 본 뜬 위스키로서 1939년 영국 국왕 조지 6세 내외가 캐나다를 방문했을 때 씨그램 사가 심혈을 기울여 만든 진상품이다. 이 위스키는 12년 산 프리미엄급의 고급 위스키이다.

Crown Royal

Canadian Club

3. 브랜디(Brandy)

브랜디란 포도를 발효, 증류한 술에 붙인 명칭이다. 과실을 주원료로 하는 증류주에 대해서 원료에 따라 체리브랜디, 사과브랜디 등으로 부를 수 있다. 브랜디는 프랑스 코냑 지방에서 생산되는 브랜디가 대표적이라고 할 수 있는데, 우리에게 브랜디라는 이름보다 Cognac이라는 이름으로 더 잘 알려져 있다. 그 다음으로 유명한 브랜디로는 Armagnac이 있다. 이밖에도 포도 이외의 과실을 원료로 한 브랜디로는 사과로 만든 칼바도스(Calvados)가 있는데, 프랑스 서북부 노르망디 지방의 특산주이다. 또한 포도로 와인을 만들고 난 찌꺼기를 재 발효한 후 증류하여 만든 찌꺼기 브랜디로, 프랑스의 Eau-de-vie de Marc와 이탈리아의 Grappa 등이 있다.

(1) 브랜디의 제조방법

포도품종은 주로 생테밀리옹(Saint Emilion)이다. 이 품종은 다른 곳에서는 위니 블랑(Ugni Blanc)이라고 하며, 이탈리아에서는 트레비아노(Trebbiano)로 알려진 품종이다. 이 포도로 만든 와인은 신맛이 많으며 알코올 농도는 7~9 % 정도밖에 되지 않는다.

제조회사가 포도 재배에서 증류, 주병까지 일괄 처리하는 곳도 있지만, 포도원에서 증류한 새 술을 구입하여 자기 회사에서 숙성시키고 블렌딩하여 제품을 만드는 곳도 있다. 보통 10월 말이나 11월 초부터 발효가 끝난 와인을 가져와서 증류하기 시작한다. 이 지방의 증류기는 가장 원시적인 것으로 13세기 빌라 노바가 만든 것과 별로 다를 것이 없을 정도이다. 이 지방 이름을 따서 이 증류기를 샤랑트 스틸(Charente Still)이라고 부르는데, 벽돌로 만든 아궁이에 둥근 구리 솥이 얹혀 있는 형태이며, 솥 끝에 달린 가는 관이 냉각수 탱크를 통과하게 되어 있다.

이 구식 증류기로 증류를 하면 처음에는 27~30% 정도의 알코올(Brouillis, Heart)이 나오고, 이 액을 모아서 다시 증류하면 70% 정도의 알코올을 가진 액체를 얻는다. 이 때 처음 나오는 액(Têtes, Heads)과 나중에 나오는 액(Queues, Tails)은 제품으로 만들지 않고 다시 와인 탱크에 집어넣는다. 처음 나오는 액은 끓는 점이 낮은 아세트알데히드, 메틸알코올 등이 섞일 우려가 많고, 나중에 나오는 액은 끓는 점이 높은 퓨젤오일이 섞여 나오기 때문이다. 이 퓨젤오일은 섭취했을 때 두통을 일으키는 원인이 될 수 있다.

몰트 위스키를 제외한 모든 증류주는 연속식 증류기를 사용하지만, 코냑만은 구식증류 방법을 고집하고 있어서 향기성분을 그대로 간직한 세계적인 명주가 된다. 이 장치는 조작이 까다롭고 한 번 증류하면 찌꺼기를 제거하고 다시 증류를 해야 하므로 복잡하고 경비가 많이 들지만, 코냑을 만드는데 있어서 가장 예민한 단계라고 할 수 있다. 증류는 천천히 할수록 좋은 품질을 얻을 수 있다. 증류가 빨라지면 휘발산과 에스테르 등이 섞일 수 있다.

증류가 끝난 후 새 술은 오크통에 넣어서 증류시킨다. 이 숙성과정에서 코냑은 공기와 접촉하면서 서서히 증발도 되고, 나무통에서 타닌, 리그닌 등의 성분이 나와서 색깔이 진해지면서 코냑 고유의 향을 갖게 된다. 350ℓ 나무통에서 25년간 숙성시키면 나무통에서 약 500g의 성분이 추출된다. 숙성을 오래 시키면 알코올 농도가 낮아지고 오크 냄새가 강해지기 때문에 처음에는 새 오크통을 사용하고 나중에는 헌 오크통으로 옮긴다.

숙성이 끝난 코냑은 오크통의 종류, 숙성기간, 숙성장소 등에 따라 여러 가지 맛을 가지고 있으므로 전문가를 동원하여 맛을 봐가면서 블렌딩하고, 알코올 농도를 맞추어 제품으로 내놓는다.

(2) 브랜디의 종류 및 산지

1) Cognac

① 코냑의 정의

코냑 지방은 와인의 명산지인 보르도의 북쪽에 위치한 도시로, 이 지역에서 생산한 브랜디만을 코냑이라 부른다. 따라서 코냑은 모두 브랜디이지만, 모든 브랜디가 코냑은 아니다. 즉, 프랑스의 다른 지방에서 같은 품종의 포도로 같은 방법으로 제조했더라도 코냑이라 부를 수 없으며 토질, 기후에 따른 포도의 질이 결과물인 코냑에 영향을 미치기 때문이다. 이것은 1909년에 지역적 명칭으로서의 코냑이 법령에 의하여 보호되게 되었고 1938년에는 프랑스 정부가 제품을 보증하는 원산지 통제 명칭이 되었다.

② 코냑의 등급(헤네시사 기준)

가. VO : Very Old의 약자로 그 이전에 3스타에 해당되는 등급으로 법적으로 최소 15년 숙성

나. VSO : Very Special(또는 Superior) Old 의 약자로 보통 15년~25년 사이의 숙성

다. VSOP : 최소 15년~30년 숙성

라. XO : 'Extra Old'의 약자로 알려져 있지만 'Extraordinary'의 약자라는 설도 있으며 또 옛날 헤네시사 직원들이 코냑 통을 배에 선적하기 전에 표시하던 기호였다는 이야기도 있다. 보통 XO 등급에는 최소 45년 이상 된 오드비를 원료로 사용하고 있다.

마. Extra : 각 코냑 회사의 제품 중 최상위 제품으로서 회사가 자랑하는 최고의 장기 숙성 오드비들만을 배합한 등급으로 보통 70년 이상이다.

헤네시사의 숙성기간

표기	숙성기간
V.O	최소 15년
V.S.O.(Very Superior Old)	15~25년
V.S.O.P(Very Superior Old Pale)	15~30년
X.O(Extra Old)	45년 이상
Extra	70년 이상

③ 코냑의 유명상표

▪ Hennessy

헤네시 코냑은 1765년 아일랜드 출신의 리차드 헤네시에 의하여 설립되었다. 헤네시는 소규모의 자가 포도원을 소유하고 있으므로 90%는 증류업자들로부터 사들여 증류하고 있다. 따라서 헤네시는 증류업자라기 보다는 블렌딩업자라는 표현이 잘 어울린다. 이러한 헤네시 코냑의 특징은 브랜디 신주의 숙성에 리무진 산의 떡갈나무로 자사에서 만든 새 통을 사용한다는 점이다. 이렇게 하여 통에서의 용출성분을 많이 배어들게 한 다음 묵은 통으로 숙성시킨다. 그 때문에 헤네시 코냑은 대규모 유명 메이커의 제품 중에서도 주질이 중후한 점이 특징으로 되어 있다. 헤네시의 V.S.O.P급은 30년 저장된 원주를 블렌딩한 것으로 유명하다.

Hennessy V.S.O.P & Hennessy X.O

▪ Camus

카뮈 코냑은 현재 코냑 메이커로서는 세계 5위이며 그 제품의 대부분이 세계 각지의 면세점에서 여행객들이 가장 많이 사가고 있는 제품이다. 부드러우면서도 감칠맛이 나는 것이 카뮈 나폴레옹 코냑의 특징이다.

Camus V.S.O.P & Camus X.O

▪ Remy Martine

레미마틴 코냑은 별 셋급의 제품은 생산하지 않고 전 제품이 V.S.O.P급 이상이라는 것으로 유명하다. 레미마틴 코냑은 지구 전체에서 9%에도 미치지 못하는 그랜드 상파뉴, 쁘띠 상파뉴 지구의 약 1200개소의 포도원에서 포도와 와인을 수집한다. 그것을 소형 증류기로 증류하여 숙성용 통도 리무진의 화이트 오크의 심재만을 써서 만든 것을 사용하고 있다. 증류소의 신주는 10개월에서 1년가량 새 통에서 숙성하기 때문에 통의 향기와 타닌의 풍미가 생긴다. 제품화할 때에는 20년의 고주도 적당히 블렌딩한다. V.S.O.P보다 위 클래스에는 Napoleon, X. O, Extra 그리고 루이 13세는 레미마틴사 제품 가운데 유일한 그랜드 상파뉴의 것으로 루이 왕조를 상징하는 백합 모양의 병에 담아 판매하고 있다.

Remy Martine X.O

▪ Courvoisier

쿠르브아제 코냑은 마텔, 헤네시 등과 함께 현재의 코냑 업계의 3대 메이커의 하나로 꼽힌다. 마텔 제품이 약간 씁쌀한 맛의 산뜻한 감칠맛을 추구하고 헤네시 제품은 충분한 숙성으로 인해 중후한 풍미가 있는 것에 비하여 쿠르브아제는 그 중간 타입이라 할 수 있다.

Courvoisier V.S.O.P, Courvoisier X.O

2) Armagnac

① 아르마냑의 개요

아르마냑은은 보르도 지방의 남서쪽에 위치하고 있으며, 이 지방에서 생산되는 브랜디만을 아르마냑이라고 한다. 아르마냑은 원료와 토양, 기후 등에 있어 코냑 지방과 별 차이는 없으나 증류기법의 차이가 있다.

코냑은 단식 증류기로 2번 증류 하지만 아르마냑은 반연속 증류기로 한번만 증류하기 때문에 향(香)이 짙은 특성이 있다. 또한 아르마냑은 숙성시킬 때 향이 강한 블랙 오크통을 사용하기 때문에 화이트 리무진 오크통을 사용하는 코냑보다 숙성이 빠르다. 보통 10년 정도면 완전히 성숙한 아르마냑이 되며 숙성 연도 표시는 코냑에 준한다. 다음의 세 지역인 아르마냑, 테나레즈, 오 아르마냑 등에서 생산한다.

② 아르마냑의 유명상표

▪ Chabot

16세기 프랑스와 1세 때 프랑스 최초의 해군 원수 Phillippe de Chabot 라는 사람이 있었다. 그는 자기 배에 적재하는 와인이 긴 항해 동안에 변질되는 것을 방지하기 위해 오랜 항해에도 견딜 수 있도록 증류해서 적재하도록 하였다. 그렇게 한 결과 맛이 전혀 나빠지지 않을 뿐더러 통 속에서 세월이 경과할수록 나무 통 속에서 우러나오는 타닌성분과 방향성분이 가미되어 양질의 우수한 브랜디가 된다는 것을 발견하게 되었다.

▪ Janneau

자노는 1851년에 테나레즈 지역에서 설립되어 6대째 가업으로 계승하고 있다. 자노의 증류는 아르마냑 전통의 증류법으로 1회만 하며, 숙성은 블랙 오크의 새통에 2년 동안 저장하여 통의 향기를 배어들게 하고 있다.

▪ Malliac

말리악은 아르마냑 지방 몽레알 마을의 Chateau de Maliac 사의 제품이다. 이 회사는 현재 코냑의 명문 쿠루부아제 사의 산하에 있다. 말리약 코냑은 모두 10년 이상 숙성한 원주를 사용하고 있다.

3) 기타 브랜디

▪ Calvados

사과를 발효 · 증류시켜 만든 브랜디를 말하며 노르망디 상륙작전으로 유명한 프랑스 노르망디 지역의 칼바도스 지방에서 생산되는 브랜디이다. 이 지방에서 생산되는 사과로 만든 브랜디를 전부 칼바도스라고 부르지는 않고 코냑과 같이 지역경계는 물론이거니와 제조방법 등에 있어서 AOC법의 통제를 받아서 생산되는 것만을 칼바도스라고 한다. 그 외의 것은 오드비 드 시더(Eau-de-vie de cidre)라고 표기한다. 칼바도스는 사과주(Cidre)를 먼저 만든 다음 코냑과 마찬가지로 단식 증류기에 의해 두 번 증류한다. 영국과 미국에서도 만들고 있으며 사과를 원료로 하여 만든 브랜디를 애플 브랜디(Apple Brandy) 또는 애플 잭(Apple Jack)이라고 부르며, 향미, 향취가 매우 좋다.

▪ Eau-de-vie de Cidre

프랑스 내 칼바도스를 제외한 사과를 발효 증류한 술이다.

▪ **Apple Brandy**

사과를 발효하여 증류한 Brandy이다.

▪ **Kirsch**

체리를 발효 증류한 Brandy로 프랑스산이다.

▪ **Kirschwasser**

체리를 발효 증류한 Brandy로 독일산이다.

4. 보드카(Vodka)

(1) 보드카의 역사

유럽에서 최초로 증류주를 만든 사람은 이탈리아 북부에 위치한 수도원에 있는 수도승들이었다. 당시 수도승들은 증류에 대한 그리스 및 아랍어 문서들을 번역했다.

수도승들은 현지의 와인들을 증류해서 '아쿠아 비테'라는 것을 만들어 내었고, 이것이 제5원소, 즉 '생명의 물'이라고 믿었다. 수도승들은 이를 활용해서 약을 제조했으며, 알코올은 약초의 성분을 추출, 보존 및 투약의 도구로서 뿐만 아니라 자체적인 효능을 발휘하기 위해 사용되었고, 이들 수도승들은 증류에 대한 지식을 품은 채 복음을 전파하면서 먼 길을 떠났다. 먼 길을 떠난 수도승들은 유럽의 여러 나라를 다니면서 각 지방 고유의 발효성 당분을 발견했고, 유럽의 지중해지역에서는 포도가 사용되었는데, 그 때문에 초기의 증류주들은 와인에서 발견되었다.

중앙유럽에서는 자두, 체리, 복숭아, 살구 등의 과일이 많았으며 그로 인해 이들 지방에서 발달된 주정의 스타일에 영향을 미쳤다. 남부유럽에서는 브랜디(Brandy)를 포도로 만들지만, 중앙유럽에서는 키르슈(Kirsch : 체리)나 슬리보비츠(Slivovitz : 자두)와 같이 열매 씨앗의 핵과로 브랜디를 만들었다.

증류기법은 15세기에 러시아와 폴란드에 전파되었으며, 이때 마침 윤작 등의 새로운 농업기법이 발달된 시기였기 때문에 곡식이 자급자족하고도 남던 시기였고, 그리하여 러시아와 폴란드에서는 곡물이 발효성 당분의 원천이 되었다.

곡물용 당은 복합분자가 많기 때문에 발효하기가 더욱 어렵고, 발효과정에서 과일보다 불순물이 더 많이 발생한다. 초기의 러시아와 폴란드 주정 생산자들은 알코올을 마실 수 있도록 정화할 방법을 찾아야만 했는데, 이러한 측면에서 혹독한 러시아의 겨울은 병도 되고 약도 되었다. 알코올 도수가 낮은 액체는 극저온에서 얼어붙어서 소용이 없었지만, 용기의 정 중앙에 위치한 액체는 액체상태를 유지했으며, 실제로 맛을 보니 이 액체는 알코올 도수도 높고, 불순물도 적었기에 상당한 발전을 이루었다고 할 수 있었고, 이로부터 생산자들이 도수를 높이고 불순물을 여과하는 방법을 개발했다.

보드카는 러시아를 상징하는 술이니만큼 당연히 러시아에서만 만들어질 것으로 생각하기 쉽다. 하지만 현재 세계적으로 유명한 많은 보드카가 러시아 이외의 지역에서 많이 만들어지고 있다. 제2차 세계대전을 계기로 세계 여러 나라에 제조법이 널리 퍼졌기 때문인데, 특히 미국은 현재 러시아와 함께 보드카의 2대 소비국 중 하나다.

(2) 보드카의 제조과정

보드카의 원료는 보리와 값이 싼 호밀, 감자, 옥수수 등이며 때로는 포도와 당밀 등을 쓸 때도 있다. 초창기의 보드카는 값싼 감자를 많이 썼고 비록 곡물로 만들어졌을지라도 제조방법이 발달하지 못해 맛이 거칠고 역한 냄새가 났다. 현재 전 세계 각국에서 생산하는 대부분의 보드카는 곡물로 만들어지고 있다. 위의 재료들을 발효해서 맥주와 비슷한 발효주를 만들고 이를 연속 증류기로 증류하면 95% 이상의 알코올이 든 중성의 증류주가 만들어 진다. 이때 원료 고유의 향은 대부분 사라진다. 그 다음에 증류주를 부어 증류주의 알코올 도수를 낮춘 후, 숯이 든 여과기에 천천히 흘려 넣으면서 여과한다. 여과는 한 번으로 끝나는 것이 아니며 경우에 따라서는 20개가 넘는 여과기를 통과시키기도 한다. 여과에 소요되는 시간은 최소한 8시간 이상이며, 여과기에 들어가는 숯의 소재와 제조 방법, 건조 상태에 따라 보드카 품질이 크게 달라진다. 현재는 비용 문제 때문에 여과할 때 목탄만 사용하지 않고 모래 형태로 된 이산화규소를 쓰는 곳도 있다. 유명한 보드카인 스미노프는 목탄만 사용하지만, 러시아산인 스톨리치나야는 여과기의 1/4은 모래를, 3/4는 목탄을 쓴다. 보드카 대부분은 여과기에서 빠져나온 그대로 병입하지만, 때로는 씨트러스, 바닐라, 오렌지 등의 향을 첨가하여 만드는 경우도 있다.

(3) 보드카의 종류

원산지인 러시아산과 영국산, 미국산이 있으며 러시아 혁명이후 세계 여러 나라에서 생산하고 있으며 대부분 미국산 보드카가 널리 보급이 되고 있다. 대표적인 보드카 상표로는 Absolut(스웨덴), Finlandia(핀란드), Iceberg Vodka(캐나다), Panzer(독일), Smirnoff(미국), Wyborowa(폴란드) 등이 있다.

Smirnoff(미국)

Absolut(스웨덴)

(4) 보드카의 사용 용도

보통 추운 지방에서는 스트레이트로 마시지만 일반적으로 보드카가 가지고 있는 특성으로 인하여 칵테일 조주에 있어서 베이스주로 사용이 된다. 보통 도수는 45~50도 가량의 것이 많다. 그대로 작은 잔에 따라서 마시거나, 성질이 다른 무색 · 무취 · 무미의 주류와 조화가 잘 되기 때문에 칵테일의 원료로서 널리 애용되고 있다. 보드카에 오렌지 주스를 곁들인 것을 '스크루드라이버', 사과즙을 곁들인 것을 '빅애플', 레모네이드를 곁들이 것을 '보드카 콜린스'라 한다. 또 진을 원료로 하는 칵테일에 진 대신 보드카를 사용하여 칵테일을 만들 때도 있다.

5. 진(GIN)

(1) 진의 역사

유럽에서 최초로 증류주(Spirits)를 만든 사람은 10, 11세기 이탈리아 북부(특히 솔라노; Solano)에 위치한 수도원에 있는 수도승들이었다. 당시의 수도원에는 박학한 수도승들이 그리스어 및 아랍어 과학문서들을 번역했고, 수도승들은 배운 바를 현지 와인에 적용해서 '아쿠아 비테(Aqua Vitae)'라는 것을 만들어내었고, 이 원시적인 주정에 워낙 감동하여 연금술사들이 수세기 동안 보람없이 찾아 헤매던 마법의 제5원소를 탄생시켰다고 생각하고 '생명의 물(Water of Life)'이라고 불렀다.

수도승들은 이를 활용해서 약을 제조했고, 알코올이 약방에 들어가는 약초의 성분을 추출 및 보존하는데 좋은 효능이 있다는 것을 발견했고, 당시 수도승들이 사용했던 약초 중 하나가 주니퍼 열매(juniper berry)였다. 이 열매는 소화를 촉진하고 비뇨기계를 정화하기 위해 사용되었으며, 주니퍼는 또한 흑사병에도 효과가 있다고 여겨졌는데, 바로 이 때문에 주니퍼 열매 맛의 약주가 흑사병이 유럽대륙을 휩쓸던 14세기 당시에 큰 인기를 누렸던 것이다. 1660년경 네덜란드의 라이덴(Leiden)대학 의학교수인 프란시스쿠스 실비우스(Franciscus Sylvius)에 의해 약용으로 만들어졌다. 이뇨제로 약료가 있는 쥬니퍼 베리(Juniper berry)를 Spirit에 넣었다가 재증류하여 쥐니에브르(Genievre)로 부르게 되었다.(처음에는 약용으로 쓰였다.) 이것이 널리 퍼지면서(술의 용도) 네덜란드 선원들에 의해 제네바(Geneva, Jenever)로 불리우게 되었다. 17세기말 영국에 전파되어 획기적인 발전을 하고 Gin으로 이름도 바뀌게 되었다. 그후 미국에 전파되어 칵테일용으로 가장 많이 쓰이게 되었다. "진은 네덜란드 사람이 만들었고 영국인이 꽃을 피웠으며 미국인이 영광을 주었다"라는 말도 있다.

(2) 진의 제조과정

보리, 밀, 옥수수 등을 사용하여 중성증류를 만들어 특유의 향을 지닌 쥬니퍼 베리(Juniper Berry)란 열매와 다른 약초를 넣어 알코올을 강화시켰다. 주니퍼 열매가 가장 유명한 지역은 북부 이탈리아 지역인데 이곳의 구릉지대에 야생에서 자란다. 수확기가 되면 사람들은 구릉에 올라가 덤불을 막대기로 두드리면 익은 열매가 떨어지고, 사람들이 이를 주워서 말리면서 숙성을 시킨다.

쥬니퍼베리

주니퍼베리의 향은 가죽과 솔 향이 엷게 나는데, 으깬 후 향을 다시 맡아보면 이제는 수지(Resinous), 과일, 약 향이 풍기면서 향이 굉장히 진해진다. 이것이 주니퍼 베리의 핵심 향이다.

진을 만드는 방법은 크게 2가지 이다. 첫째는 전분을 발효시킨 후, 증류할 때 그 증류기 위에 그물망 또는 시렁을 만들어 그 위에 향료를 놓아 향을 얻는 "증류법(Distillation Method"이다. 증류법은 다시 증류 횟수에 따라 두 가지로 나뉘는데, 하나는 1회로 끝나는 "오리지널 증류법(Original Distillation)"이며 또 하나는 먼저 알코올을 만든 다음 이 알코올을 증류기에 넣어 다시 증류하여 만드는 "재증류법(Redistillation)"이다.

1) 오리지널 증류법(Original Distillation Method)

오리지널 증류법은 네덜란드에서 개발된 전통적인 진 제조 방법이다. 증류기 안에 '진 헤드(Gin Head)'라는 선반 또는 시렁을 만들고, 그 안에 잘게 부순 쥬니퍼 베리와 각종 향료를 넣어 둔다. 전분이 발효된 매쉬(Mash)를 끓이면 알코올은 진 헤드 안의 향료를 적시면서 향과 함께 증류된다. 이렇게 증류된 주정에는 자연스럽게 향료의 향이 배어들게 된다. 주정을 냉각기를 통해 응결시켜 받아낸 후 증류수로 알코올 도수를 낮추고 병입한다. 연속 증류기가 개발되기 전까지 진은 이 방법을 통해서 만들 수밖에 없었다.

2) 재증류법(Redistillation Method)

재증류법은 연속 증류기가 만들어진 후 개발된 방법이다. 먼저 전분이 발효된 매쉬를 연속 증류기로 증류해 95% 정도의 알코올이 포함된 주정을 만든다. 이것을 단식 증류기에 넣고 오리지널 증류법과 같은 방식으로 다시 증류해서 만든다. 이 방법은 오리지널 증류법보다 더 순수하고 깨끗한 진을 만들 수 있을 뿐만 아니라 재증류시 높은 알코올로 원료의 향을 제대로 우려낼 수 있어 완성품의 풍미가 더 좋다. 현재 런던 드라이 진을 비롯한 대부분의 진은 이 방법으로 만들어지고 있다.

(3) 진의 분류

1) Holland Gin(Geneva Gin)

2번 증류하여 쥬니퍼 등을 가향하고 재증류한다. 낮은 알코올 도수로 증류함으로써 맥아향이 짙고 향취가 강하다.

2) London Dry Gin

영국의 증류기술로 매우 깨끗하고 부드러운 진으로 바뀌게 되었는데 네덜란드 진과 구분하기 위하여 Dry Gin으로 불러왔다. 연속식 증류 방법이 개발되면서 보드카처럼 여러 번 증류하여 더 부드럽고 순화된 진으로 태어나 인기를 얻기 시작했다. 단맛이 없는 날카롭고 쌉쌀한 맛이 나며, 주니퍼 베리, 코리앤더, 아몬드, 흰붓꽃 그리고 감초 등과 같은 여러 가지 향료 식물과 레몬, 오렌지 등과 같은 과일의 껍질로 맛을 낸다. 현재 Gin으로는 가장 우수하다.

3) American Extra Dry Gin

영국에서 미국으로 건너온 진은 더욱 순하고 아주 부드럽게 만들어져 칵테일 용으로 각광을 받게 되었다.

4) Old Tom Gin

2% 정도의 설탕이 첨가된 Gin이다. 드라이진에 2~3%의 당분을 첨가해 맛을 순하게 한 스위트 진이다. 칵테일 탐 칼린스의 주재료일 만큼 한때 우수한 진으로 인기를 끌었지만 연속식 증류법이 개발된 후, 진 시장에서 주도권을 잃었다.

5) Flavored Gin

주니퍼 베리가 아닌, 다른 여러 가지 과일로 향을 내거나 또는 과일, 약초, 향초 등을 넣고 거기에 당분을 첨가시켜 달콤하게 만든 리큐르 형태의 진을 말한다. 여성에게 인기가 많은 대표적인 술로 슬로 진이나 오렌지 껍질의 향을 이용한 오렌지 진, 레몬의 상쾌한 풍미를 낸 레몬 진, 생강으로 향을 낸 진저 진, 박하 향의 민트 진, 그 외에도 체리 진, 애플 진 등이 있다.

(4) 진의 대표제품

1) Tanqueray

탠커레이 진의 설립자인 찰스 탠커레이는 연속식 증류기가 개발되어 좀 더 효과적이고 순수한 알코올을 생산할 수 있게 되자 최고의 진을 생산하기 위해 그의 나이 20세인 1830년에 런던에서 탠커레이 진을 생산하기로 결심했다. 그는 물의 중요성을 인식하고 증류소에 아주 맑은 온천이 있는 곳에 설립했고 이는 탠커레이 브랜드 품질에 막대한 영향을 주었고 1898년에 탠커레이는 전 세계 최고의 진회사로 거듭나기 위해 고든과 합병하게 되고 이때부터 가장 큰 진제조 판매회사가 되었다.

탠커레이 넘버 텐은 특유의 신선한 맛을 지녔으며 부드럽고 우아하며 자몽, 오렌지, 라임의 가벼운 시트러스 풍미가 개성의 핵심이 되는 가운데 주니퍼가 조화를 이루고 잔잔한 캐모마일이 살짝 가미되어 이를 강조한다.

Tanqueray & Tanqueray No. Ten

2) Beefeater

비피터 진은 병의 라벨에서 보여 주듯이 런던탑에 주재하는 근엄한 근위병을 뜻한다. 런던에서 생산되는 유일한 런던 드라이진으로 전 세계 No.1 판매량을 자랑하는 프리미엄 진의 대표 브랜드이다. 비피터는 맥아와 옥수수를 주원료로 발효, 증류시킨 증류주에 주니퍼 베리, 코리앤더, 안젤리카 등 다양한 식물들과 혼합하여 24시간 우려내서 만들어진다.

Beefeater & Beefeater WET

3) Gordon'

고든스 진은 1769년 런던의 템스강 남안에서 창업되었다. 고든스 진은 엄선된 주니퍼 베리와 다양한 허브를 사용하여 제조하므로 독특한 향을 가지고 있으며 최고의 증류 전문가들이 주니퍼 베리 수확을 직접 검사하고 이 열매 중에서 최상위 10%를 엄선하여 고든스 진 제조용으로 사용했다.

Gordon's

4) Bombay

봄베이 사파이어 진은 1761년부터 전해온 비밀 레시피를 통해 탄생했으며 세계 각국에서 엄선된 10가지 재료의 완벽한 균형으로 은은한 향과 부드러운 맛을 선사하며 사파이어를 담은 듯 한 푸른빛의 디자인이 매혹적임.

Bombay

5) Hendrick'

헨드릭스 진은 스코틀랜드 남서쪽에 위치한 Girvan에서 전통 수작업으로 소량만 생산되는 프리미엄 진으로 엄선된 곡물과 11가지 허브, 장미 꽃잎, 그리고 오이를 주원료로 생산된다.

Hendrick's

(5) 진의 특성 및 사용 용도

미국의 양조회사들에서는 엷은 황금빛이 우러나도록 진을 묵히기도 한다. 네덜란드 진에는 캐러멜 색소를 첨가해서 이와 비슷한 색깔을 낸다. '올드탐'은 조금 단맛이 나는 진이며, 슬로진은 진짜 진이 아니라 작고 신맛이 나는 열매인 슬로베리 향기가 나는 달콤한 술이다. 과일향이 나는 다양한 진은 숙성된 진에 적합한 향료를 첨가한 것이다. 맛이 너무 독특해서 다른 음료와 혼합할 수 없는 네덜란드산 진은 아무것도 혼합하지 않고 그대로 내놓거나 물을 타서 내놓는다. '런던 드라이'라고도 하는 드라이 진의 일종은 아무것도 혼합하지 않고 그대로 사용된다. 진을 베이스로 하는 칵테일의 종류만도 200여가지가 넘으며 그 중에서도 진 토닉, 싱가폴 슬링, 오렌지 블라섬 같은 것들은 칵테일의 꽃으로 알려져 있다.

6. 럼(Rum)

(1) 럼의 역사

일명 "해적의 술, 태양의 술"이라고도 하는 럼은 적도 부근의 열대지방인 서인도제도에서 풍부하게 생산되는 사탕수수에서 설탕의 결정을 분리해 낸 찌꺼기, 즉 당밀을 가지고 만드는 술이다. 뱃사람의 술이라 하여 옛날부터 선원들에게 널리 애음되어 왔다. 16세기 초 서인도제도의 푸에르토리코로 건너간 스페인 탐험가에 의해 사탕수수를 주원료로 처음으로 만들어졌다는 이야기와 17세기 초 증류기술을 가진 영국인이 서인도제도의 바바도스(Babardos)섬에 이주하여 제조하기 시작했다는 이야기가 있다. 16, 17세기 유럽이 식민지를 확대할 당시, 캐리비언(Carribean)에 거대한 사탕수수 플랜테이션(Plantation)들이 구축되고, 서아프리카로부터 다수의 노예들이 강제로 끌려와서 이들 플랜테이션에서 일하게 되었다. 악명 높은 삼각무역이란, 노예들이 아프리카에서 캐리비언으로 끌려와서 이 지역에서 수확하는 원자재에 팔리고, 그 원자재는 유럽에서 완성품과 거래되며, 그 완성품이 다시 아프리카에서 노예와 거래되는 악랄한 무역의 고리였다. 사탕수수는 수익성이 굉장히 좋은 상품이었는데, 설탕정제 과정에서 나오는 끈적한 당밀(Molasses)을 발효하고 증류시키면 증류주가 된다는 사실이 발견된 다음부터는 수익성이 더욱 좋아졌다. 캐리비언(Carrabean)의 사탕수수 플랜테이션에서는 이 새로운 수익원을 적극 활용하기 위해 재빠르게 증류소를 설립하였고, 당시 이러한 공정에 대해 아는 바가 거의 없었던 농장주들이 아주 다양한 레시피를 가지고 서툴게 발효 및 증류해서 생산된 증류주들은 하층계급에게나 맞는 질이 아주 좋지 못한 거친 술이었다.

이렇게 생산된 증류주들은 피해가 심각해 많은 사람들이 알코올 중독이 되고 무질서를 야기시켰으나, 또한 이 술은 반대로 노예들과 노동자들이 적극적으로 폭동을 일으킬 생각을 하지 못하게 만들었다. 럼의 기원에 대해서는 다양한 설이 있지만, 한가지 확실한 것은 스페인에서 사탕수수 식물을 카나리아 제도와 아메리카로 가져왔다는 사실이다. 럼의 어원은 사탕수수를 증류한 술을 처음으로 마셔본 원주민들이 취하여 흥분(Rumbullion)하였다고 하여 어두를 따서 럼이 되었다는 설이 있다.

1862년 스페인(Spain)에서 쿠바(Cuba)로 이주한 바카디(Bacardi)에 의해 투명한 라이트 럼(Light Rum)을 생산하게 되었다.

(2) 럼의 제조과정

사탕수수(Sugar Cane)에서 설탕을 만들고 난 찌꺼기인 당밀(Molasses)를 이용하여 발효, 증류시켜 만든 증류주를 말하는데 사탕수수를 부순 뒤, 여과한 당액을 그대로 쓰는 경우가 있으며, 제당 공업의 부산물인 당밀을 주로 사용한다.

사탕수수의 당밀은 산성으로 풍미가 좋고, 독특한 단맛과 향이 있으며, 보통 55~65%의 당분을 함유하고 있어 당화의 공정은 불필요하다.

당액을 발효시키는데 라이트럼은 2~4일, 헤비럼은 5~20일 정도에 걸쳐 서서히 이루어진다. 산 발효를 조장하기 위해 발효용수 천연 이스트인 비개스(BAGASSE)를 첨가하는 수도 있다. 이 과정에서 이스트균의 영양분인 던더(DUNDER)를 첨가하는데, 이것이 특유의 독특한 방향을 내게 한다. 향기를 한층 강하게 하기 위하여 아카시아 수액이나, 파인애플의 즙을 첨가 발효 시키는 경우도 있다. 라이트럼은 PATENT STILL로, 헤비럼은 POT STILL로 증류하며 저장은 셰리 와인의 빈통이나 화이트 오크통 속에서 안쪽을 그을려 사용한다. 갓 증류된 럼은 미숙한 향을 지니게 되므로, 오크통 속에서 저장하여 향미를 증진시키게 되는데 라이트럼은 2~10년이며, 헤비럼은 10~12년, 때로는 15년까지도 숙성시킨다. 럼의 색깔은 설탕을 태워서 만든 캐러멜을 이용하여 자유자재로 조절할 수 있으므로 색깔로 럼을 구분하는 것은 별로 의미가 없으나, 화이트럼, 골드럼, 다크럼으로 구분한다.

① 사탕수수를 압착하여 액 추출
② 효모 첨가 후 발효
③ 증류
④ 증류하여 얻은 주정에 태운 설탕(Caramel)으로 착색
⑤ 쉐리주의 빈 통에 넣어서 수년간 저장

(3) 럼의 구분

당산업이 번창한 카리브해(海)의 서인도제도와 바하마제도에서 처음으로 만들었는데, 현재는 쿠바 · 멕시코를 비롯하여 세계 각지에서 생산되고 있다. 무색이거나 빛깔이 연한 것을 화이트 럼, 진한 것을 다크 럼이라고 한다. 각각 생산지나 제조법에 따라 독특하여 3가지 유형으로 대별된다.

럼은 색깔에 따라 화이트럼, 골드럼, 다크럼으로 구분하나 색보다는 제조방법에 따라 다음과 같이 구분하는 것이 일반적이다.

1) 맛에 의한 분류

① 라이트 럼(Light Rum)

- 주산지 : 쿠바, 멕시코, 푸에르토리코
- 당밀을 물로 묽게 하여 발효시킨 후 이것을 연속식 증류기로 증류하여 스테인레스 통에 단기간 저장 숙성
- 풍미가 가볍고 무색, 투명하여 칵테일 기주로 많이 이용
- 주요상품 : 바카디 라이트(Bacardi Light), 그린 아일랜드(Green Island), 올드 자메이카(Old Jamaica), 핑가폰탈(Pinga Pontal)

② 미디움 럼(Medium Rum)

- 주산지 : 말티니크, 도미니카
- 헤비 럼과 라이트 럼의 중간색(황금색)
- 주요상품 : 바카디골드(Bacardi Gold), 올드오크(Old Oak), 네그리타(Negrita)
- 라이트 럼(Light Rum)과 헤비 럼(Heavy Rum)을 혼합하는 방법

③ 헤비 럼(Heavy Rum)

- 주산지 : 자메이카, 가나
- 당밀을 발효, 증류시킬 때 단식 증류기를 사용하며 오크통에다 3년 이상 저장 숙성
- 감미가 강하고 짙은 갈색
- 주요상품 : 말티니크(Martinique), 트리니대드(TRinidad), 발바도스(Barbados)
- 제조과정 : 1회 증류하고 남은 발효액을 새로 만든 사탕수수즙에 혼합→ 발효→단식 증류기→태운 통속에서 착색→3년이상 숙성(Full body Rum)

2) 색깔에 의한 분류

① 화이트 럼(White Rum)

- 화이트 레벨(White Label)
- 색이 무색 투명한 럼
- 맛이 부드러워 칵테일의 기주로 많이 이용

② 골드 럼(Gold Rum)

- 골드 레벨(Gold Label)
- 연한 갈색에 깊은 맛

③ 다크 럼(Dark Rum)

- 짙은 갈색에 맛과 향이 매우 강하게 느껴지는 럼

(4) 럼의 사용 용도

럼은 스트레이트로 마실 수 있는 외에 다이키리 등 칵테일의 바탕이 되는 술로서 널리 이용되며, 최근에는 라이트 럼이 많이 애용되고 있다. 또, 럼의 감미로운 향기는 양과자에 아주 적합하여 설탕의 감미와 달걀의 비린내를 완화시켜 준다고 해서 다량의 럼이 제과용으로 쓰인다. 또 크림이나 젤라틴에 섞거나 과실을 럼에 담그기도 하며, 아이스크림에 가미하여 맛을 더하는 데도 쓰인다.

(5) 럼의 유명상표

1) Bacardi

바카디 럼은 세계적으로 가장 지명도가 높으며 모든 증류주 중에서도 뛰어난 제품의 하나로 꼽히고 있는 브랜드다. 미국에서는 보드카나 위스키를 앞지르고 바카디 럼이 증류주 중 가장 많이 팔리고 있다. 현재 본사를 영국령 버뮤다의 해밀턴 시에 두고, 푸에르토리코, 바하마, 멕시코, 브라질 등에 주력 공장을 가지고 있다. 화이트 럼은 샤프한 풍미, 골드 럼은 마일드한 풍미, 그리고 아네호는 6년 숙성의 디럭스 품으로 생산하고 있다. 여기에서 아네호란 스페인어로 올드를 뜻하며 감칠맛 있는 풍미가 그 특징이다.

Bacardi White & Bacardi Gold

2) Havana Club

스페인에서 쿠바로 이민 온 호세 아레차발라는 1878년 카르데나스에 양조장을 설립하고 사탕수수를 원료로 한 럼을 만들기 시작했다. 그는 1934년부터 이 럼에 아바나클럽(Havana Club)이란 이름을 붙여서 판매하기 시작했고 회사는 급속도로 성장했다. 그러나 1959년 쿠바 혁명 이후에 그의 양조장과 회사는 쿠바 정부에 몰수되었고 아레차발라 일가는 미국으로 망명했다.

쿠바의 국영기업인 쿠바 엑스포트는 아바나클럽 상표를 자사의 브랜드로 등록했으며, 1973년에 아레차발라가 소유한 아바나클럽 상표권은 무효가 되었다. 1993년에 쿠바의 국영기업과 프랑스의 주류업체인 '페르노리카'는 공동투자로 '아바나클럽 인터내셔널'을 설립했다. 쿠바의 산타크루즈 델 노르테에서 제조되는 아바나클럽의 종류로는 '아네호 블랑코', '아네호 에스페시알', '아네호 레제르바'와 '아네호 7 아노스' 등이 있다.

Havana Club

7. 데킬라(Tequila)

(1) 데킬라의 역사

원산지는 멕시코(Mexico)로 최초에는 토착인에 의해 만들어졌다. 16세기경 스페인으로부터 증류기술이 도입되어 데킬라(Tequila)가 생산되었는데, 용설란의 일종인 아가베(Agave)에서 당분을 추출해 발효시킨 풀케(Pulque)를 증류하여 오크통 속에서 숙성하고 활성탄으로 정제한 것을 메즈칼(Mezcal)이라 하고 이 메스칼 중에서도 데킬라 마을에서 생산된 것에만 데킬라(Tequila)라는 상표를 표기할 수 있다. 첫 데킬라 증류 허가는 1795년에 돈 호세 마리아 과달루페 쿠엘보(Don Jose Maria Guadalupe Cuervo)에게 부여됐으며, 그는 처음으로 야생으로 자라는 용설란을 사용하기 보다는 자체적으로 용설란을 재배했다.

데킬라는 미국의 금주령 시대에 리오그란데강을 건너 대량으로 미국으로 건너가 1930년대에는 미국 전역에 퍼지게 되었다. 데킬라가 전 세계로 영역을 넓히게 된 것은 칵테일 마가리타(Margarita) 덕택이다. 1949년 로스앤젤레스 교외 베벌리힐즈의 한 레스토랑에서 바텐더가 멕시코의 호세 쿠에르보와 레몬주스 등을 섞어 만든 칵테일에 사고로 죽은 연인의 이름을 붙여서 만들었다. 이 작품은 후에 전 미국의 칵테일 쇼에서 우수 작품으로 선정됐다. 마가리타는 비련의 사랑이야기, 청순한 이름, 그리고 상큼한 맛이 조화롭게 어우러진 데킬라 칵테일의 명품이다.

멕시코 올림픽(Mexico Olympic, 1968년) 이후 전 세계적인 인기가 최고조에 달해서 수요를 충족시키기 위해 용설란에 설탕을 섞어 수확을 촉진시키는 믹스토(Mixto) 스타일이 개발됐으며, 믹스토 데킬라는 주로 덜 익은 용설란과 기타 발효성 당분을 사용해서 만들었고, 일반적으로 제대로 증류되지 않아서 많이 거칠고, 쓴 맛이 강했다. 이런 스타일의 데킬라가 해외로 수출되면서 화이트 데킬라(White Tequila)가 불쾌하고 다채롭지 못한 증류주의 이미지를 가지게 되었다.

세계 2차대전 이후부터 데킬라의 원산지를 보호하기 위해 많은 노력이 기울여졌지만, 이와 관련된 첫 법은 1974년이 되어서야 도입되었고, 1976년에 추가로 법이 도입되면서 데킬라 생산의 모든 측면을 포괄하게 되었다. 같은 해에 멕시코가 버번(Bourbon)의 원산지가 미국임을 인정하는 조건으로 미국도 데킬라의 원산지가 멕시코임을 인정하기로 합의했다.

1980년대에는 사실상 처음으로 멕시코의 중산층이 진화하기 시작했다. 결혼 전까지 부모와 함께 거주하는 전통이 바뀌기 시작해서 멕시코의 젊은이들은 독립하기 시작했으며, 이와 더불어 소비재에 대한 수요가 급증했다. 그러나 외국 주정을 포함한 수입재는 그들에게는 너무 비쌌기에 자국의 주정을 애용했지만, 그 질적인 향상을 요구했다. 그리하여 프리미엄 제품의 출시가 1990년대 데킬라 카테고리의 중요한 이슈였다.

전세계적으로 데킬라의 원산지를 인정받으려는 노력은 1997년에 EEC가 공식적으로 동의하면서 마침내 그 결실을 맺게 되었다.

(2) 데킬라의 제조방법

테킬라는 용설란 중에서 잎이나 꽃, 열매가 아닌 줄기 부분을 이용한다. 따라서 매년 얻을 수 있는 원재료인 과실이나 곡류를 이용하는 와인, 위스키, 맥주와는 달리 단지 한 번만 사용할 수 있는 것이다.

예를 들면 포도는 매년 열리지만, 용설란은 키우는 데 8~12년이 걸린다. 그렇게 키운 용설란은 단지 한 번 쓰면 새로 키워야 한다. 그리고 다시 8~12년을 기다려야 용설란이 성장해 새로운 재료가 된다. 다른 주류의 생산과정에 비하면 덜 효율적이다. 아가베 테킬라가 다 자라면 잎을 잘라내고 줄기를 수확한다. 이것을 짜서 단 즙액을 추출한 다음 정제과정을 거쳐 발효를 하게 되는데 자연 발효를 통해 풀게 형태의 자연 발효주가 되는 것이다. 이 과정에서 테킬라 품질에 중요한 영향을 미치는 결정이 내려진다.

푸른 용설란 수액 100퍼센트를 사용할 것인가, 푸른 용설란 수액과 다른 용설란 수액을 섞을 것인가, 용설란 수액과 설탕 같은 다른 당질물을 섞을 것인가를 결정하는 것이다.

100퍼센트 푸른 용설란 수액으로 만든 테킬라가 되기 위해선 발효과정과 증류과정 모두 푸른 용설란 수액만 사용해야 하며, 100퍼센트 용설란 수액으로 만든 테킬라가 되기 위해서는 용설란 수액만으로 제조돼야 한다. 이 과정은 멕시코 국내법을 통해 우리의 예상보다 더 철저하게 관리된다.

발효과정이 모두 끝나면 드디어 마지막 과정이라 할 수 있는 증류과정으로 들어간다. 멕시코 법에 의하면 테킬라가 되기 위해선 반드시 증류과정을 2번 거쳐야 한다. 증류주의 맛에 가장 많은 영향을 미치는 것이 바로 증류과정이다. 증류기의 모양과 방식에 따라 증류주의 풍미가 달라지기 때문이다.

가열된 알코올이 수증기가 되고 각 제조사의 전통방식에 따라 냉각하면 1차 증류주가 된다. 보통 1차 증류주의 도수는 20~30도 정도이다. 이때 머리와 꼬리라고 부르는, 맨 처음과 맨 나중에 증류된 알코올은 좋지 않은 알코올 성분, 즉 메틸알코올 성분과 기타 알코올 이외의 성분을 포함하고 있으므로 버려야 한다.증류하면 테킬라가 만들어진다. 화이트 테킬라는 숙성하지 않은 것으로 샤프한 향미가 있다. 반면에 통 숙성한 골드 테킬라는 수개월에서 많게는 1년 이상 숙성시킨 것으로 통의 향과 감칠맛이 특징이다.

① 용설란의 일종으로 멕시코 데킬라 지방에서만 재배되는 아가베(Agave : Maquey)로 만든다.
② 8년~10년생을 잎은 잘라내고 쪼개어서 삶는다.(과당)
③ 분쇄
④ 압착
⑤ 발효
⑥ 증류(단식증류 2회로 55℃ 이내)
⑦ 단기저장
⑧ 블렌딩(Blending)

(3) 데킬라의 종류

① 데킬라 블랑코(Tequila Blanco, 화이트 데킬라)

테킬라 블랑코는 가장 순수한 테킬라라 할 수 있으며 전통적인 증류주의 초기 모습과 가장 닮았다. 자연 발효와 증류 이후에 어떤 작업도 더해지지 않으며 숙성의 과정도 전혀 거치지 않은 것이다. 테킬라 본연의 맛과 향을 느낄 수 있고 용설란의 향이 가장 많이 배어 있다. 법적으로는 증류 후 6일 이내에 출하되어야만 테킬라 블랑코라 불릴 수 있다.

- 무색, 투명하여 칵테일에 주로 사용되고 가볍고 샤프한 맛
- 용설란을 발효시킨 후 단식 증류기로 두 번 증류하여 스테인레스 통에 단기간 저장

② 데킬라 레포사도(Tequila Reposado)

레포사도는 '휴식을 취한' 정도로 번역할 수 있다. 멕시코 법에 의하면 60일 이상 1년

미만의 기간 동안 숙성되어야 테킬라 레포사도라 부를 수 있다. 숙성은 보통 커다란 참나무통에서 이루어지는 경우가 많지만 다른 목재로 만든 통이 사용되기도 한다.

- 오크통에 2개월 이상 숙성한 것으로 약간 황색을 띠고 있다

③ 데킬라 아네호(Tequila Anejo, **골드데킬라**)

아네호란 단어 자체가 숙성된(aged)이란 의미이다. 멕시코 법에 의하면 테킬라 아네호는 600리터 이하의 정부 공인 나무통에서 1년 이상 숙성되어야만 한다. 1년은 법으로 정해진 최소한의 기간이고 각 브랜드에 따라 1~3년 사이의 서로 다른 기간 동안 숙성시킨다. 따라서 그 맛과 향도 차이가 있다. 나무통은 법적으로 600리터 이하라고 정해졌으나, 보통 위스키를 숙성시킬 때 상용되는 것과 같은 190리터짜리 참나무통이 많이 사용된다.

- '아네호'란 스페인어로 오래(Old) 된 것을 뜻함.
- 주로 스트레이트(Straight)로 마심
- 데킬라 블랑코와 만드는 방법은 같지만 1년 이상 오크통에 저장, 숙성하여 만든다.

(4) 데킬라의 유명제품

1) Jose Cuervo

호세 쿠에르보는 사우자사와 함께 멕시코의 양대 테킬라 메이커이다. 현재 쿠에르보는 미국 수출에 힘을 기울여 미국에서 매출액은 테킬라 중에서 단연 1위이다. 이에 반하여 사우자는 국내 판매에 주력하여 국내의 1위가 되었다. 호세 쿠에르보는 창업을 1800년으로 알고 있었는데, 최근 기록에서 1795년으로 판명되었다. 이 같은 호세 쿠에르보는 화이트 테킬라는 통숙성을 하지 않는 반면에, 골드는 2년간 통 숙성한 것으로 감칠맛이 있다. 센테나리오는 고급주이고, 1800은 장기 숙성한 디럭스 테킬라이다.

Jose Cuervo Family & Jose Cuervo 1800

2) Sauza

사우자는 테킬라 생산의 중심지 하리스코 주에 본사를 두고 있다. 1875년 창업하여 사우사가에서 오늘날까지 4대에 걸쳐서 그 전통을 지키면서 생산해오고 있다. 이 회사의 규모는 테킬라 메이커로서는 세계 제1의 규모이다. 사우자 테킬라 중에 실버는 신선한 향미를 지닌 테킬라로서 멕시코 국내에서 팔리고 있는 브랜드 가운데서 세 병 중, 한 병을 이 술이라고 할 정도로 국내에 잘 알려져 있다. 엑스트라는 오크 향을 알맞게 배어들게 한 것으로 플레이버는 미디엄 드라이 타입이다. 콘메모라티보는 '기념의'라는 뜻으로 1973년에 창사 100주년 기념으로 발매된 고급품이다. 그 이후부터 대통령 개선이 있는 6년째 마다 취임을 기념하여 판매되고 있다.

Sauza

3) Patron

오랜 세월 동안 많은 데킬라가 있어 왔지만 1989년 패트론이 출시되기 전까지 '울트라 프리미엄 데킬라' 라는 카테고리는 존재하지 않았다. 비교할 수 없는 최상의 퀄리티와 맛과 향을 자랑하는 패트론은 울트라 프리미엄 데킬라의 선구자이자 전 세계적으로 울트라 프리미엄 시장의 70%를 차지하고 있는 리더 브랜드이다.

4) Don Julio

돈 훌리오는 보다 싱싱하고 달콤한 풍미를 보장하는 고도, 기후, 토양 조건의 멕시코 할리스코(Jalisco)주 로스 앨토스(Los Altos)에서 손으로 재배한 용선란만을 재료로 하여 재배한다. 당도와 크기가 최적의 수준에 도달한 용선란을 엄선, 일일이 수확하여 각각을 세심하게 자른 다음 천천히 가열시키고 쓴맛이 나지 않도록 주의 깊게 짜낸다.

Patron Silver & Don Julio

데킬라 마시는 법

데킬라의 본고장인 멕시코에서는 대개의 경우 스트레이트로 마시고 있다.

보통 먹는 방법은 소금을 핥고 라임 또는 레몬을 씹으면서 단숨에 들이키는 방법이다. 여기에서 소금은 용설란에 붙어 있는 벌레의 오줌이 건조하여 생긴 것이 최고라고 하는데 주로 돌소금을 많이 사용한다. 하지만 일반 소금도 상관없다.

① 슬래머(Slammer)

- 긴 데킬라 샷잔에 골드 데킬라를 1/3~1/2정도 따른다.
- 투명하고 달콤한 소다수로 잔을 덮은 뒤 잔을 채운다.
- 냅킨이나 잔받침으로 잔을 덮은 뒤 테이블을 내려친다.
- 거품이 일어나는 동시에 원샷으로 마신다.
- 한번에 내려치는 것보다 스페인어로 우노, 도스(하나, 둘)하고 소리치면서 테이블에 가볍게 부딪치다가, 트래스(셋)하면서 '쾅!'하고 사람이 박자를 맞춰 세게 내려친다.

② 슈터(Shooter)

레몬즙을 손등에 문지르고 그 위에 소금을 뿌린 뒤 소금을 혀로 핥고 소금맛이 입에서 퍼지면 원샷으로 골드 데킬라를 마신다. 즉시 레몬이나 라암 조각을 문다.
일반적으로 우리나라에서 많이 마시는 방법이다.

③ 보디 샷(Body Shot)

슈터와 마시는 방법은 같지만 함께 술을 마시는 파트너가 필요하다. 레몬즙을 파트너의 몸에 문지르고 소금을 뿌린 뒤 그 부위를 혀로 핥고 소금맛이 입에서 퍼지면 원샷으로 마신다. 파트너가 입으로 물고 있는 레몬이나 라임 조각을 입으로 깨문다.

④ 맥주와 함께(Side of Cuervo Gold)

맥주와 데킬라는 훌륭하게 잘 어울린다. 맥주를 마실 때 사이드로 데킬라를 시켜 슈터로 즐긴다.

데킬라 중에는 벌레를 넣은 제품이 있다. 병 밑바닥에 가라앉은 벌레를 담은 마지막 잔을 마시는 것은 용감한 남자의 몫으로 여겨진다. 이 벌레는 용설란에서 잘 자라는 구사노(gusano)라는 나비의 애벌레로, 고대로부터 아즈텍 신관들은 풀케에 이 벌레를 넣어 마셨다고 한다.

제 6 장
혼성주(Liqueur)

제 6 장 혼성주(Liqueur)

1. 혼성주의 개요

(1) 혼성주의 정의

혼성주(Liqueur)란 주정(spirits)에 초 · 근 · 목 · 피(草 · 根 · 木 · 皮), 향미 약초, 향료, 색소 등을 첨가하여 색, 맛, 향을 내고 설탕이나 벌꿀 등을 더해 단맛을 낸 술로 대부분 약초가 포함되어 약용의 효능도 가진다. 일반적으로 식물계의 향미성분이 가해지지만 동물의 젖, 알 등을 이용한 것들도 있다. 보통 혼성주는 식후에 커피를 마시기 전에 마시며 작은 과자나 비스킷 등을 함께 곁들이는 것이 좋다.

우리나라 주세법 상 혼성주는 '전분이 함유된 물료(物料) 또는 당분이 함유된 물료를 주원료로 하여 발효시켜 증류한 주류에 인삼이나 과실을 담가서 우려내거나 그 발효, 증류, 제성 과정에 과실의 추출물을 첨가한 것' 이라고 정의되어 있다. 이와 같이 리큐르는 약주로서 출발하여, 서구의 식생활이 발달하면서 과일 향미의 리큐르가 출현하였고, 식후주로서 각광을 받게 되었다. 이후 19세기에는 고차원의 미각을 추구하는 근대적인 리큐르가 개발되었는데 커피, 코코아 등의 종자에 바닐라 향을 배합한 리큐르이다. 또한, 리큐르에는 'Creme de' 라는 것이 있는데, 이것은 프랑스의 리큐르 메이커 용어로서 알코올 함유량 15%이상, 당분이 40%이상 매우 단맛의 술을 가리키는 것이다. 이 같은 혼성주를 프랑스에서는 Liqueur, 영국과 미국에서는 Cordial이라 한다.

Liquor의 원료 및 식물 타입에 의한 분류

원료 및 식물 타입	Liquor
약초 · 향초류	▪ Campari ▪ Anisette ▪ Peppermint ▪ Benedict ▪ Drambuie ▪ Chartreause
과실류	▪ Curacao ▪ Cherry Brandy ▪ Apricot ▪ Cassis ▪ Maraschino
종자류	▪ Cacao ▪ Kahlua ▪ Amaretto

(2) 혼성주의 기원

혼성주는 고대 그리스의 의사인 히포크라테스(기원전 460~377)가 쇠약한 병자들에게 원기를 회복시켜 주기 위해 약초를 와인에 녹여 일종의 물약을 만든 것이 그 시초라고 알려져 있다. 오늘날과 같은 리큐르는 아르노드 빌누브(Arnaude de Villeneuve : 1235~1312)와 그의 제자 레이몽 류드(Raymond Lulle : 1235~1315)가 브랜디를 발명한 것이 그 시초가 되었다고 전한다. 리큐르는 '녹아들게 하다'라는 뜻의 라틴어 리큐파세레(Liquefacere)가 프랑스식으로 변하여 리큐르(Liqueur)가 되었다. 독일에서는 리코르(Likör), 영국과 미국에서는 코디알(Cordial)이라고 불리기도 한다.

(3) 혼성주의 역사

고대 그리스의 히포크라테스 이후에 중세의 연금술사들이 증류주를 연구하는 과정에서 여러 가지의 리큐르를 개발하였고 그 기술은 다시 수도원에 전해져서 중세에는 수도원에서 독자적인 리큐르 제조를 연구하였으며 지금도 수도원에서 전통의 약초계 리큐르들이 다양하게 제조되고 있다. 이후 제조법이 프랑스로 전파되어 18세기부터 유럽의 식생활은 눈부시게 향상되어 미식학이 싹텄다. 이때부터 입에 부드러운 과일향이 남는 리큐르가 출연하게 된 것이다. 19세기에 이르러 고차원의 미각에 부합되는 근대적인 리큐르가 개발 되었는데 그 예가 커피, 카카오 등과 바닐라 향을 배합한 리큐르들이다.

중세기 연금술사들은 증류주에 약초, 향초를 넣어서 만든 생명회복의 영약을 만들려고 노력하였던 결과 비법의 술을 만들게 되었는데 이 기법이 리큐르의 시초이다.

이 술은 식물의 유효성분이 녹아들어 있는데 라틴어의 Liquefacere(리케파세르 : 녹는다, 녹이다)가 변하여 불어의 Liqueur로 부르게 되었다. 이 기법은 연금술사에게서 수도원의 승려에 전수되어 특이한 리큐르가 많이 생산되게 되었다. 근세에 이르러 대항해 시대를 맞으며, 원료는 다양해져 갔다.

18세기에는 과일의 향미를 주체로 한 단맛의 리큐르가 많이 생산되었다(Curacao). 19세기 후반에 연속식 증류기의 개발로 고농도의 알코올성의 더욱 세련된 고품질의 리큐르가 생산되었다.

2. 혼성주의 제조법

(1) 제조방법

1) 증류법

고급 리큐르를 만드는 방법으로 방향성의 물질인 식물의 씨, 잎, 뿌리, 껍질 등을 강한 주정에 담가서 부드럽게 한 후에 그 고형물질의 전부 또는 일부가 남아있는 채 침출액을 증류하여 얻은 향기 좋은 주정성 음료에 설탕 또는 시럽의 용액과 흔히 무해한 야채 엑기스나 태운 설탕의 형태로 된 염료를 첨가하여 만든다.

2) 침출법

증류하면 변질될 수 있는 원료를 알코올 농도가 높은 화주에 넣어 열을 가하지 않고 일정한 기간, 맛과 향을 용해시키는 방법으로 신선한 과일 맛이나 향 등이 증류로 인해 변하기 때문에 과실이나 향료에 증류주를 가해서 향미 성분을 용해시키고 감미를 가한다. 이 방법을 열을 가하지 않는다하여 콜드방식이라고도 한다.

3) 에센스법

독일에서 가장 보편적으로 많이 사용하는 방법으로 방향유를 알코올에 혼합하는 방법이다. 비교적 단순하며 품질은 약간 떨어진다.

향유에는 천연향료와 인공향료가 있다. 그 외에 계란 노른자나 동물의 모유를 사용한 것도 있다.

3. 혼성주의 종류

(1) 약초, 향초류(Herb & Spices)

초창기의 리큐르 타입으로 증류주에 약초, 향초류를 첨가하여 치료를 목적으로 생산하였다. 그 당시 당분의 가격이 비싸 사용할 수 없었기 때문에 초창기의 리큐르들은 단맛이 전혀 없는 술이었다.

식물의 성분에서 추출하는 약초, 향초류의 리큐르들은 강장, 소화불량에 효능이 있는 것으로 알려져 있는데 그 종류들은 다음과 같다.

① Gets Pepermint

동유럽, 영국, 프랑스산의 박하를 물과 함께 증류하여 민트 오일을 제거, 알코올에 배합시럽을 가한 것으로 향미가 신선하고 캔디와 비슷한 느낌이 나며 색깔은 착색료를 쓴다. 1859년부터 판매가 시작되었다.

② Angostura Bitters

독일 태생의 군의관 요한 시이거트 박사가 19세기 초에 남미 베네수엘라의 앙고스튜라

시(현재의 폴리바르 시)에 있던 영국 육군병원에서 위장병 약으로 개발한 쓴 맛이 나는 술로 럼을 베이스로 용담뿌리의 즙을 배합한 것으로 주로 칵테일의 방향제로 사용이 된다.

③ Sambuca

식후주로 리큐르 글래스에 따르고 볶은 커피콩 3알을 띄워서 낸다. 이탈리아에서 자라는 엘더나무의 열매를 추출하여 증류주에 배합하여 만든 것으로 알코올 도수는 38도에서 43도까지이고 당분 함량도 33퍼센트 이상으로 상당히 무겁고 끈적한 술로 맛은 달콤 시원하다.

④ Creme de menthe(Pepper Mint)

박하향이 나는 혼성주로 알코올 도수는 약 27도 정도이며 색깔은 무색 또는 초록색을 띠고 있으며 시원하고 달콤한 맛을 가지고 있다. 'Creme de'는 최상의 상품이란 의미를 가지고 있다.

⑤ Chartreuse

리큐르의 여왕으로 불리며 수종의 약초를 사용했다고만 알려져 있으며 프랑스 샤르뜨르즈 수도원의 제품이다. 알코올 도수는 40도 정도이며 초록색과 노란색을 띠고 있다.

⑥ Benedictine D.O.M

베네딕틴 1510년 프랑스 북부 페어칸시의 베네딕틴 수도원에서 탄생되었으며 27종류의 재료를 쓰는데 주요 재료는 쥬니퍼 베리, 서양산 박하, 안젤리카, 시나몬, 베넛멕, 레몬껍질, 벌꿀 등이 사용된다. 알코올 도수는 약 43도로 달고 중후한 맛을 가지고 있다.

⑦ Galliano

이탈리아 갈리아노 소령의 업적을 기리기 위해 만들어진 혼성주로 알프스와 지중해의 열대지방에서 생산되는 40여종의 향료들을 배합하여 만들었다. 알코올 도수는 약 35도로 노란색을 띠고 있으며 부드럽고 상쾌한 맛이 특징이다.

⑧ Benedictine B&B

베네딕틴 60%와 5~6년 숙성한 코냑 40%를 배합하여 만든 혼성주로 단맛을 좋아하지 않는 사람을 위하여 개발되었다.

B&B는 두 가지 술(Benedictine & Brandy)의 머리글자이다. 원산지는 프랑스로 알코올 도수는 약 43도이다.

⑨ Campari

이탈리아 토리노 시에서 1860년에 탄생한 술로 창시자인 카스파레 캄파리의 이름을 따서 명명되었다. 주원료는 비터, 오렌지 과피, 캐러웨이 커리앤더, 용담뿌리 등이 사용된다. 붉은색으로 쓴 맛이 강해 식전주로 널리 이용되고 있다.

⑩ Drambuie

게일어로 '만족할만한 음료' 라는 뜻이며, 평균 숙성 15년의 아일랜드 몰트 위스키에 수십 여종의 스카치 위스키를 배합한 다음 각종 식물의 향기와 벌꿀을 배합한 것으로 도수는 40~45도 정도이며 색깔은 갈색을 띄고 있다.

(2) 과실류(Fruits)

과실류를 주원료로 하여 단맛이 대부분이어서 식후주로 널리 사용이 되고 있다. 최초의 과실류는 17세기 베네수엘라 앞 바다에 있는 큐라소(Curacao)섬에서 오렌지 과피를 알코올에 배합하여 만들어졌는데 이 섬의 이름을 따서 큐라소라 명명되었다. 그 이후 다양한 과실들(체리, 배, 살구, 복숭아, 만다린 등)을 주원료로 하여 식물 성분들이 배합되어 다양한 맛의 리큐르들이 생산되고 있다. 당분 함유량이 20~30% 정도로 높은 비중을 차지한다. 과실을 이용한 대표적인 리큐르 제품으로는 다음과 같다.

① Southern Comfort

미국을 대표하는 리큐르로 버번 위스키에 복숭아를 침출시켜서 만든 갈색계통의 술로 알코올 도수는 38도이다.

② Cointreau

비터 오렌지와 스위트 오렌지 과피를 알코올과 함께 증류한 다음 두 개를 배합하여 재증류하여 만든 리큐르로 프랑스 르와르 지역에서 생산된다. 알코올 도수는 약 30~40도 정도이며 오렌지를 주원료로 하는 리큐르 중에서는 최고급에 해당된다.

③ Grand Marnier

1827년에 프랑스에서 탄생한 대표적인 오렌지 큐라소로 3~4년 숙성된 코냑에 하이티산 비터 오렌지 과피를 배합하여 오크통으로 숙성하여 만든 리큐르로 알코올 도수는 약 40도 정도에 해당된다.

④ Curacao

베네수엘라 큐라소섬의 오렌지 껍질을 사용한 것이 시초이며 향기와 단맛이 강한 것이 특징이다. 말린 오렌지 껍질과 매우 단맛의 오렌지 껍질을 추출하여 제조된 것으로 종류에는 화이트, 블루, 그린, 레드, 오렌지 큐라소가 있다. 알코올 도수는 30~40도 정도이다.

⑤ Triple Sec

오렌지를 주원료로 하여 만드는 리큐르로 코인트로와 유사한 제품이나 품질은 약간 떨어진다. 오렌지 껍질, 브랜디, 설탕 등이 주원료에 해당되며 색깔은 무색이다. 알코올 도수는 30~40도 정도이다.

⑥ Cherry Brandy

체리를 주원료로 사용한 것으로 시나몬, 클로버 등을 침전, 여과하여 숙성시켜 만든 리큐르로 붉은색을 띄고 있으며 여러 나라에서 생산이 되고 있으나 네덜란드와 덴마크산이 유명하다.

⑦ Creme de Cassis

원산지는 프랑스로 블랙커런트 혹은 블랙베리라고 하는 열매를 주원료로 하여 향과 맛이 뛰어나지만 도수가 낮기 때문에 냉장 보관하여야 한다. 색깔은 암적색으로 알코올 도수는 약 15~20도 정도이다.

⑧ Apricot Brandy

원산지는 프랑스와 헝가리로 브랜디, 살구, 설탕 등을 주원료로 하여 만들어진 리큐르로 짙은 황색이며 알코올 도수는 25~30도에 해당된다.

⑨ Sloe Gin

원산지는 미국으로 야생자두를 진에 첨가하여 만든 리큐르로 붉은색을 띄고 있다. 알코올 도수는 20~30도 정도이며 세계 각국에서 생산되고 있다.

⑩ Melon Liqueur

메론을 주원료로 하였으며 증류하지 않고 당분을 첨가하였기 때문에 달콤한 메론맛과 향이 뛰어나다. 일본 산토리 지방에서 생산되는 미도리라는 제품이 대표적이다.

(3) 종자류(Beans & Kernels)

① Amaretto

이탈리아의 밀라노 지역에서 처음으로 생산이 되었으며 아마레토는 그 향기로 인해 일반적으로 아몬드 리큐르라 불리고 있으나, 아몬드로 만들어지는 것은 아니다.

그 향기의 원료는 살구의 핵, 이것을 물과 함께 증류하여 몇 종류의 향초 추출액, 중성 알코올과 배합하여 탱크에 숙성시킨 후 시럽을 첨가해서 만들어진다.

② Kahlua

데킬라에 멕시코산 커피를 침출시켜서 설탕과 카카오를 첨가한 것으로 커피 리큐르 중 가장 대표적 브랜드라 할 수 있다. 색상은 짙은 갈색을 띄고 있으며 알코올 도수는 26도이다. 강한 커피향이 특징이다.

③ Creme de Cacao

주원료는 카카오, 바닐라향, 화주 등이 사용되고 알코올 도수는 약 25~30도 정도에 해당되며 색상은 무색과 갈색(순한 맛) 두 종류가 있다. 코코아 향의 알코올과 바닐라 향의 알코올을 배합한 리큐르이다.

좌 : 크림드 카카오(화이트) 우 : 크림드 카카오(브라운)

④ Baileys

베일리스는 초콜릿과 아이리시 크림, 위스키가 부드럽게 섞인 크림 리큐르이다.

⑤ Malibu

자마이카산 라이트 럼에 카리브해에서 생산되는 코코넛과 당분을 넣어 만든 무색의 리큐르이다.

제 7 장 전통주

제 7 장 전통주

1. 전통주의 정의

'전통주(傳統酒)'라는 용어의 정의에 대해 아직까지 법적 또는 문화적으로 명확하게 규정되어 있거나 대중적으로 합의된 바는 없다. 그럼에도 우리가 전통주라고 말하는 주류에 대해 사전적 해석을 빌리면, '계통을 이어받아 전하는 술'의 의미와 '관습 가운데서 역사적 배경을 가지고 특히 높은 규범적 의미를 지닌 술'로 해석할 수 있다. 그리고 현재의 양조분야와 관련된 주세법에 근거하여 살펴보면, 전통주는 '무형문화재'와 '전통식품 명인', '제주특별자치도특별법'에 의한 주류', 그리고 '관광토속주'에 대해 "민속주(民俗酒)"로 규정되어 있다. 따라서 주세법 상의 민속주가 대중이 지칭하고 인식하고 있는 전통주의 범주에 속한다고 할 수 있겠는데, 사실상 이들 업무를 주관하고 있는 부처마다 다른 명칭과 의미를 부여하고 있어, 일반인들로서는 그 성격을 파악하기가 쉽지는 않다.

전통주에 대한 정의는 전통주의 발달과 그 배경을 살핌으로써 그 방법을 모색해 볼 수 있다고 생각된다. 전통주는 역사와 전통적으로 세시풍속(歲時風俗)을 바탕으로 발달과 변화를 거듭해왔다. 세시풍속이란 '일상생활에 있어서, 계절변화에 맞추어 관습적으로 되풀이되는 민속'을 가리킨다. 이는 인간이 같은 자연환경과 역사 속에서 생업과 언어생활을 함께 해오는 동안에 동질성(同質性)의 생활관습을 갖게 되는 것이므로, 민중의 생활사가 되기도 한다. 따라서 '민족생활의 공감(共感)으로 형성된 술'이 전통주라고 할 수 있으며, 오랜 세월 동안 생활에서 체험하고 학습해야만 했기 때문에 선택되었을 것이고, 그러기에 전통주에도 우리 민족의 공감성(共感性)과 문화성이 배여 있다는 것이다.

우리 민족의 공감성과 문화성이 깃든 전통주로, 봄이면 씨 뿌리고 가을에 거두는 농경세시(農耕歲時)에 사용되었던 '농주'를 시작으로, 계절세시(季節歲時)에 따른 술로는 청명주와 두견주, 이화주, 국화주 등이 있고, 명절세시(名節歲時)와 술은 뗄래야 뗄 수 없는 불가분의 관계로써, 음력 정월 설날의 도소주를 비롯하여 단오날의 창포주, 추석날의 '햅쌀술' 등 그때마다 다른 재료와 술 빚는 법을 달리하는가 하면, 목적과 용도에 따른 술을 빚었음을 알 수 있다. 이는 전통주가 우리 고유의 관습이자 전통문화의 한 가지로 자리잡게 되었다는 사실의 반증이다.

전통주는 오랜 세월 조상 대대로 가문과 집안마다의 고유한 비법으로 대물림 해 온 가양주(家釀酒 : 집에서 빚은 술)와 그 문화에서 그 정의를 찾을 수 있으며, 이는 전통주의 가장 두드러진 특징이자 장점이기도 하다.

가양주는 자신의 사회적 생활환경과 거주지에 따른 지리적, 기후적 환경에 따라 각기 다른 양조방법과 종류, 음주문화를 형성해 왔다. 예를 들면, 자신의 형편에 따라 농사를 짓고 생산한 멥쌀이나 찹쌀, 보리쌀, 좁쌀 등의 재료를 주식으로 이용해 온 식이다. 전통주는 이들 주식이 되는 재료로 빚고자 하는 술의 주원료로 삼았으며, 씻고 불려서 찌거나 끓이기도 하고, 가루로 빻은 뒤 삶거나 찌거나 끓이거나 하여 익힌 뒤에 누룩과 물을 섞고, 고루 버무려 독이나 항아리에 담아 발효시키는 방법을 기본으로 한다. 물론 여기에 다시 쌀이나 누룩, 물 등을 더 보태기도 하여 향기와 맛이 좋은 고급술을 빚는가 하면, 필요에 따라서는 꽃이나 한약재 등을 넣고 다시 발효시킨 향약주(香藥酒)를 빚기도 한다.

이렇게 해서 익힌 술은 양조목적과 쓰는 용도에 따라 그 형태가 달라지는데, 맑게 떠낸 청주(淸酒)는 제사나 차례, 부모봉양과 반주 또는 귀한 손님 접대에 사용하고, 누룩과 밥찌꺼기만을 제거하여 만든 탁주(濁酒)는 집안 행사나 농사실 등 가용으로 사용해 왔다. 또 기후적으로 추운 지방에서는 추위를 극복하기 위한 방법의 하나로 술을 증류하여 소주를 만들어 즐기기도 하였고, 더운 지방에서는 도수가 낮은 탁주와 막걸리를 애용해 왔다. 물론 이때의 술은 일체의 인위적 가공품이나 합성첨가물을 사용하지 않은 자연발효식품으로서 음주에 따른 폐해가 덜하다.

이러한 가양주와 그 이용은 전국적으로 거의 동일하게 이뤄졌으므로, 전통주의 전형적인 제조법으로, 또 고유한 음주문화로 자리잡았음을 알 수 있다. 이는 다른 나라의 양조역사와 음주문화에서도 찾아볼 수 있는 공통점이라고 할 수 있는데, 우리의 경우도 이들 가양주가 유명세를 타면서 마을과 향리의 술로 이름을 얻게 되었고, 지역적 특성과 산물을 반영한 토속주로 정착되었다. 특히 '이름난 가문에서 명주가 난다'는 말에서 알 수 있듯, 사대부나 부유층에서는 자주 술을 빚게 되어 양조기술이 뛰어나게 됨과 동시에, 고급 재료를 많이 사용하는가 하면, 여러 번에 걸쳐 술을 빚는 중양주를 즐김으로써 전국적인 명성을 얻은 명가명주(名家銘酒)들이 등장하게 되었다.

결론적으로, 전통주는 고유한 생활문화의 하나로써, 또 세시풍속과 식문화적인 관점에서 볼 때도 "우리 땅에서 생산되고 한국인이 주식(主食)으로 삼는 쌀을 주재료로 하고, 전통누룩을 발효제로 하되, 전통성을 간직하면서도 우리 민족이 오랜 세월 동안 갈고 닦아 온 고유한 양조방법을 바탕으로, 자연물 이외의 그 어떤 인위적인 가공품이나 식품첨가물을 사용하지 않은 자연발효에 의한 술"로 정의할 수 있겠다.

2. 전통주의 역사

(1) 술의 기원

술의 옛글자(古字)는 유(酉 : 닭, 서쪽, 익을)자이다. 유(酉)자는 밑이 뾰족한 항아리(술의 침전물을 모으기 편리하다.)에서 유래하였다고 한다. 반면 '술'의 고유한 우리말은 '수블/수불'이었다. 수블〉수울〉수을〉술로 변천하였을 것이다. 옛사람에게는 물이 난데없이 부글부글 끓는 것이 신기하여 물에 불이 붙는다는 뜻으로 '수불'이라 하지 않았을까 생각된다. 옛말에 물은 신(神)이, 술은 인간이 만들었다는 말이 있다. 술의 기원은 신화로만 전해진다. 서양의 경우 이집트에서는 천지의 神 이시스의 남편인 오시리스가 곡물신에게 맥주 만드는 것을 가르쳤다고 하고 그리스 신화는 디오니소스, 로마는 바커스를 술의 시조로 말하고 있으며, 구약성서에서는 노아가 최초로 술을 만들었다고 한다. 반면, 동양의 경우 중국에서는 황제의 딸 의적이 처음으로 빚었다 하고 있다. 그렇다면 우리나라 술은 어디서 비롯되었을까? 우리문헌에 나타나는 술이야기는 제왕운기에 처음으로 나타난다. '하백의 딸 유화가 해모수의 꾀에 속아 술에 만취된 후 해모수의 아이를 잉태하였는데 그가 주몽이라는 이야기'이다. 그러나 비록 우리문헌에 술에 관한 기록이 드물지라도 술이 단순히 중국에서 전래되었을 것이라고 생각해서는 안 된다. 이미 고조선 시기 이전부터 동아시아 대륙에 번성했던 우리 민족은 발효문화를 장기로 하였으므로 술의 역사도 우리 민족의 역사와 함께 시작되었을 것이다. 따라서 우리나라 술의 기원은 중국으로부터 전래된 것이라기보다 화북과 산동지역의 동이족 술문화가 중국과 한반도에 동시에 영향을 주었으리라고 보는 것이 보다 정확할 것이다.

(2) 고구려의 술과 제민요술

부여, 진한, 마한, 고구려의 무천, 영고, 동맹등 제천행사에서 '주야음주가무'하였다는 삼국지 위지 동이전의 기록에 의하면 고구려는 실로 발효의 나라라 할만큼 훌륭한 술과 앞선 장담그기 기술이 발달한다. 이때에 이미 술누룩 주국(酒鞠)과 穀芽(곡아)로 술을 빚는 방법이 완성되었다고 한다. AD 430년경 북위의 산동태수 가사협이 지은 "제민요술"이라는 책은 고구려의 주조 기술을 규명하는데 실로 중요한 자료이다. 산동반도가 역사이래 우리민족의 직, 간접적인 영향하에 있었던 문화지역인데다 북위와 고구려의 민족적 지리적 정치적 인접성으로 고구려의 술빚기가 거의 제민요술에 고스란히 살아 전하고 있다. 이러한 고구려의 주조기술은 중국으로 건너가 곡아주라는 명주를 잉태하고, 고구려의 양조기술을 이어받은 낙랑주법이 신라사회에 뿌리를 내려 신라주가 당대의 운사들에게 애용되었다.

(3) 백제의 술

지금도 일본에서 주신으로 모시는 백제사람 수수보리가 일본에 누룩과 술을 빚는 법을 전함으로써 비로소 일본에 술다운 술이 생겼다고 한다. 일본고사기의 중권(응심천황조)을 살펴보면 베짜는 기술자인 궁월군의 증손인 수수보리가 일본에 가서 응신천황에게 술을 빚어 바쳤더니 왕이 술을 마시고 기분이 좋아 다음과 같은 노래를 불렀다고 한다.

"수수보리가 빚은 술에 나도야 취했네 태평술 즐거운 술 나도야 취했네" 양조기술자인 수수보리는 이름의 뜻이 '술거르는 이'로 이때에 이미 백제에서는 발전된 양조법으로 술이 빚어진 것이다. 백제의 술은 자세한 기록으로 전하는 것이 없어 말하기 어려우나 일본에 남아 있는 기록과 술빚기 기술로 보아 고구려의 술빚기에 비해 그리 못하지 않은 것이었을 것이다.

(4) 신라와 통일신라의 술

당대의 시인들이 칭송하던 신라주의 명성은 아마도 고구려로부터 전해진 듯하다. 삼국 중 비교적 늦은 시기에 국가의 체계를 형성한 신라는 술빚기에서도 처음에는 가장 낙후 되었을 것이다. 그러나 다른 문학와 함께 고구려로부터 전해진 술빚기 기술은 국력과 함께 날로 발전하여 대시인 이상은의 時調 "한 잔 신라주의 기운이 새벽사람에 스러질까 두렵구나" 하는 정도로 성장하였고 해동역사에 나오는 고려주가 바로 신라주라 하였다. 삼국유사에 의하면 태종 무열왕은 식량으로 하루에 쌀 3말, 꿩 10마리가 소요되었다는 기록이 있다. 통일신라시대에 이르면 양조곡주들이 다양하게 개발되고 상류사회에서는 청주류의 음용이 성행하게 되었다.

(5) 고려시대의 술

고려시대가 되면서 전래의 곡주류 양조법은 이미 완성되어 고려전기 중에 청주류, 중양주류, 탁주류, 재주류, 감주류 등의 양조기술과 종류가 심화되었다. 고려시대에도 송나라와 빈번한 교류가 있었고 사원에서는 여관업을 겸하여 술을 빚어 팔기도 하였다. 한편 궁중의 양온서(궁중에서 술을 빚던 관청, 후에 장예서, 사온서로 명칭이 바뀜)에서도 국가의 의식술을 빚었다. 송나라 서긍의 고려도경에 의하면 "고려에는 찹쌀이 없어 멥쌀과 누룩으로 술을 빚는데 맛이 독하여 쉽게 취하고 빨리 깬다" "일반적으로 고려사람들은 술을 즐긴다. 그러나 서민들은 양온서에서 빚는 그러한 좋은 술을 얻기 어려워 맛이 박하고 빛깔이 짙은 것을 마신다."고 고려의 술이 묘사되고 있다. 양온서에서 빚는 술은 법도대로 빚는다고 하여 법주라고 하였는데 요즘의 법주와는 전혀 다른 술이 있었던 것 같다. 아마도 종묘제사에 관용으로 쓰는 중양주였을 것이다. 또 고려시대에 비로소 소주가 우리나라에 전래되었다. 동의보감과 본초강목에 의하면 소주는 원나라 때 아라비아에서 원→만주→고려의 순으로 전해진 듯하다. 소주가 유입된 시기는 대체로 고려 충렬왕(1277년)3년이며 소주 음용기원 시기는 충숙왕에서 충혜왕(1314~1345) 사이로 보는 것이 정설이다.

(6) 조선시대의 술

조선시대 술빚기의 특징은 중양주류가 발달하고 양조원료도 멥쌀 일색에서 찹쌀이 점차 늘어났다는 점과 부본(腐本), 즉 술밑을 사용하여 효모를 증식시키는 기법이 발전하였다는 점 등이다. 조선시대에 유명했던 술은 무려 300여 가지에 이르나 그 중에서도 백하주, 삼해주, 이화주, 청감주, 부의주, 향은주와 약산춘, 호산춘, 노산춘 등의 춘주류들을 손꼽을 수 있다. 소주도 날로 소비가 늘어 다산 정약용이 전국의 소주고리를 거두어들여 식량난을 예방하자고 상소하기도 할 정도였고 유명한 소주로 감홍로, 죽력고, 이강고 등이 있고 조선후기에 들어서는 합주류와 과하주류가 출현하여 탁주, 약주, 소주 외에 혼양주가 덧붙여지게 되었다.

(7) 일제강점기 시대의 술

일본이 우리나라를 강점하며 가장 먼저 행하였던 일이 토지조사, 주류조사였다. 식민지 수탈을 위한 가장 효과적인 방법이었기 때문이다. 1907년 당시 우리나라에서는 일곱 가구 중, 한 가구 꼴로 술을 빚어 마셨다고 하며 우리에게는 조선왕조의 금주정책으로 술에 대한 과세나 전매제도가 없었으며 술의 공업적 양조보다는 집에서 가양주를 빚어 마시는 가양주 문화가 그 특징이었다. 그러나 1907년 일제에 의해 조선주세령이 발표되고 집에서 술을 빚는 것을 금지하고 대신 면허를 주어 주세를 부과하기 시작하였다. 이로써 찬란했던 가양주 문화는 단절되고 친일적인 부유한 지주에게 부여된 양조면허를 받은 양조장에서 공업적인 술빚기가 시작되었다. 이에 양조에 필수적인 누룩제조도 기업화되어 조선곡자조합이 생기게 되어 식민지 조선에서 손꼽히는 산업으로 발전하였다. 이 시기의 특정은 다양한 주품들이 사라지고 왜식청주(정종), 맥주, 양주등 외래주가 대거 유입되었다는 점이다. 이에 따라 상류계층에서는 왜식 청주등 외래수를 음용하고 우리 전통술은 일반서민들 사이에서 명맥을 유지했다.

(8) 해방 후의 술

해방의 감격에도 불구하고, 일제의 오랜 수탈에 이어 6.25 전란으로 인한 경제적 곤궁과 해방후 청산되지 못한 일본식 제도의 잔재에 의해 우리 전통술은 오히려 일제 하에서 보다도 더욱 더 피폐해졌다. 탁주가 75년을 정점으로 한때 양적 팽창을 보았고, 희석식 소주가 아직 큰 시장을 유지하고 있는 등 외형적인 모습은 왜곡된 채로나마 발전하였다 하더라도 일제 하와 해방 후, 현재까지 계속된 정부의 보이지 않는 소외정책으로 우리의 진정한 전통술은 거의 명맥이 끊어져 버렸다. 다행히 1980년대 이후부터 불합리한 규제와 제약이 조금씩 해소되어 잊혀진 전통술 50여종이 재현되었으나 대부분 영세하고 전문 양조기술의 부재와 영업력 부재로 우리의 찬란했던 전통가양주 문화가 복원되기에는 아직도 요원한 실정이다. 뒤늦게 1995년부터 술을 개인이 빚어 마시는 것이 허용되어 90년 간의 가양주 문화 단절을 극복하는 기회를 맞게 되었다.

(9) 현대의 술

웰빙 열풍으로 술도 건강에 유익한 술을 찾고 있어 전통주의 소비량은 점점 늘어가고 있다. 또한 술을 적당량 섭취하면 신체의 피로와 권태감을 줄여주며, 긴장, 흥분, 압박감 등을 해소시키고 소화액의 분비를 자극함으로써 식욕을 증가시킨다. 또한 적당량의 알코올 섭취는 혈액 내 HDL 콜레스테롤을 생성시켜주므로 심혈관 질환의 예방에 효과가 있는 것으로 알려져 있다. 전통주의 세계화에도 앞장서고 있다. 프랑스에는 와인과 코냑이 있고, 일본의 사케, 중국의 마오타이 등 각 나라에는 그 나라를 대표하는 술이 있는데 세상에서 술을 가장 많이 마시는 나라 중 한 곳인, 대한민국에는 세계가 인정하는 대표 술이 없는게 안타깝다. 하지만 요즘 한류붐을 타고 막걸리가 건강에 유익한 술로 인식되어 국내외에 빠르게 소비되고 있는 것은 고무적이다.

3. 전통주의 분류

(1) 전통주의 분류

전통주는 일반적으로 술의 형태와 제조방법, 부재료의 사용 여부와 술을 빚는 시기, 횟수, 술을 익히는 기간 등에 따라 구분한다. 또는 술을 사용하는 목적과 생산지 등에 따라 구분하기도 한다. 우리의 전통주는 탁주, 약주, 소주로 대변되며. 가장 오랜 역사를 가진 탁주, 탁주를 걸러서 약주, 약주를 증류하여 소주를 만든다.

1) 탁주

맑은 술을 떠내지 않고 그대로 걸러서 만든 술. 일반적으로 빛깔이 탁하고 알코올 성분이 적은 술로, 맑지 못하고 탁하다고 하여 탁주, 탁배기, 막 거른 술이라 하여 막걸리, 빛깔이 희다고 하여 백주, 집마다 담그는 술이라 하여 가주, 특히 농가에서는 필수적인 술이라 하여 농주 등으로 불린다. 『삼국사기』, 『삼국유사』에 좋은 술을 뜻하는 미온(美醞), 지주(旨酒) 등의 말이 나오고, 막걸리나 단술을 가리키는 요례(醪醴)라는 말이 나오는 것으로 미루어 삼국시대에 이미 탁주 등의 술을 만들었음을 알 수 있다. 고려시대 문헌에 탁주라는 말이 자주 나오고 『고려도경(高麗圖經)』 에서도 서민들은 맛이 나쁘고 빛깔이 짙은 술을 마신다는 기록이 있는 것으로 미루어 고려시대부터 서민주로서의 전통이 확립되었다 할 수 있다. 조선시대에 들어와서도 많은 사람들이 탁주를 즐겨 마셨다. 그러다가 1963년부터는 만성적인 식량부족상태로 인하여 쌀을 원료로 하던 탁주가 금지됨으로써 밀가루, 옥수수, 보리 등을 섞어 빚게 되었다. 그 뒤 쌀 생산량이 늘어나고 소비량은 줄어들었기 때문에 1977년 12월에 쌀막걸리가 다시 만들어졌다. 그러나 술 제법의 규제 때문에 옛것보다 맛이 떨어지고 값도 비싸서 1년 만에 사라지고 지금은 다시 밀가루로 빚고 있다.

2) 약주

약주와 탁주의 구별은 술을 빚는 재료에 의한 것이 아니라 단지 술을 거르는 것에 따라 달라진다. 약주는 한말에서 일제 초기까지 주로 서울 부근의 중류 이상 계급에서 소비하였다. 약주 빚기는 독에 물을 넣고 가루누룩을 집어넣어 수곡을 만든다. 여기에 찹쌀가루를 쪄서 떡처럼 만든 것을 넣어서 주모를 만들고 다시 멥쌀, 곡자, 물을 빚어 숙성시킨다. 숙성된 술밑에 용수를 박아 넣고 그 속에 괴인 술은 퍼낸다. 이것을 전주라 한다. 이렇게 해서 다 퍼내면 처음 술 빚을 때 넣은 물과 같은 양 또는 배 정도의 후수(後水)를 넣어, 다시 우려내어 용수에 고인 술, 곧 후주(後酒)를 퍼낸다. 전주와 후주는 따로 저장해 두었다가 마실 때 적당히 섞고 판매용의 약주로도 삼는다. 청주는 찹쌀을 포함한 백미와 누룩, 물을 섞어 발효한 후 맑게 여과한 것으로 음료로 사용되지만, 육류와 생선요리 등 각종 요리에 조미용으로 사용된다. 우리나라에서 현대식 청주가 만들어진 것은 1900년 이후이며 '정종'은 일본 청주의 상품명이다.

3) 소주

소주라는 말은 태워서 만든 술이라는 뜻이다. 소주의 원명은 알코올을 가리키는 아랍어인 '아라그'(Arag)를 한역(漢譯)한 '아자길'(阿剌吉), '아리걸'(阿里乞)이라고 중국문헌에 나오며, 한국 평안북도의 경우 아랑주, 개성지방에서는 아락주라고 하는 데서도 그 흔적이 드러난다. 불을 붙이면 불이 난다고 화주(火酒), 한 방울씩 모아서 된 술이라 하여 노주(露酒), 한주(汗酒)라고도 부른다.

▪ 구식 소주

구식 소주는 조국(粗麯, 밀기울로 만든 누룩)과 전분질의 원료를 함께 발효한 것을 증류하여 얻은 소주로 독특한 향미가 있다. 전분질의 원료로 남부지방에서는 쌀, 북부지방에서는 보리나 조, 옥수수 등을 이용했다. 보통 소주와 약소주로 나눈다.

▪ 신식 소주

주조 기술이 발달하면서 조국(粗麯) 대신에 곰팡이 고지(koji)를 쓰고, 증류기도 고리 대신 사관식 증류기를 쓰게 되어 소주의 풍미가 구식 소주와 크게 달라지게 되었다. 신식 소주는 증류식 소주와 희석식 소주로 나눈다.

▪ 증류식 소주

1920년 무렵 흑국균(黑麴菌)을 전분질의 원료에 배양하여 만든 고지를 구식 소주의 누룩 대신 쓰기 시작했다. 처음에는 전통 누룩과 반반 정도로 썼으나, 점차 고지만을 쓰게 되었다. 단식 증류기를 이용하여 증류한 소주이다. 증류식 소주는 흑국균이나 그것의

변이인 백국균을 누룩으로 이용하고, 황국균이나 배양효모는 특별히 쓰지 않는다.

▪**희석식 소주**

1965년에 정부의 식량 정책으로 소주 발효에 곡류의 사용이 금지되어 증류주로써의 소주가 사라지게 되어 개발된 소주이다. 희석식 소주는 쌀, 보리, 고구마 등 곡물원료를 발효 후 연속 증류, 정제하여 만든 순도 95% 이상의 에탄올(주정)을 주원료로 하여, 알코올 도수를 맞추기 위해 각 지역별 특색에 맞는 정제된 순수한 물에 희석하고 그 외 천연첨가물을 소비자의 기호에 맞게 블렌딩(blending)하여 생산된다. 현재 알코올 도수는 15.5도에서 35도 사이로 다양한 제품들이 생산되어 판매되고 있다. 세계 60여 개국에 수출되는 등 한국을 대표하는 대중주로 인정받고 있다.

(2) 우리나라 대표적인 전통주

1) 서울 삼해주, 문배주

① 삼해주

'삼해주'하면 맨 먼저 떠오르는 말이 '금주령'이다. 조선시대 때 "삼해주를 빚는데 따른 쌀의 소비가 너무 많아, 술을 빚지 못하게 해달라는 상소문이 빗발쳤으므로, 급기야 나라에서 금주령을 내렸다."고 하는 기록이 여러 문헌에 등장하기 때문이다.

삼해주는 그 이름에서 알 수 있듯, 해일(亥日)에 3회(三回)에 걸쳐 술을 빚는다는 뜻이다. 12지(十二支) 가운데 맨 끝에 오는 돼지날(해일 : 亥日)에 처음 술(밑술)을 빚기 시작하여 12일 간격이나 36일 간격으로 돌아오는 다음 해일에 덧술을 하고, 다시 돌아오는 해일에 세 번째 술을 해 넣는 까닭에 술이 익기까지는 최소 36일에서 96일이 걸리는 장기 발효주이다.

삼해주의 맛과 그에 따른 특징을 단적으로 표현한다면, '보다 깊은 맛' 아니 '순후한 맛'이라고 할 수 있다. 제대로 빚은 삼해주를 맛 본 사람들은 경험하는 바이지만, 그 맛이 '특이하다'고 밖에 말할 수 없다. "술은 제법한다"고 자처하는 주당들도 "이렇게 독한 술도 있느냐"와 "그 술 사람 한 번 제대로 잡더라"고 말하는 걸 듣게 되기 때문이다.

삼해주의 맛과 그 특징은 매우 부드럽고 향기로운 맛을 첫 손가락으로 꼽는다. 사람들이 맛이 아주 부드럽고 특별한 향취가 있어, 알코올 도수가 낮은 술로 여기고 그저 부담 없어 좋다는 생각으로 자꾸 마시게 되는데, 어느 정도 시간이 지나면 은은한 취기를 느낀다. 그리고 '일어나야겠다'고 마음 먹거나, '정신은 아주 말짱한데 몸이 말을 듣지 않는다'는 생각이 머리를 스치는 순간, 그만 엉덩방아를 찧고 만다. 이처럼 술맛이 '순후하다'는 표현이 삼해주 맛을 특징 짓기에 적합한 말이라는 생각이 드는 것도 바로 그 때문이다.

삼해주의 맛을 특징 짓는 요인은, 3양주이면서 저온에서 장기간 발효 숙성시킨 때문이라고 하는 것이 옳다. 우리 속담에 "급히 달군 쇠가 쉬이 식는다"고 하였듯이, 빨리 빚어 익힌 술에서는 삼해주와 같은 '순후한 맛'을 느낄 수 없는 까닭도 바로 이 때문이다. 삼해주는 '술맛은 물맛에 달려 있다.'거나, '고급 재료를 써야 좋은 술을 얻을 수 있다.'는 식의 술 빚는 방법의 한계를 뛰어 넘는, 이른 바 '술 빚는 기술'의 중요성과 묘미를 거듭 일깨워 준다고 할 것이다.

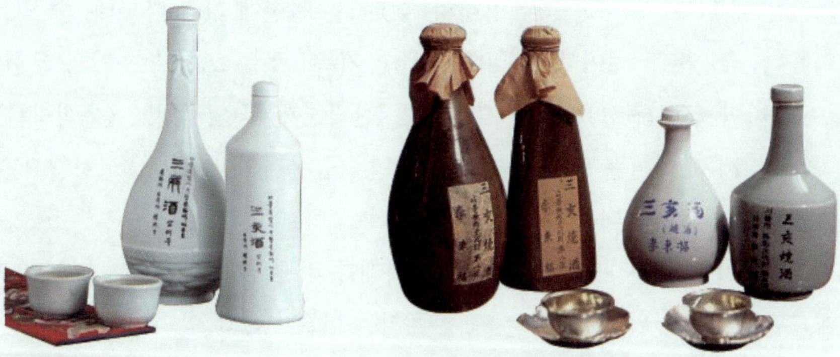

삼해주

② **문배주**

문배주는 '이슬'이라고 표현할 수 있다. 그만큼 깨끗하고 맑은 술이기 때문이다. 그러나 문배주가 깨끗한 가장 큰 이유는 술 빚는 사람의 마음이 담겨 있기 때문일 것이다. 증류주를 만들기 위해 빚는 발효주는 오로지 조와 수수, 밀 세 가지 곡물만을 이용하여 빚고, 이것을 다시 증류해야 한다. 그래야만 배 향이 나는 이슬같이 맑은 술을 얻을 수 있다. 술을 빚기 시작해 1년이라는 긴 숙성 기간을 거치면 명주 문배주를 만날 수 있다.

문배주

2) 경기도 부의주

부의주는 우리나라 술빚기의 전형으로 꼽을 수 있는데, 한 번 빚은 단양주이면서도 감칠맛과 함께 상쾌한 맛을 느낄 수 있다. 그 맛의 특징은 누룩을 수국(水麴)형태로 하여 술을 빚는다는 데 있다. 그리고 수국 형태의 술빚기는 문헌에 따라 다른데, 술 빚을 물을 끓여서 이용하는 것이 그 예이다. 부의주에 관한 기록으로는 조선조 초기의 문헌인 〈목은집〉을 비롯하여 〈고사촬요〉, 〈규곤시의방〉, 〈산림경제〉, 〈양주방〉, 〈음식방문〉 등이 있는데, 〈산림경제〉지에서는 탕수를 이용한 반면, 〈규곤시의방〉이나 〈고사촬요〉에서는 날물을 이용하는 술빚기 형태를 보여주고 있다.

이러한 부의주는 현재 경기도 지정 무형문화재를 비롯 전국적으로 가장 널리 빚어지고 있는데, '부의주'라는 원이름보다는 '동동주'라는 이름으로 더 알려져 있다.

부의주

3) 충청도 청명주, 소곡주

① 청명주

'청명(淸明)에는 부지깽이를 꽂아도 싹이 난다'라는 속담이 있다. 청명은 24절기 중 날이 풀리기 시작해 화창해지는 시기로, 이날 먹기 위해 정성을 다해 빚는 술이 바로 청명주다. 청명주는 이 지역의 물이 아니면 빚을 수 없다고 할 정도로 사용하는 물을 중요하게 여겼으며, 지금도 지하 200m에서 뽑아올린 암반수를 이용해 술을 빚는다. 찹쌀과 함께 몸에 좋은 인삼과 구기자 등을 넣어 발효시킨 우리나라의 대표적인 약주 중 하나며, 마니아가 있을 정도로 아는 사람은 다 알고 먹는 술이다.

청명주

② 소곡주

우리나라에서 가장 오랜 역사를 가진 술 중 하나가 바로 소곡주다. 누룩이 적게 들어간다 하여 붙여진 이름으로, 지금으로부터 1,500년 전부터 전승되어 온 명주 중의 명주라 할 수 있다. 오랜 시간 발효와 숙성을 거쳐 빚어지기 때문에 맛이 매우 부드러워 누구나 편하게 즐길 수 있다. 또한 소곡주는 '앉은뱅이술'로 많이 알려져 있는데, 이는 술이 좋아 취하는 줄 모르고 마시다가 그 자리에 주저앉게 되기 때문이라 한다. 소곡주가 그만큼 좋은 술이라는 또 다른 표현이라 하겠다.

소곡주

4) 전라도 이강주, 홍주

① 이강주

조선중기부터 전라도와 황해도에서 빚어온 한국의 전통민속주로써 이름대로 소주에 배(梨)와 생강(薑)을 혼합하여 만든 고급 약소주(藥燒酒)이다. 1947년 발간된 최남선의 저서 『조선상식문답 朝鮮常識問答』에서 평양 감홍로(甘紅路) 정읍의 죽력고(竹瀝膏)와 함께 조선의 3대명주로 꼽은 전주 이강고(梨薑膏)를 계승한 술이다. 1987년 4월 28일 이강주 제조기술을 가진 조정형(趙鼎衡)이 전라북도 무형문화재 제6-2호 기능보유자로 지정되었다.

누룩과 멥쌀로 빚은 약주를 증류하여 만든 알코올 도수 30도의 소주에 배즙을 비롯하여 생강 계피 울금(鬱金) 등의 추출액을 첨가한 뒤 마지막으로 꿀을 넣어 1개월 이상 숙성하는 방법으로 알코올 도수 25도의 이강주를 만든다. 재료 가운데 심황(沈黃)이나 아출(莪朮)이라고도 불리는 울금은 한의학에서 신경안정제로 사용하는 약제로서 피로회복을 돕고 위를 건강하게 하는(健胃) 효과가 있다.

이강주

② 홍주

술의 빛깔이 붉어 붉을 '홍(紅)'자를 써서 홍주라 한다. 홍주를 빚기 위해 붉은색을 내는 지초를 이용하는데 지초는 '자초', '자근', '지치'로도 불린다. 한방에서 지초는 독을 풀어 염증을 없애고 새살을 돋게 하는 효능이 있는 것으로 알려져 있는데, 이를 통해 진도 홍주가 음용뿐 아니라 치료의 목적으로도 쓰였음을 짐작할 수 있다. 진도 홍주는 쌀과 보리를 이용해 빚은 발효주를 증류할 때 증류주가 지초를 통과하게 만들거나 지초를 증류주에 침출시켜 그 색과 기능성 물질이 술에 녹아들게 하는 방법으로 빚는데, 먹기도 전에 그 아름다운 색에 반하는 술이다.

홍주

5) 경상도 안동소주, 교동법주

① 안동소주

1987년 5월 13일 경상북도무형문화재 제12호로 지정되었다. 또한,이례적으로 안동소주는 2명에게 식품명인을 지정하였는데, 경상북도 안동시 신안동(新安洞) 276-6번지에 사는 조옥화(趙玉花)와 경상북도 안동시 옥동 766-1 번지에 사는 박재서가 기능보유자로 선정되어 증류식 소주제조법의 맥을 잇고 있다.

소주는 고려시대부터 전승되어 왔는데 특히 안동, 개성, 제주산이 유명하다. 이 중에서 안동소주는 명문가의 접객용 및 약용으로 쓰였다. 가양주(家釀酒)로 전승되어 왔으며, 1920년 안동시 남문동에 현대식 공장을 세워 '제비원 소주'라는 상표로 상품화되었다.

1962년 주세법이 개정되어 순곡주 생산이 금지되면서 생산이 금지되었다. 그후 민간에서 간간이 만들어져 전승이 중단될 처지에 있었으나 1987년에 안동소주 제조법이 지방무형문화재로 지정되면서 1990년 민속주로서 생산이 재개되었다.

제조과정은 조옥화 안동소주의 경우, 멥쌀을 물에 불린 후 시루에 쪄 고두밥을 만들고, 여기에다 밀로 만든 누룩을 20일 동안 띄운 후 콩알 크기 정도로 파쇄한 후 고두밥과 누룩과 물을 섞어 20일 가량 발효시켜 전술을 빚는다. 전술을 솥에 담고 그 위에 소줏고리를 얹어 김이 새지 않게 틈을 막은 후 열을 가하면 증류되어 소주가 된다. 기간은 8일 정도 소요된다. 7일 만에 전술이 되고 1일간 열을 가해 소주를 내리는데, 알코올 농도는 45도이다.

또한, 박재서의 안동소주는 쌀만 사용하여 고두밥을 만들고, 쌀로 만든 누룩을 섞어 28일간 3단사입을 거쳐서 전술을 빚어 청주를 만든다. 전술 후 소주 내리는 방법은 조옥화 안동소주와 동일하며, 여과 후 100일간 숙성시킨다. 알코올 농도는 45도이며, 대중화를 위해서, 35도 22도 제품도 생산한다. 민간에서는 안동소주를 상처, 배앓이, 식욕부진, 소화불량 등의 구급방안으로도 활용한다.

안동소주

② 경주법주

법주는 조선시대 문무백관이나 사신을 대접할 때 쓰였던 특주로 빚는 날과 빚는 법에 따라 빚는다 해서 법주라 하였으며 일설로는 찹쌀과 국화와 솔잎을 넣고 백일 간 땅에 묻었다가 꺼낸 술로 절에서 양조되었다 해서 법주라 하였다는 설도 있다. 『제민요술(齊民要術)』 제67에 법주가 나온다. 법주는 국(麴), 술 빚는 물, 초양미(初釀米) 삼자가 항상 같은 양이고 또 주조개시(酒造開始)의 날짜, 두미기일(酘米期日)과 일정한 대응관계가 있다. 이와 같이 양이 규정되어 있기 때문에 법주라고 하는 것 같다. 중요 무형

경주법주

문화재 제86-3호 교동 법주는 찹쌀로 빚어져 찹쌀의 단맛이 입에 착 달라붙고, 살균을 하지 않고 1년의 시간이 흐른 뒤 맛볼 수 있어서 '살아있는 술'이라고 불리기도 한다.

6) 제주 오메기술

오메기술은 제주 지방에서만 전승되고 있는 가양주이다. 고려시대를 비롯하여 조선시대 음식관련 여러 문헌에서도 오메기술을 찾아 볼 수 없는 데다, 다른 지방에서도 오메기술이라는 술이름이나 제조방법이 같은 예를 찾아볼 수 없다는 사실에서 알 수 있다.

오메기술은 특이하게 술 재료의 처리 방법에 따른 이름을 붙이게 된 것이라고 할 수 있다. 대다수의 술이 술맛이나 향기, 또는 지명, 재료, 빚는 시기 등에 따라 이름을 붙이는 것이 일반적인데, 오메기술은 오메기떡으로 빚는 술이라는 뜻에서 유래한 이름이다.

이를 달리 설명하면, 오메기술을 빚는 방법이나 특징이 술빚는 주재료의 떡 이름에 있다고 할 것이다. 오메기떡은 조를 물에 불렸다가 가루 내어 익반죽한 뒤, 도넛 모양으로 빚는 떡이자, 팔팔 끓는 물에 삶아 내는 삶은 떡의 일종이다. 따라서 오메기술을 빚기 위해서는 이 오메기떡을 잘 만들어야 한다.

오메기술은 한번 빚는 단양주로, 대개는 봄에서 여름철에 빚어 마시게 되는데, 그늘지고 서늘한 곳에서 발효시켜야 지나치게 끓어서 산패하는 일이 없다. 술을 안칠 때 댓잎(생것)을 술독 맨 밑에 한 켜 깔아주면 술이 지나치게 끓는 것을 막을 수 있다.

오메기술

이와 같은 예는 전라도 지방의 여러 토속주와 가양주에서 살펴볼 수 있는데, 남부 지방은 타 지방에 비해 기온이 높아 간을 세게 해야 빨리 시어지지 않는데, 댓잎을 이용하면 간을 세게 하지 않아도 되었기 때문이다. 이러한 생활에서 터득한 지혜는 곧 양조에도 응용되었는데, 습도가 높고 기온이 높은 제주 지방에서는 당연한 일로, 대나무의 찬 성질을 이용하여 술이 지나치게 끓는 데서 오는 효모의 사멸과 초산균의 침입을 막을 수 있다고 믿었던 것이다. 또한 겨울철의 전통음식인 동치미를 담글 때도 푸른 대나무잎을 넣어두면, 그 맛이 시원하고 오래도록 시어지지 않아, 대부분 댓잎을 넣은 댓잎동치미를 만들어 먹는다.

고인 맑은 술을 떠서 따로 보관해 두고 나머지 것은 술체에 걸러내면 탁배기 오메기술을 얻을 수 있다. 오메기술은 여느 술보다 감칠맛이 뛰어나며, 노르스름한 술 빛깔과 약간의 산미로 시원한 맛을 느낄 수 있다.

7) 고창 복분자주

선운산 복분자주는 전라북도 '고창'의 고찰(古刹) 선운사 주변 고을에서 1,400년 전부터 내려온 전통주로 독하지도, 약하지도 않고 달콤한 맛과 향이 일품인 복분자주는 입소문을 타고 퍼져 찾는 이가 늘어나면서 1990년 중반 들어 대량생산을 하게 된다.

선운산 복분자주는 98년 현대그룹 고(故) 정주영 명예회장이 소떼를 몰고 방북하면서 김정일 국방위원장에게 선물해 일약 유명해졌고, 2000년 농림부가 주최한 우리 식품 세계화 특별품평회에서 주류부문 대상인 대통령상을 수상해 '명주'의 위치를 굳혔다. 신라 진흥왕이 부처님의 계시를 받고 선운산에 찾아와 진흥굴에서 수양하며 검단선사의 도움으로 선운사를 창건하고 왕비의 이름을 딴 도솔암을 세우면서 마셨다는 술이 복분자주다.

복분자주

복분자 술을 맛본 진흥왕이 "무엇으로 만든 술이냐"고 묻자 스님들은 "복분자로 만들었다"며 이 술에 얽힌 전설을 들려주었는데 그 내용은 다음과 같다.

옛날 늙은 부부가 대를 이을 자식이 없어 고민하던 중 늦둥이를 얻어 애지중지 길렀으나 병약해 걱정이 컸다. 하루는 지나가던 스님이 허약한 늦둥이를 보고 산딸기주를 먹이라고 권해 꾸준히 복용시키자 몰라보게 튼튼해져 그 늦둥이가 오줌을 누면 오줌 항아리가 엎어져 뒤집어질 정도였다는 이야기 '뒤집어진다'는 뜻의 복(覆)과 '항아리'란 분(盆), '아들' 자(子) 그래서 복분자라 불리게 되었다는 전라북도 고창지역에 내려오는 전설이다.

8) 평양(관서) 감홍로주

감홍로는 관서지방에서 생산되고, 그 맛이 달고(甘) 붉은 빛깔(紅)을 띠는 이슬(露) 같은 술이라는 뜻이다. 평양을 중심으로 한 관서지방의 특산 명주로 알려져 왔던 까닭에 '관서 감홍로' 또는 '평양 감홍로'로도 불린다. 관서 감홍로는 조선 중기 1787년에 간행된 것으로 알려진 『고사십이집』을 비롯하여 1827년 『임원십육지』, 1849년 『동국세시기』 등의 여러 문헌에 수록되어 있다. "관서 감홍로는 세 번 고아서 만든 소주를 이용하여 만든 만큼 맛이 매우 달고 맹렬하며, 술 빛깔이 연지와 같아 홍로주 가운데서도 으뜸이다."라고 기록되어 있다. 일제강점기와 해방 후의 밀주 단속기를 거치면서 맥이 끊겼다가 한말의 학자이자 시인이기도 했던 육당 최남선에 의해 새롭게 조명되기 시작하였다. 1946년, 최남선은 『조선상식문답』에서 '조선의 3대 명주' 가운데 관서지방의 감홍로를 으뜸으로 꼽고, 다음으로 전라도의 이강고와 죽력고를 소개하며 제조방법도 간략하게 기록하였다. 술에는 격이 있는데, 로(露), 고(膏), 춘(春), 주(酒) 의 순서이다. 조선 3대 명주 중 로(露)의 격을 지닌 것은 감홍로가 유일하다.

감홍로주는 좁쌀 누룩과 멥쌀 고두밥으로 술을 빚어 두 번 증류해 일정기간 숙성시킨 뒤 8가지 약재를 넣고 침출시켜 다시 1년~ 5년을 숙성시켜 완성한다. 용안육, 정향, 진피, 방풍, 계피, 생강, 감초, 지초가 들어간다. 이중 용안육, 계피, 감초에서 나는 단맛의 감(甘), 감(甘)자와 지초가 내는 붉은 빛의 홍(紅)자를 사용하여 술의 이름이 감홍로이다. 궁중에서 발생한 병이 약을 끓일 만큼의 시간도 없이 촌각을 다투는 위급한 상황일 때 약 대신 급히 감홍로로 처방하곤 했다. 본래 대다수의 술은 체온을 높이는 성질을 가지고 있지만 내장기관을 냉하

감홍로주

게 만든다. 그러나 감홍로의 경우 약재의 성분이 내장기관을 따뜻하게 만들어 막혀있던 기와 혈을 뚫어준다. 한의학에서는 내장기관에 암이 생기는 것은 냉한 기운이 뭉쳐있기 때문이라고 보는데, 그러한 이유로 감홍로가 암을 치료하는 데에 쓰이기도 했다는 견해도 있다.

9) 금산인삼주

'금산인삼주'는 금산의 지하 암반수와 국내산 농산물이 들어가는 것을 기본으로 하는데 인삼누룩으로 만든 밑술에 고두밥과 인삼누룩, 지하 암반수를 넣고 1차 발효를 한 뒤 다시 고두밥과 인삼 · 누룩 · 양조용수 · 솔잎 등을 넣어 2차 저온발효를 실시해야 '금산인삼주'가 만들어진다. 이처럼 금산인삼주가 만들어지는데 걸리는 시간은 100일로 단순히 인삼과 소주를 섞은 침출방식의 인삼주가 아니다. 이러한 침출방식의 인삼주는 장기보관이 어려운데다 숙취가 따르지만 발효와 증류과정을 거쳐 만들어진 '금산인삼주'는 장기간 보관이 가능하고 숙취가 없는 것이 특징이다. 특히 인삼의 효능인 폐와 비장의 양기를 보호하고 혈액순환 촉진에 따른 신진대사를 원활하게 돕는 기능이 있으며 정신을 안정시키며 눈을 맑게 하고, 복부의 냉과 가슴 두근거림, 복통에도 효과가 있다.

금산인삼주(주)의 김창수 대표이사는 1972년부터 양조장을 운영하면서 인삼주의 전통 제조비법을 대량생산이 가능한 현대화실험을 실시했다. 이러한 공로를 인정받아 김 대표는 1994년 정부의 전통식품 명인 2호로 선정됐으며, 금산인삼주는 2000년 서울에서 열린 아시아 · 유럽 정상회의(ASEM) 만찬장의 공식 건배주로 선정돼 세계적으로 알려지는 계기를 마련하게 되었다. 알코올 농도가 43도로 위스키에 버금가는 취기를 전달하는 술로, 보통 노란 색깔이 나는 민속주에 비해 이 술은 투명하다. 첫 잔부터 인삼의 향이 입가에 남는다. 알코올 농도가 높으므로 술이 약한 사람은 빨리 마시지 말고 작은 잔으로 천천히 마시는 게 좋다. 발효기간은 총 60일로 발효시킨 다음 증류해 증류주를 만들거나 용수를 박아 채주해 약주로 먹을 수도 있다.

인삼주

제 8 장 칵테일

제 8 장 칵테일

1. 칵테일의 이해

(1) 칵테일의 역사

칵테일의 역사는 바로 술의 역사라고 해도 크게 다르지 않을 것이다. 태초의 인간일지라도 원시적으로 만들어진 과실주를 그대로 좋아하지는 않았을 것이며, 물이나 과즙으로 거친 맛을 제거하였을 것으로 짐작되는데, 그 후 지혜로운 인간은 많은 효능이 담겨진 각종 술들을 생산하고 있음에도 불구하고, 사람들은 오히려 항상 새로운 것을 요구하고 있었던 것을 보면 칵테일은 자연 발생적이라 할 수 있다.

문서의 기록에 의하면 호메로스의 일리아드에 정확하게 무엇을 혼합했는지는 밝히지 않았지만 믹스를 해서 마셨다는 기록이 있고, 또 기원 640년경 중국의 당나라에서는 포도주에 말젖을 첨가해 마셨고, 1180년에는 이슬람교인들 사이에 꽃과 식물을 물과 엷은 알코올에 섞어 마시는 것이 고안되었다.

그러나 지금과 같은 형태의 칵테일이 만들어지기 시작한 것은 1870년 독일의 칼르린데에 의해서 암모니아 압축에 의한 인공 냉동기가 발명되고 여러가지 모양의 글라스가 일반화된 이후부터라고 볼 수 있고, 미국을 시초로 해서 칵테일이 계승 발전되어 온 것이라는 것이 통설이다.

1800년대 후기와 1900년대 초반에 걸쳐서 칵테일은 서서히 대중화되기 시작했는데 외식의 증가와 함께 칵테일의 인기는 더해 갔고, 좀 더 본격화 된 것은 미국의 금주법이 시행되고 있는 동안(1920년~1933년) 일반인들 사이에서는 당국의 눈을 피하기 위하여 예쁜 장식과 주스류나 크림, 탄산수 등을 혼합하여 마시면서부터 칵테일이 널리 보급화 되었다.

Whisky Sour, Pink Lady, Tom Collins, Alexander 등이 만들어져 소비가 되어 졌으며 부재료로 인기 있는 콜라나 세븐업과 같은 청량음료의 대중화도 칵테일 산업을 발전시키는데 큰 역할을 하였다. 금주령이 해제되면서 본격적으로 칵테일의 시대가 열리게 되었다.

1950년대에는 보드카의 인기가 미국전역을 휩쓸면서 애주가들에게 새로운 세대의 영역을 맞게 했고, Ginger Beer와 Vodka로 혼합된 Moscow Mule이 Smirnoff회사에 의해 비중 높게 광고 되었으며, Screw Driver, Bloody Mary, Gimlet 등이 큰 인기를 끌게 되었다.

1970년대 초기에는 Galliano라는 혼성주가 큰 인기를 끌었으며 그 이후에 다양한 원료들을 대상으로 많은 리큐르가 등장하게 되었으며, 이러한 새로운 술들이 개발될 때마다 항상 새롭고, 훌륭한 칵테일이 창작되어왔으며, 이것은 앞으로도 계속 될 것이다.

(2) 칵테일의 어원

칵테일의 어원에 관하여는 몇 가지 설이 있다. 그 중 몇 가지를 소개하면 다음과 같다.

첫 번째는 18세기 초 미국 남부의 군대와 아소로틀 8세가 이끄는 멕시코 군대 사이에 잦은 싸움이 일어났다. 그러다 양국간에 휴전협정을 갖는데 그 조인식이 멕시코 왕의 궁전에서 이루어졌다. 미국을 대표하는 장군과 멕시코 왕이 참석한 가운데 화기애애한 주연이 벌어졌을 때, 왕의 딸(공주)이 자신이 만든 술을 미국의 장군에게 권했다. 술맛을 본 장군은 그 맛에 놀라기도 했지만 그녀의 출중한 미모에 반하여 그녀의 이름을 물었다. 그녀는 수줍어하면서 "칵틸이에요"라고 대답했다. 그러자 장군은 즉석에서 많은 사람들에게 말했다.

"자, 지금 마시는 이술을 이제부터는 칵틸이라고 부르자!"하고 술잔을 들면서 외쳤다. 그래서 그때부터 칵틸이라고 부르게 된 것이 지금의 칵테일(Cocktail)로 부르게 되었다는 설이 있다.

두 번째는 미국의 독립전쟁 때의 일이다. 한 젊은 미망인이 웨스트체스터에 있는 버지니아 기병대의 군대 매점에서 근무하고 있었다. 어느 날 그녀는 미국을 싫어하는 아일랜드 사람의 정원에 몰래 들어가서 그 집의 자랑인 아름다운 수탉을 훔쳐와 미국 기병대 군인들을 대접했다. 이때 군인 한 사람이 그녀에게 혼합주를 주문했는데. 그녀는 여러 가지 술을 그릇에 담고 훔쳐온 닭에서 뽑은 꼬리로 술을 저었다. 이 맛있는 혼합주를 맛본 군인들이 잔을 들고 "콕스 테일!! 정말 멋진 술이군"하고 답변을 한데서 그 후로 섞어서 만든 혼합주를 사람들이 칵테일이라고 부르게 되었다는 설도 있다.

세 번째는 옛날 멕시코 유카탄 반도의 칸페체 항구에 영국의 배가 입항했다. 배에서 내린 선원들은 술을 마시기 위해서 술집을 찾았는데 어느 소년이 깨끗이 벗긴 나무 가지로 맛있어 보이는 혼합주를 만들어 사람들에게 주고 있었다. 영국인들은 당시 술을 스트레이트로만 마셨기 때문에 이상한 풍경으로 보였다. 이때 선원 한사람이 궁금해서 소년에게 그게 뭐냐고 물었으며, 이때 소년은 자신이 사용하고 있던 나무가지를 묻는 걸로 착각하고 '코라드 갈로(Cora de gallo)'라고 대답했다. 이 말은 스페인어로 '수탉의 꼬리'란 뜻이었으며 이 소년은 나뭇가지의 모양이 수탉의 꼬리와 닮아 그렇게 재치 있게 대답을 했던 것이다.

그런데 이 스페인어를 영어로 직역하면 '테일 오브 칵'이 된다. 그 후로 혼합주를 '테일 오브 칵' 이라고 부르게 되었고 그것이 다시 '칵테일'로 변하였다고 전해진다.

(3) 칵테일의 정의

칵테일(Cocktail)은 두 가지 이상의 알코올성 음료를 혼합하거나 알코올성 음료에다가 비알코올성 음료를 혼합하여 마시는 음료를 총칭하는 것으로 우리말로 직역하면 혼합주(Mixed Drink)를 뜻한다.

좁은 의미에서는 혼합의 과정에서 셰이커나 믹싱글라스를 사용하여 칵테일 글라스에 담아 마시는 Short 드링크를 의미한다.

칵테일의 종류는 주재료에 따라 다양하게 나누어지는데 조주에 있어 가장 기본이 되는 술을 Base라고 하며 위스키, 브랜디, 진, 보드카, 럼, 데킬라가 6대 기본주에 해당된다. 부재료에는 탄산음료, 주스, 향신료, 시럽 등과 Garnish로 과일들이 사용되고 있는데 기본주와 부재료들을 어떻게 혼합하고 가니쉬의 조화를 이루느냐에 따라 다양한 종류의 칵테일로 불리어지게 된다.

(4) 칵테일의 분류

1) 칵테일의 조주상의 분류

① 칵테일(Cocktail)

증류주를 기주로 하여 배합하였으며 대부분의 숏 드링크에 해당이 되며 대표적으로 마티니, 맨하탄 등이 있다.

② 하이볼(High-Ball)

하이볼 글라스에 베이스로 증류주를 넣고 얼음과 청량음료와 주스, 토닉워터 등을 넣어 혼합한 것으로 진토닉(Gin Tonic), 위스키 콕(Whisky Coke), 위스키 소다(Whisky Soda) 등이 대표적이다.

③ 피즈(Fizz)

진 또는 리큐르를 베이스로, 레몬주스, 설탕, 소다수를 혼합하고 과일을 장식한 것으로 명칭은 탄산음료를 따를 때, 피-하는 의성어에서 따왔다고 하며 대표적인 칵테일로는 카카오 피즈(Cacao Fizz), 슬로진 피즈(Sloe Gin Fizz), 골든 피즈(Golden Fizz) 등이 있다.

④ 사워(Sour)

신맛이라는 뜻으로 증류주에 레몬 주스와 설탕을 넣어 만든 것으로 레몬 즙을 많이 넣어 신맛이 강한 칵테일이다. 위스키 사워(Whisky Sour), 브랜디 사워(Brandy Sour) 등이 있다.

⑤ **펀치(Punch)**

주로 파티 행사를 위한 음료로 펀치볼에 과일, 주스, 설탕, 기본주 등을 혼합하여 큰 얼음을 띄워 여러 사람이 떠서 마시는 음료이다. 주로 지역이나 계절의 특성을 이용하여 만든다.

⑥ **리키(Ricky)**

여름에 마시는 것으로 증류주에다 보통 라임주스와 소다수를 쓰지만 대용으로 레몬을 쓰는 경우도 있다. 설탕을 사용하지 않는 것이 원칙이다. 대표 음료로는 진 리키(Gin Rickey), 스카치 리키(Scotch Rickey), 럼 리키(Rum Rickey) 등이 있다.

⑦ **슬링(Sling)**

독일어의 마신다는 말에서 온 말로 증류주에다 레몬주스와 설탕을 넣고 소다수를 사용 하여 시원하게 만든 음료로 싱가폴 슬링(Singapore Sling), 진 슬링(Gin Sling)이 대표적이다.

⑧ **토디(Toddy)**

하이볼이나 올드패션드 글라스에 증류주에다 당분, 향료, 뜨거운 물을 이용해 만드는데 영국에선 전통적으로 내려오는 음료로 추위로부터 몸을 보호하기 위한 핫 드링크의 칵테일이다.

⑨ **데이지(Daisie)**

증류주에 레몬주스, 그레나딘 시럽 등을 첨가하는데 고블렛에 얼음가루를 넣고 탄산수로 채우고 계절과일로 장식한다. 위스키 데이지(Whisky Daisie), 럼 데이지(Rum Daisie) 등이 대표적이다.

⑩ **프라페(Frappe)**

칵테일 글라스나 샴페인 글라스에 가루얼음을 가득 채워서 리큐르 종류를 채워서 Straw를 두 개 꽂아서 제공하는 형태의 칵테일을 말한다.

⑪ **에그노그(Eggnog)**

계란을 사용한 음료로서 미국에서는 크리스마스 때 널리 애음되는데 증류주에 우유나 설탕, 계란을 넣어 만든 것으로 영양가가 높다. 브랜디 에그노그(Brandy Eggnog)가 있다.

⑫ **칼린스(Collins)**

영국에서 시작된 음료로 Tom Collins의 이름에서 따온 것으로 초대된 손님에게 예의를 뜻하는 롱드링크(Long drinks)이다. 레몬주스, 설탕, 탄산수, 레몬 및 체리장식을 사용한다.

⑬ **쿨러(Cooler)**

차갑고 청량감을 주는 의미로 갈증해소 음료로 쓰이는 롱드링크(Long Drinks)를 말하며 칼린스와 유사한 음료로 증류주나 와인에 소다수, 진저엘 등 여러 가지 탄산음료를 사용한다.

⑭ **크러스터(Crusta)**

브랜디를 기본 베이스로 하는데 보통 중형 와인글라스에 설탕을 프로스트 한 다음 레몬주스, 비터스, 설탕 등을 혼합해서 레몬껍질을 벗겨 장식한다.

⑮ **줄렙(Julep)**

은제 튤립글라스에 가루얼음을 채워서 글라스 표면까지 차게 한 후 증류주에 감미를 넣고 박하 향을 첨가한 다음 과일로 장식한다.

⑯ **에이드(Ade)**

과일즙에 설탕, 물을 혼합한 것으로 알코올이 없으며 레몬에이드(Lemonade)가 대표적이다.

⑰ **스트레이트 업(Straight Up)**

아무 것도 혼합하지 않고 술을 그대로 마시는 것

⑱ 온 더 락스(On the Rocks)

얼음만 넣고 그 위에 술을 따른 것

⑲ 푸스카페(Pousse Cafe)

술의 비중을 이용하여 리큐르, 증류주, 시럽 등을 층층이 쌓아서 만드는 것으로 섞이지 않도록 띄운 칵테일로 레인보우(Rainbow), 푸스카페(Pousse Cafe) 등이 있다.

⑳ 트로피칼 칵테일(Tropical Cocktail)

열대성 칵테일로 럼, 과일즙, 과일, 시럽 등을 이용하여 달콤하고 시원하며, 장식을 많이 하여 화려한 롱 드링크로 대표적인 칵테일로는 피나콜라다, 마이타이 등이 있다.

㉑ 스쿼시(Squash)

과일즙을 내서 설탕, 소다수를 혼합한 알코올성이 없는 칵테일로 에이드(Ade)와 달리 톡 쏘는 탄산 맛이 들어있다.

㉒ 플립(Flip)

와인이나 증류주에 달걀, 향료, 설탕 등을 넣고 넛멕을 뿌린다. 조주법은 에그노그(Eggnog)와 비슷하나 플립의 경우 우유를 사용하지 않는다.

㉓ 미스트(Mist)

프라페와 유사하나 콩알얼음(Crushed ice)을 사용하고 증류주 첨가

㉔ 스매시(Smash)

브랜디 등에 박하, 설탕, 얼음을 넣은 음료

㉕ 생거리(Sangaree)

포도주에 물을 타고 향료를 가미한 음료

㉖ 스위즐(Swizzle)

술에 라임주스를 혼합하여 가루얼음과 함께 시원하게 제공

㉗ 프로즌 스타일(Frozen Style)

기본 베이스를 눈가루 얼음과 함께 믹서기로 혼합하여 샤벳 상태로 만든 칵테일이다. 과일의 향미를 첨가한 Frozen Strawberry, Daiquiri, Frozen Peach Daiquiri가 대표적이다.

㉘ 스노우 스타일(Snow Style)

글라스 가장자리에 레몬즙을 발라, 소금이나 설탕을 묻히는 스타일로 Rimmed with Salt 또는 Rimmed with Sugar 라 표현하기도 한다. 마가리타, 블러디 메리, 키스 오브 파이어 등이 있다.

㉙ 벅(Buck)

각종 증류주에 레몬주스와 진저엘을 첨가하여 만드는 것이 일반적인 제법이다. 톡 쏘는 맛이 강렬한 느낌이 주는 음료라는 뜻에서 이름이 지어진 것으로 진, 브랜디, 럼, 벅 등이 대표적이다.

㉚ 하프 앤 하프(Half and Half)

두 종류의 알코올성 음료와 비알코올성 음료를 반반씩 섞는 것을 말하는데, 샌디는 맥주와 진저엘을 영국에서는 흑맥주와 담색맥주를 반반씩 섞는 것을 말한다.

2) 용량에 의한 분류

① 숏 드링크(Short Drink)

용량이 적은 6oz(180ml) 미만의 글라스에 제공되는 음료를 지칭하는데 주로 스템드 글라스(Stemed Glass)에 제공된다.

② 롱 드링크(Long Drink)

용량이 많은 8oz(240ml) 이상의 칵테일 글라스에 제공되는 칵테일을 말하는 것으로

넓은 의미의 칵테일에 해당된다.

비교적 천천히 시간을 갖고 마실 수 있는 피즈(Fizz), 칼린스(Collins) 등이 이에 속하며 키가 큰 글라스(Tall Glass)에 얼음을 넣어 만든다.

3) 용도에 따른 분류

① 식전 칵테일(Aperitif Cocktail)

아페리티프는 식욕을 증진시키기 위해 식전에 마시는 것으로 마티니(Martini)와 맨하탄(Manhattan) 칵테일이 대표적이다. 현재는 와인이나 증류주 등 여러 종류의 칵테일이 아페리티프로서 이용되고 있으나 일반적으로 단맛이 없는 것이 특징이다. 또한 비포 디너 칵테일(Before Dinner Cocktail)이라고도 하는데 문자 그대로 정찬 전에 마시는 칵테일로서 단순히 식욕을 돋우는 것뿐 아니라 식사의 전주라는 의미가 포함된 것이다.

② 클럽 칵테일(Club Cocktails)

정찬의 코스에서 애피타이저나 스프대신으로 내는 우아하고 자양분이 많은 칵테일로서 식사와 조화를 이루고 자극성이 강한 것이 특징이다. 대표적으로는 Clover Club, Royal Clover 등이 있다.

③ 식후 칵테일(After Dinner Cocktail)

식후에 소화를 돕기 위하여 마시는 칵테일로서 프랑스에서는 다이제스티프(Digestif)라고도 한다. 식후에 입가심이나 소화의 촉진을 위해서 마시는 것으로 대부분이 달콤하게 만들어진 것이 많다.

주재료는 브랜디나 리큐르를 사용한 칵테일로서 브랜디 알렉산더(Brandy Alexander), 그라스 하퍼(Grass Hopper) 등이 대표적이다.

④ 올데이 타입 칵테일(All day Type Cocktail)

식사와는 구분 없이 별도로 마실 때에는 알맞은 칵테일로, 신맛이나 단맛이 함유된 칵테일이 주류를 이루고 있다. 그러나 밤늦게 마실 때에는 비교적 알코올 도수가 강하고 쓴맛의 드라이 타입(Dry Type)이 어울리며 취침 전에는 숙면할 수 있도록 브랜디 베이스의 농도가 짙은 칵테일이나 계란을 사용한 칵테일 등이 적당하다.

(5) 알코올 도수 표시방법

알코올 농도는 섭씨 15℃일 때의 용량 백분율(percentage)에 함유하는 에틸알코올의 용량(Alcohol Percentage by Volume)을 말한다. 즉, 술 100ml에 함유되어 있는 알코올의 양(ml)이 얼마인지를 나타내는 것이다. 알코올 12%라는 것은 술 100ml에 알코올이 12ml가 들어 있다는 것이다. 이러한 알코올 농도를 표시하는 방법은 나라마다 그 방법을 달리하나 현재 일반적으로 전 세계의 술에 표시되고 있는 알코올 농도는 프루프(Proof)와 프랑스의 게이 뤼삭(Gay Lussac)이 고안한 용량분률(Percent by Volume)을 사용하고 있다.

1) 영국의 도수 표시 방법

영국의 도수 표시는 사이크(Syke)가 고안한 알코올 비중계에 의한 사이크 프루프(Syke Proof)로 표시한다. 이것은 50°F에 있어서 같은 용량의 증류수의 12/13의 중량을 가진 스피리트를 알코올 함유 음료의 표준강도라고 하며, 이것을 한국 도수로 계산하면 57.1%가 된다. 이 스피리트를 100으로 해서 물이 0일 때 순수 에틸알코올을 175등분하여 100을 초과한 것은 오버 프루프(Over Proof : O.P)라고 하고, 100을 초과하지 않은 것은 언더 프루프(Under Proof : U.P)라고 한다. 그러나 이 방법은 다른 나라에 비해 대단히 복잡해서 최근에는 수출품목 상표에 영국식 도수를 표시하지 않고 미국식 프루프를 사용하고 있다.

2) 미국의 도수 표시 방법

미국의 술은 강도표시를 프루프(Proof)단위로 사용하고 있다. 60°F(15.6℃)에 있어서의 물을 0으로 하고 순수 에틸알코올을 200 프루프로 하고 있다. 이것은 주정도를 2배로 한 숫자로 100 프루프는 주정도 50%라는 의미이다. 현재 한국의 도수에 2배가 미국의 프루프이다. 그러므로 1프루프는 한국의 0.5도가 된다.

3) 독일의 도수 표시 방법

독일은 중량비율(Percent by Weight)을 사용한다. 100g의 액체 중 몇 g의 순에틸알코올이 함유되어 있는가를 표시한다. 술 100g 중에 에틸알코올 40g이 들어 있으면 40%의 술이라고 표시한다.

4) 우리나라의 도수 표시 방법

우리나라 주세법에서는 술 100g 중 에틸알코올 40g이 들어 있으면 40%하는 것을 착안하여 % 대신 '도'라 한다. 즉, 스피리트가 완전히 에틸알코올일 때를 100으로 하여 이것을 100등분으로 표시한 것이다. 이것은 프랑스의 게이 뤼삭이 고안한 방법을 사용한 것이며 게이 뤼삭(Gay Lussac : G.L)이라고 표기하기도 한다.

5) 칵테일의 알코올 도수 계산법

일반적으로 칵테일은 여러 가지의 술을 섞기 때문에 알코올 도수가 강한 것으로 생각하기 쉬우나 주정도 또는 알코올 함유의 강약에 의해서 달라질 수 있다. 칵테일은 품미와 미각을 현혹하고 차게 해서 마시기도 하기 때문에 입맛을 돋우기 쉽다. 칵테일은 맛의 감도와 주정도의 강약이 바로 기분을 좌우할 있고 색의 조화가 맛을 좌우하기도 한다. 그러나 칵테일의 경우 종종 얼음이 들어가서 본래의 알코올 보다는 농도가 낮아지는 경우가 있다. 따라서 칵테일의 주정도 산출방식은 일반 주정도와는 다르다.

칵테일의 알코올 도수 = {(재료 알코올 도수 × 사용량) + (재료 알코올 도수 × 사용량) + ...} / 총 사용량

예를 들면, 진토닉(Gin Tonic)의 경우,

드라이 진(Dry Gin) 1과 1/2 온스(45ml : 40%)와 토닉 워터(Tonic Water) 4와 1/2 온스(135ml : 0%)를 사용할 경우, {(40 × 45) + (0 × 135)} / (45 + 135) = 10% 이다. 따라서 진토닉의 알코올 도수는 10도가 된다. 우리나라에서 흔히 마시는 폭탄주의 경우 40도의 위스키 1 온스(30ml)와 4도의 맥주 10 온스(300ml)로 폭탄주를 만들 경우, {(40 × 30) + (4 × 300)} / (30 + 300) = 7.2%, 즉 7.2도의 폭탄주가 되는 것이다.

그러나, 칵테일을 만들 때 쉐이크법이나 스터법으로 만들게 되면 얼음이 녹는 양인

10ml 정도를 칵테일 재료의 총량에 더하여 도수를 측정하게 된다. 예를 들어, 40도의 브랜디 1 온스(30ml)와 40도의 트리플 섹(Triple sec) 1/2 온스(15ml), 그리고 0도의 레몬(Lemon) 즙 1/2 온스(15ml)를 섞을 경우 {(40 × 30) + (40 × 15) + (0 × 15)} / {30 + 15 + 15 +10(얼음 녹는 양)} = (1200 + 600 + 0) / 70 = 21.71도가 된다. 따라서 칵테일 조주법에 따라 알코올 도수를 계산할 경우는 얼음의 녹는 양을 계산하여야 한다.

2. 칵테일의 부재료

(1) 탄산음료(Carbonated Drink)류

탄산가스가 든 발포성의 투명 음료로서 롱 드링크에 많이 사용된다. 맛과 향기가 있는 것과 없는 것으로 나누어지는데, 모두 냉각시켜 사용하는 것이 포인트이다.

① 소다수(Soda Water)

탄산가스와 무기염류가 함유된 탄산수로 천연 광천수와 인공적으로 가공하여 만든 소다수 2가지가 종류가 있다. 소다수는 감촉이 부드럽고 거품이 일어나며 가스의 지속성이 있는 것이 좋다. 소화제로 마시기도 하며 위스키와 배합되는 칵테일을 조수할 때 많이 사용된다.

Carbonate Water 혹은 Club Soda 또는 Sparkling Water 라고 불리기도 한다.

② 토닉워터(Tonic Water)

영국에서 만들어진 무색투명한 강장제 청량음료로 키니네(Quinine)와 오렌지, 레몬, 라임 등을 주원료로 하여 당분을 첨가한 것으로 식욕부진과 원기회복을 위한 진토닉을 만들 때 이용된다.

③ 진저엘(Ginger Ale)

생강과 설탕, 구연산을 원료로 만든 청량음료로 머리를 맑게 해주고, 소화제로 효과가 있는 건강음료이며, 카러멜색소를 사용하여 연한 황색이다. 엘이란 원래 맥주의 일종인 음료를 말하지만, 진저엘에는 알코올 성분이 함유되어 있지 않다.

④ **사이다(Cider)**

일본, 한국에서는 구연산과 설탕을 원료로 하여 만든 맑은 일반 청량음료로 알려져 있지만 유럽과 미국에서는 사과를 발효해서 만든 것으로 두 종류가 있다. Sweet Cider는 사과를 생즙으로 만든 일반 청량음료로 판매되고 있으며 Hard Cider는 알코올 성분이 들어있는 발효주이다.

⑤ **콜라(Cola)**

열대지방에서 많이 재배되는 콜라열매의 쓴맛과 떫은맛을 제거시키고 오렌지와 레몬 이외 수종의 향신료를 배합하여 탄산가스를 주입하여 만든 카페인이 많은 청량음료로 제조회사에 따라 약간의 차이가 있다. 럼과 버번 위스키와 조화를 잘 이룬다.

⑥ **카린스 믹서(Collins Mixer)**

일반적인 소다수에 레몬, 라임, 설탕, 탄산가스를 혼합한 음료로서 대부분의 알코올성 음료와 잘 어울리며, 칵테일 조주 시 High-ball음료에 많이 사용된다.

(2) 주스(Juice)류

과즙을 사용하고, 알코올 성분은 함유되어 있지 않은 음료. 일반적으로 주스란 천연 100%인 것을 지칭하며, 50% 이상 100% 미만인 것은 과즙 음료라 부른다. 칵테일에는 만들 때마다 과일을 짜서 쓰는 신선한 주스가 가장 적당하지만, 당분이 첨가되어 있지 않은 과즙 100%의 주스로 대신할 수 있다. 대표적으로 라임주스, 오렌지주스, 파인애플주스, 그레이프주스, 토마토주스, 딸기주스 등이 있다.

(3) 유제품(Dairy Products)류

칵테일에 감칠맛을 내게 하거나 맛을 부드럽게 하기 위해 사용하는 것이 우유와 크림이다. 신선도가 가장 중요하다.

1) 우유(Milk)

유지방분이 많은 것이라야 감칠맛이 있다. 로우팻(Low-fat) 우유나 첨가물이 든 우유는 칵테일용으로는 적당하지 않다.

2) 크림(Cream)

우유에서 유지방분 이외의 성분을 제거한 생크림을 말하며, 우리나라에서는 유지방분 18% 이상인 것을 지칭한다.

① Heavy Cream

유지방분 45% 전후인 것으로 예전에는 Cream Cocktail 종류를 만들 때 농도가 진한 크림을 사용하였으나 현재는 요리에만 사용하고 칵테일에는 사용하지 않는다.

② Light Cream

유지방분 18~15%인 것으로 칵테일을 만들 때 많이 사용하며 생크림과 우유를 절반씩 섞어서 사용하면 된다.

(4) 시럽(Syrup)류

시럽 종류는 칵테일을 만들 때 많이 사용하는데, 특히 Tropical Drinks 종류와 비알코올 Punch 종류를 만들 때 좋은 재료가 된다.

여러 가지 과일에 맛과 향을 내는 시럽 종류는 제조회사에 따라 약간의 차이는 있으나 농도가 진하여 주스나 청량음료 등을 섞어 희석하여 사용하는데 12oz Glass의 분량을 만드는데 1oz만 사용하여도 충분한 맛과 향이 난다.

① **설탕 시럽**(Sugar Syrup)

백설탕을 물에 녹인 것으로 설탕과 물의 비율은 2 : 1로 녹여서 병에 담아 냉장고에 보관 사용한다.

② **그레나딘 시럽**(Grenadine Syrup)

칵테일의 맛과 향과 색을 내는데 제일 많이 사용된다. 예전에는 석류를 원료로 하여 만들었으나 현재는 인공적으로 많이 만든다.

③ **아몬드 시럽**(Almond Syrup)

단맛에 아몬드의 맛과 향이 강하게 나는 시럽이다.

(5) 허브와 스파이스(Herb & Spice)류

독특한 향기를 가지고 있어, 칵테일에 풍미를 더하거나 술의 냄새를 억제할 때 사용한다. 그 중에는 약용효과가 있어, 식욕증진이나 소화제 역할을 하는 것도 있다. 향기가 생명이므로 향기가 날아가 버리거나 습기가 스며들지 않게 보관하는 것이 요령이다. 아래 소개되지 않은 제품 외에 소금과 설탕 등은 칵테일 조주 시에 많이 사용되고 있다.

① **민트**(Mint)

우리나라에서는 박하로 알려진 식물로, 청량감 있는 멘톨 향기가 특징이다.

② **시나몬**(Cinnamon)

방향성 향기와 신맛을 가지고 있으며, 알코올의 강한 냄새를 부드럽게 해준다.

③ **클로브**(Clove)

전향나무를 말하는데 덥게 하면 달콤한 향기가 나며 핫 드링크에 주로 사용되며 알코올의 강한 냄새를 억제시키는 역할을 한다.

④ **넛멕**(Nut meg)

우리말로는 육두구라 불리는데 달콤한 자극성 향내가 나며 계란이나 크림의 비린내를 제거한다. 칵테일에는 주로 파우더 타입을 사용한다.

⑤ **페퍼**(Pepper)

후추로 쓴맛과 자극적인 향기를 갖고 있다. 칵테일에는 주로 파우더 타입의 하얀색의 후추를 사용한다.

⑥ **타바스코**(Tabasco)

매우면서도 상당히 시고 쓴맛을 가지고 있는데, 토마토 주스를 사용하는 칵테일에 쓴다.

(6) 비터스(Bitters)류

여러 가지 약초와 과실로 만든 술로 쓴맛이 강하며 해열, 강장, 식욕촉진의 기능을 가지고 있다. 대표적인 제품에는 베네수엘라 산의 앙고스투라 비터(Angostura Bitter)와 영국산인 오렌지 비터(Orange Bitter) 등이 있다.

(7) 버무스(Vermouth)류

여러 가지 약초, 색소, 감미재 등을 첨가하여 만든 독특한 맛과 향을 지닌 혼성와인으로 무색의 드라이 버무스와 붉은색의 스위트 버무스가 있다.

(8) 얼음(Ice)류

칵테일에 사용하는 얼음은 딱딱하고 투명도가 높아야 한다. 속에 기포가 들어 있거나 투명도가 낮은 얼음은 공기가 섞이고 부드럽지 못한 것을 의미한다. 주로 미네럴 워터를 사용하거나 수돗물의 경우 3분정도 끓여 냄새를 제거한 것을 얼려서 사용하는 것이 바람직하다.

용도에 따라 알맞은 크기와 모양의 얼음을 선택한다.

① Block Ice

덩어리 얼음으로 Party Punch를 만들 때 큰 Bowl 안에 넣어서 만든다.

② Cracked Ice

얼음 덩어리를 직경 3~4cm의 크기로 자른 것. 큰 덩어리 얼음을 하이볼 글라스나 셰이커에 넣기 좋을 정도의 크기로 깬 얼음.

③ Cube Ice

하이볼 글라스나 셰이커에 사용하기 편하도록 만든 각각 3cm 정도의 입방체 얼음으로 보통 Cocktail Ice라고도 한다.

④ Crushed Ice

Cube Ice를 잘게 부순 입자 모양의 얼음 보통은 Ice Crusher를 사용하여 만들지만 이것이 없으면 행주 등으로 싸서 딱딱한 것으로 두드려 만든다. 전기 Blender로 칵테일을 만들 때 주로 사용한다.

⑤ Shaved Ice

눈처럼 고운 얼음으로 마치 빙수를 만드는 얼음과 같으며 빙수나 프라페 종류를 만들 때 많이 사용한다.

3. 칵테일의 조주법

(1) Shake 기법

칵테일을 만드는 방법 중 가장 기본이 되는 방법으로 셰이커를 사용하여 비교적 비중이 무거워 혼합하기 어려운 재료를 빨리 섞거나 아주 차게 할 때 쓰이는 방법이다. 주로 리큐르, 계란, 크림 등의 재료가 첨가될 때 사용한다. 셰이커에 얼음을 약 7부 정도 넣고 주재료와 부재료를 차례대로 넣어 흔든다. 이때 셰이커(Cap, Strainer, Body)의 결합이 제대로 되어 있는지 반드시 확인하고 손님을 중심으로 30도 정도 좌측으로 기울여 상, 하로 가볍게 흔든다. 보통 15~20회 정도가 적당하며 계란이나 크림이 첨가되었을 경우는 세게 25~30회 정도 흔들어 주면 적당하다. 과도하게 흔들게 되면 얼음이 너무 녹아 술의 농도를 떨어뜨리게 되니 주의하여야 한다.

(2) Stir 기법

믹싱 글라스를 사용하여 비교적 혼합하기 쉬운 술끼리 섞으면서 냉각시키거나, 칵테일에 투명감을 주게 할 때 사용하는 방법이다. 믹싱글라스에 얼음을 7부 정도로 채우고 주재료와 부재료를 넣어서 바스푼으로 가볍게 저어 만드는 기법으로 스트레이너를 사용하여 얼음을 거른 뒤 제공될 글라스에 옮겨 담아 제공된다. 탄산이 함유된 음료는 너무 휘젓지 않도록 한다. 재료의 비중이 가벼운 칵테일에 사용되며 대표적인 칵테일로는 마티니와 맨해튼(Manhatten)이 있다.

(3) Build 기법

칵테일 만드는 방법 중 가장 간단한 방법으로 어떤 기구를 사용하지 않고 손님에게 제공될 글라스에 적정량의 얼음과 주재료, 부재료를 순서대로 넣고 바스푼으로 저어서 만드는 방법이다.

(4) Blend 기법

믹서를 사용하여 만드는 방법으로 잘 섞이지 않는 재료를 사용하거나 프로즌 타입이나 과일을 사용하여 만드는 트로피칼 칵테일을 만들 때 사용된다. 대부분 샤벳 형태의 칵테일에 많이 사용되는데 믹서에 과일을 넣고 적정량의 얼음을 넣은 뒤 주재료와 부재료을 첨가하여 믹서캡을 잘 닫은 다음 고속으로 회전시켜 완성한다.

(5) Float 기법

비중이 서로 다른 술을 색깔별로 층층이 쌓아서 만드는 방법을 말하는데 바스푼을 뒤집어 글라스 안쪽에 대고 지거에 따른 재료들을 서로 섞이지 않게 천천히 조심해서 쌓아야 한다. 이 기법을 이용하여 만든 대표적 칵테일로는 레인보우가 있다.

4. 칵테일의 장식

맛도 중요하지만 눈에 아름답게 띄는 것도 칵테일의 중요한 요소 중 하나이다. 주로 장식에 사용되는 재료들은 체리, 올리브, 파인애플, 오렌지, 레몬껍질 등인데 칵테일의 성격에 맞게 적절히 장식한다. 일반적으로 장식하는 방법은 다음과 같다.

1

① 오렌지나 레몬을 빗등처럼 굽은 모양으로 자르고 체리와 곁들인다.

2

② 레몬이나 오렌지를 둥글게 자른 뒤 반을 잘라 글라스 언저리에 걸친다.

3

③ 레몬 껍질을 사과 껍질같이 돌려 깎아 글라스에 걸어 넣는다.

4

④ 칵테일 글라스나 샴페인 글라스를 레몬즙으로 적시고 글라스 언저리에 설탕을 칠한 스노 스타일.

5

⑤ 글라스 위에 두껍게 썬 레몬 슬라이스를 올려놓고, 그 위에 설탕을 끼얹는다.

⑥ 체리를 과일꽂이나 스틱의 중앙까지 집어넣고 글라스 위에 얹는다.

⑦ 파인애플은 통조림으로 된 슬라이스를 사용한다.

⑧ 체리나 올리브를 장식할 경우는 과일꽂이를 꽂는다.

제 9 장
조주기능사 칵테일 실습

제 9 장 조주기능사 칵테일 실습

1. Manhattan

'칵테일의 여왕'이라고도 불리는 이 칵테일은 제19대 미국대통령선거 때 윈스턴 처칠의 어머니가 맨해튼클럽에서 파티를 열었는데, 그 때 처음 선보였다고 한다.

조주법	Stir
글라스	Cocktail Glass
가니쉬	Cherry
재 료	Bourbon Whisky 1 1/2oz Sweet Vermouth 3/4oz Angostura Bitters 1dash

2. Dry Martini

마티니라는 이름은 베르무트를 생산하는 회사인 이탈리아의 '마티니 앤 로시(Martini & Rossi)'의 이름에서 유래되었다. 진과 베르무트의 배합 비율에 따라 맛이 달라진다. 드라이 진과 드라이 베르무트를 3 : 1로 배합하는 것을 기본으로 한다. 얼음을 넣어 온더락스로 할 수도 있다.

조주법	Stir
글라스	Cocktail Glass
가니쉬	Green Olive
재료	Dry Gin 2oz Dry Vermouth 1/3oz

3. Old Fashioned

올드 패션드는 미국 켄터키주 루이스빌레(Louisville, Kentucky)에 있는 펜데니스 클럽(Pendennis Club)의 바텐더가 펜데니스 클럽에 모인 경마 팬을 위해 만든 칵테일이라고 한다. 처음에는 버번 위스키, 비터, 시럽, 물을 더해 만들었으며, 그 당시 유행했던 토디와 그 맛과 형태가 닮은 데에서 '고풍스러운'이라는 뜻의 올드 패션드라 이름을 지었다.

위스키를 베이스로 하여 남성적인 이미지가 강한 칵테일로, 처음 마셨을 때 아메리칸 위스키의 바닐라 향과 비터의 쓴맛을 느낄 수 있다. 시간이 지날수록 설탕이 용해되면서 다양한 맛을 즐길 수 있는 매력적인 칵테일이다.

조주법	Build
글라스	Old-fashioned Glass
가니쉬	A Slice of Orange and Cherry
재료	Bourbon Whiskey 1 1/2oz Cubed Sugar 1ea Angostura Bitters 1dash Soda Water 1/2oz

4. Brandy Alexander

이 칵테일은 1863년 영국의 국왕 에드워드 7세와 덴마크 왕국의 장녀 알렉산드라와의 결혼을 기념해 바쳐진 술이라 하여 '브랜디 알렉산더'라는 이름을 갖게 됐다는 설이 있다.

잭 레먼이 주연한 영화 〈술과 장미의 나날(Day of Wine and Roses)〉에서 술을 전혀 마실 줄 모르는 아내에게 남편이 알렉산더를 권하면서 두 사람은 알코올 중독자가 된다. 영화에서처럼 누구든 쉽게 알코올 중독자로 만들 수 있는 칵테일로, '중독이 되는 술'이라고도 한다. 브랜디 알렉산더는 브랜디의 독함보다는 카카오와 우유의 부드러운 맛이 여성들에게 쉽게 다가가는 칵테일이다.

조주법	Shake
글라스	Cocktail Glass
가니쉬	Nutmeg Powder
재 료	Brandy 3/4oz Crème De Cacao(Brown) 3/4oz Light Milk 3/4oz

5. Bloody Mary

보드카와 토마토 주스를 넣은 칵테일로, 흔히 해장술이라고 불리기도 한다. '피의 메리'라는 무서운 이름을 가지고 있는 이 칵테일은, 16세기 중반에 잉글랜드 여왕 메리 튜더(Mary Tudor, 1516~1558)로부터 유래했다는 설이 가장 유력하다. 가톨릭교를 부활시키고 신교도를 박해한 것으로 유명한 메리 여왕은, 무자비한 신교도 박해로 인해 '피의 메리'라고 불렸다.

조주법	Build
글라스	Highball Glass
가니쉬	A Slice of Lemon or Celery
재 료	Vodka 1 1/2oz Worcestershire Sauce 1tsp Tabasco Sauce 1dash Pinch of Salt and Pepper Fill with Tomato Juice

6. Black Russian

공산주의의 맹주였던 구소련이 암흑의 세계로서 철의 장벽으로 막혀 있던 시절, 아무도 항거할 수 없었던 KGB(구소련 비밀경찰)의 횡포에 저항하겠다는 의미가 담긴 칵테일이기도 하다. 블랙 러시안이라는 이름은 러시아를 대표하는 보드카를 사용한다는 것과 색이 검정인 것에서 유래하였다. 커피 리큐르의 단맛이 독한 보드카를 부드럽게 하여, 알코올 함량이 높은데도 불구하고 감칠맛이 좋은 인상적인 칵테일이다. 우유를 넣게 되면 화이트 러시안이 된다.

조주법	Build
글라스	Old-fashioned Glass
가니쉬	없음
재 료	Vodka 1oz, Coffee Liqueur 1/2oz

7. Singapore Sling

영국의 소설가 서머싯 몸이 '동양의 신비'라고 극찬했던 칵테일로 싱가포르 래플스(Raffles) 호텔에서 고안하였는데, 저녁 노을을 표현하였다고 한다. 연한 주홍빛이 나는 아름다운 색배합과 새콤달콤한 맛으로 인해 여성에게 인기가 높다. 특유의 화려한 과일 장식을 보면서 마시는 것도 즐겁다.

조주법	Shake/Build
글라스	Footed Pilsner Glass
가니쉬	A Slice of Orange and Cherry
재 료	Dry Gin 1 1/2oz Lemon Juice 1/2oz Powdered Sugar 1tsp Fill with Club Soda On Top with Cherry Flavored Brandy 1/2oz

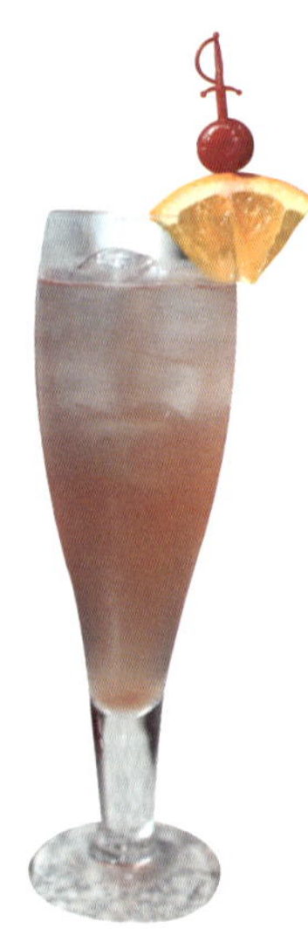

8. Margarita

1949년 로스앤젤레스의 바텐더 존 듀레서가 고안한 것으로, 사냥을 갔다가 총기 오발 사고로 죽은 그의 젊은 시절 연인의 이름을 붙여 만든 칵테일이라는 설이 있으며, 또 하나 전해지는 설로는, 갈시 크레스포(Garci Crespo) 호텔의 지배인이 어떤 음료든지 소금을 넣어 마시는 것을 좋아했던 여자친구를 위해서 잔에 소금을 묻힌 칵테일을 고안하여 그 여자친구의 이름을 붙였다는 이야기도 있다.

조주법	Shake
글라스	Cocktail Glass
가니쉬	Rimming with Salt
재 료	Tequila 1 1/2oz Triple Sec 1/2oz Lime Juice 1/2oz

9. Rusty Nail

'녹슨 못(Rusty Nail)' 또는 영국의 속어로 '고풍스러운'이라는 뜻을 가지고 있다. 하지만 뜻과는 달리 영국 신사들이 즐겨 마시는 칵테일이기도 하다.

드람브이는 벌꿀, 허브를 첨가하여 위스키로 만든 리큐르 중 가장 역사가 깊다.

조주법	Build
글라스	Old-fashioned Glass
가니쉬	없음
재 료	Scotch Whisky 1oz Drambuie 1/2oz

10. Whiskey Sour

사워란 신맛이 난다는 뜻인데, 이 위스키 사워는 위스키에 레몬주스의 신맛과 단맛을 첨가하여 만든 대표적인 사워 칵테일로 단맛을 억제하고 비교적 씁쓸한 맛을 내는 것이 특징이다.

단맛이 강한 리큐르 외에 어떤 것이든 알코올 함량이 높은 술을 베이스로 사용하는데 위스키 대신 진을 사용하면 진 사워(Gin Sour), 브랜디를 사용하면 브랜디 사워(Brandy Sour)가 된다.

조주법	Shake/Build
글라스	Sour Glass
가니쉬	Glass a Slice of Lemon and Cherry
재료	Bourbon Whiskey 1 1/2oz Lemon Juice 1/2oz Powdered Sugar 1tsp On Top with Soda Water 1oz

11. New York

미국의 뉴욕에 해가 떠오르는 모습을 연상하게 하는 화려한 색채와 자극적이지 않은 맛으로 전 세계인들로부터 사랑을 받고 있다. 베이스가 되는 위스키는 미국에서 생산된 아메리칸 또는 버번을 사용한다. 가장 나중에는 오렌지를 짜 넣어 상큼함을 더한다.

조주법	Shake
글라스	Cocktail Glass
가니쉬	Twist of Lemon peel
재료	Bourbon Whiskey 1 1/2oz Lemon Juice 1/2oz Powdered Sugar 1tsp Grenadine Syrup 1/2tsp

12. Harvey Wallbanger

캘리포니아의 서퍼였던 하비가 경기에서 지고 마음을 달래기 위해 마신 칵테일이라고 한다. 이 칵테일을 마시고 취해서 벽에 부딪히며 돌아가는 그를 가르켜 사람들이 '벽에 부딪히는 하비'라고 부른 것이 이름의 유래가 되었다. 스크루 드라이버에 갈리아노(Galliano, 약초 · 향초 리큐르)를 첨가한 칵테일인데, 갈리아노는 가장 나중에 플로팅한다.

조주법	Build/Float
글라스	Collins Glass
가니쉬	없음
재　료	Vodka 1 1/2oz Fill with Orange Juice Galliano 1/2oz
조주법	Shake

13. Daiquiri

다이퀴리는 쿠바의 신차고 교외에 있는 광산의 이름으로, 광산에 근무하는 제닝스 콕스라는 사람이 그를 찾아오는 친구들을 대접하려고 만든 것이 그 시초가 되었다고 할 수 있다. 프로즌 다이키리는 헤밍웨이의 애음 칵테일로 10년의 슬럼프에서 헤밍웨이를 구해 그 유명한 『노인과 바다』를 쓰게 했으며 이는 퓰리처상, 노벨 문학상을 수상하는 부활의 계기가 되기도 했다. 프로즌으로 했을 경우 설탕을 조금 더 넣지 않으면 감미가 나지 않기 때문에, 화이트 큐라소를 더하여 맛을 살리면 된다.

글라스	Cocktail Glass
가니쉬	없음
재　료	Light Rum 1 3/4oz Lime Juice 3/4 oz Powdered Sugar 1tsp

14. Kiss of Fire

1955년에 개최되었던 제5회 일본바텐더경연대회에서 1위를 차지했던 칵테일이다. 이시오가켄지(石岡賢司)가 만든 작품이다. 화려한 붉은색에 스노우 스타일로 연출한 아름다운 칵테일이다. 글라스 가장자리에 레몬즙을 적신 후 설탕을 묻히는 것이 포인트이다. 비교적 단맛이 나지만, 슬로 진(Sloe Gin)과 드라이 베르무트(약초 와인)의 떫은 듯한 맛이 가미되어 독특하다.

조주법	Shake
글라스	Cocktail Glass
가니쉬	Rimming with Sugar
재　료	Vodka 1oz Sloe Gin 1/2oz Dry Vermouth 1/2oz Lemon Juice 1tsp

15. B-52

슈터 칵테일(Shooter Cocktail)로 대표적인 것 중, 전쟁을 배경으로 한 비 오십이가 있다. 베트남 전쟁 당시 사용되던 미국의 폭격기 이름을 따서 비 오십이(B-52)라고 지어졌는데, 주로 소이탄 폭격을 하는데 쓰였다고 한다. 소이탄은 발화를 목적으로 쓰이는 탄으로, 아마 이것에서 착안하여 칵테일에도 불을 붙이는 방식이 쓰이는 것 같다. 폭격기의 강한 이미지와는 다르게 부드러운 맛을 자랑하는 칵테일이다.

조주법	Float
글라스	Sherry Glass(2oz)
가니쉬	없음
재　료	Coffee Liqueur 1/3part Bailey's Irish Cream Liqueur 1/3part Grand Marnier 1/3part

16. Pousse Cafe

술의 비중을 이용하여 리큐르, 증류주, 시럽 등을 푸스 카페 글라스에 층층이 쌓아서 만드는 것을 말하며, 비중이 무거운 리큐르 종류를 아래쪽으로 가벼운 증류주를 윗쪽으로 쌓는다. 한 번에 넣어 입안에서 섞어 마시는 칵테일이다.

조주법	Float
글라스	Stemed Liqueur Glass
가니쉬	없음
재료	Grenadine Syrup 1/3part Crème De Menthe(Green) 1/3part Brandy 1/3part

17. June Bug

준 벅(June Bug)이란 '6월의 벌레'라는 의미로, 초록의 싱그러운 색깔이 그야말로 여름벌레를 연상시킨다. 벌들이 향기에 매료되어 꽃을 찾아다니듯, 여름날 초록의 상쾌한 색감 그리고 멜론과 코코넛의 달콤한 향기가 가득해 알코올조차 잘 느껴지지 않아 특히 여성들이 많이 찾는 칵테일 중 하나다.

조주법	Shake
글라스	Collins Glass
가니쉬	A Wedge of fresh Pineapple & Cherry
재료	Midori(Melon Liqueur) 1oz Coconut Flavored Rum 1/2oz Banana Liqueur 1/2oz Pineapple Juice 2oz Sweet & Sour mix 2oz

18. Bacardi Cocktail

바카디 칵테일은 라이트 럼을 제조하는 바카디사가 유행시킨 칵테일이다. 다른 럼을 사용해서 만든 칵테일에 이 이름을 붙여서 분쟁이 일어나, 재판으로까지 발전했다. 뉴욕 고등법원에서 바카디 럼을 사용하지 않은 것은 바카디 칵테일이 아니라는 판결을 내렸다.

조주법	Shake
글라스	Cocktail Glass
가니쉬	없음
재 료	Bacardi Rum White 1 3/4oz Lime Juice 3/4 oz Grenadine Syrup 1tsp

19. Sloe Gin Fizz

슬로 진이란 서양 자두의 일종인 Slow Berry를 진에 넣어 만든 리큐르이다. 연속증류된 진에다 야생자두를 원료로 하여 화려한 향기와 산뜻한 장미색이 특징이다. 영국에서는 블랙손(Blackthorn)이라는 야생 자두로 만드는데 야생 자두의 떫은 맛이 강장제 구실을 하고, 소화불량에 효과가 좋아 약용주로 쓰이고 있다.

조주법	Shake/Build
글라스	Highball Glass
가니쉬	A Slice of Lemon
재 료	Sole Gin 1 1/2oz Lemon Juice 1/2oz Powdered Sugar 1tsp Fill with Club Soda

20. Cuba Libre

과거 쿠바가 스페인으로부터 독립할 당시(당시 혁명을 도운 것은 지금은 견원지간인 미국이다), 시민들이 부르짖었던 구호가 칵테일 이름이 되었다. 의미는 자유로운 쿠바. 쿠바 리버라고 부르는 사람도 있는데, 그 때문인지 "쿠바의 강이라는 뜻"으로 잘못 알고 있는 경우도 가끔 있다. 여기에서의 리버는 "리브레"라는 스페인어의 영어식 발음이다.

라임이 없으면 생 레몬으로 대용해도 된다. 유리막대로 라임을 으깨어서 기호에 맞게 과즙을 짜서 신맛을 내서 마신다.

조주법	Build
글라스	Highball Glass
가니쉬	A Wedge of Lemon
재　료	Light Rum 1 1/2oz Lime Juice 1/2 oz Fill with Cola

21. Grasshopper

그래스호퍼는 '메뚜기'란 말로, 빛깔이 엷은 녹색인 데서 그 이름을 따온 것이라 한다. 카카오와 민트 리큐르를 사용하여 만들기 때문에 향이나 맛은 민트 초콜릿 느낌처럼 상당히 부드럽고 달콤하다.

조주법	Shake
글라스	Champagne Glass(saucer형)
가니쉬	없음
재　료	Crème De Menthe(Green) 1oz Crème De Cacao(White) 1oz Light Milk 1oz

22. Sea breeze

'바닷바람'이라는 뜻을 가진 이 칵테일이 1920년대 후반 처음 만들어졌을 당시의 오리지널 레시피는, 지금과 달리 진(Gin)을 베이스로 크랜베리 주스와 자몽 주스 대신 석류 시럽을 혼합하여 만들어졌다.

1980년대 미국에서 대유행한 이 칵테일은 알코올 도수가 낮은 드링크로, 그 이름이 주는 신선한 느낌과 더불어 많은 사람들에게 인기를 얻었다.

조주법	Build
글라스	Highball Glass
가니쉬	A Wedge of Lime or Lemon
재 료	Vodka 1 1/2oz Cranberry Juice 3oz Grapefruit Juice 1/2oz

23. Apple Martini

애플 마티니는 코스모폴리탄과 함께 미국의 인기 드라마 〈섹스 앤 더 시티(Sex and the City)〉에 자주 등장해 우리에게 친숙한 이름이다. 보드카와 사과 향이 풍부한 애플 퍼커와 달콤한 스위트 & 사워 믹스가 더해져 첫 느낌의 신선함과 입속의 달콤함이 사람에게 친숙하게 다가가 인기가 좋은 칵테일이다.

조주법	Shake
글라스	Cocktail Glass
가니쉬	A Slice of Apple
재 료	Vodka 1oz Apple Pucker 1oz Lime Juice 1/2oz

24. Negroni

네그로니라는 것은 이탈리아의 카미로 네그로니 백작을 이르는 말이다. 네그로니 백작이 즐겨 마셨던 식전주라고 알려져 있다. 피렌체에 있는 유명한 레스토랑 카소니의 바텐더가 1962년 백작의 허락으로 '네그로니'라고 발표했다. 캄파리의 쌉쌀한 맛이 특징이다.

조주법	Build
글라스	Old-fashioned Glass
가니쉬	Twist of Lemon peel
재 료	Dry Gin 3/4oz Sweet Vermouth 3/4oz Campari 3/4oz

25. Long Island Iced Tea

1980년대 초 미국 서해안에서 탄생했다는 설과 미국 뉴욕주 남동부의 섬, 롱아일랜드에 있는 '오크 비치 인'의 바텐더 로버트 버트에 의해 창작된 칵테일이라는 설이 있다. 홍차류를 사용하지 않고 홍차의 맛과 색을 표현한 '마법의 칵테일'로 불리는 이 칵테일은 스피릿(Spirits)을 많이 사용하지만 마실 때 부드러움 뒤에 강한 알코올 도수가 숨어 있어 일명 '칵테일의 폭탄주'라 불리기도 한다.

조주법	Build
글라스	Collins Glass
가니쉬	A Wedge of Lime or Lemon
재 료	Gin 1/2oz Vodka 1/2oz Light Rum 1/2oz Tequila 1/2oz Triple Sec 1/2oz Sweet & Sour Mix 1 1/2oz On Top with Cola

26. Sidecar

제1차 세계대전 중에 전쟁터에서 대활약을 했던 사이드 카를 이름으로 한 칵테일이다. 프랑스의 군인이 만들었다는 설과 파리의 하리즈 뉴욕 바의 바텐더였던 하리 마켈혼이 고안했다고 하는 설이 있다. 브랜디 대신에 진을 사용하면 '화이트 레이디(White Lady)', 보드카를 사용하면 '발랄라이카(Balalaika)', 라이트 럼을 사용하면 '엑스와이지(X,Y,Z)'라는 칵테일이 된다.

조주법	Shake
글라스	Cocktail Glass
가니쉬	없음
재 료	Brandy 1oz Cointreau 1oz or Triple Sec 1oz Lemon Juice 1/4oz

27. Mai-Tai

마이 타이(Mai-Tai)란, 타이티어로 '최고'라는 뜻이다. 열대 과일이 잘 조화를 이룬 풍부한 향의 트로피컬 칵테일로, 1944년 캘리포니아 오클랜드에 있는 폴리네시안 레스토랑인 '토레다 빅스'의 사장, 빅터 J. 바지로가 고안한 칵테일이다. 전 세계적으로 사랑받으며 '트로피컬 칵테일의 여왕'이라 불리는 마이 타이는, 즉석에서 만들 수 있는 마이 타이 믹스 또는 완성된 칵테일을 병에 담아 완제품으로 나오는 마이 타이 등이 미국을 중심으로 판매되고 있다.

조주법	Blend
글라스	Footed Pilsner Glass
가니쉬	A Wedge of fresh Pineapple(Orange) & Cherry
재 료	Light Rum 1 1/4oz, Triple Sec 3/4oz Lime Juice 1oz, Pineapple Juice 1oz Orange Juice 1oz Grenadine Syrup 1/4oz

28. Pina Colada

1970년 카리브 해에 있는 푸에르토리코에서 탄생한 칵테일로 플로리다의 마이애미에서 뉴욕에 이르기까지 크게 유행했다. 현재는 트로피컬 칵테일의 표준이 되고 있다. 크러시드 아이스(잘게 부순 얼음)와 계절 꽃이나 과일 장식이 보기에도 좋고 시원하다. 베이스를 화이트 럼 대신에 보드카로 바꾸면 하와이에서 탄생한 '치치(Chi Chi)'라는 트로피컬 칵테일이 된다.

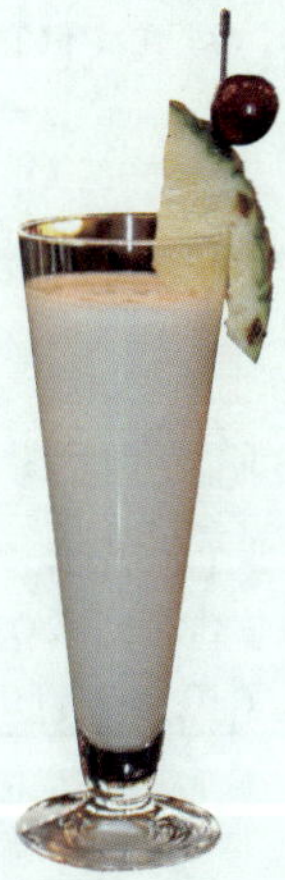

조주법	Blend
글라스	Footed Pilsner Glass
가니쉬	A Wedge of fresh Pineapple & Cherry
재 료	Light Rum 1 1/4oz Pina Colada Mix 2oz Pineapple Juice 2oz

29. Cosmopolitan

'세계인', '국제인', '범세계주의자' 등의 세계적인 의미를 지닌 코스모폴리탄은 희미한 핑크색의 그러데이션이 매우 도시적이며 뉴욕 여성들에게 인기 있는 칵테일이다.

미국의 인기 드라마인 〈섹스 앤 더 시티(Sex and the City)〉의 여자 주인공 캐리가 즐겨 마시던 칵테일로 소개되어 유명세를 더했다.

조주법	Shake
글라스	Cocktail Glass
가니쉬	Twist of Lime or Lemon peel
재 료	Vodka 1oz Triple Sec 1/2oz Lime Juice 1/2oz Cranberry Juice 1/2oz

30. Moscow Mule

모스크바 뮬은 '모스크바의 노새'라는 의미이다. 또한 뮬에는 '킥이 강한 음료', 즉 '노새의 뒷발에 차였을 때와 같은 느낌의 술'이라는 의미도 있다. 진저 향과 탄산이 목을 상쾌하게 자극하는 맛으로 인기가 높다. 1940년경 미국 할리우드에 있는 코큰 볼이라는 레스토랑 사장인 잭 모건씨가 고안해 낸 칵테일이다.

조주법	Build
글라스	Highball Glass
가니쉬	A Slice of Lime or Lemon
재 료	Vodka 1 1/2oz Lime Juice 1/2oz Fill with Ginger ale

31. Apricot Cocktail

향기가 강한 리큐르인 에프리코트 브랜디를 베이스로 신선한 주스를 풍부하게 사용한 칵테일이다. 살구, 오렌지, 레몬의 맛이 섞여 있어서 마시기가 편하고 상큼한 맛이 살아있는 쇼트 스타일의 칵테일이다. 드라이 진 한 스푼이 전체의 조화를 이루는 역할을 하고 있다. 단맛과 신맛이 균형을 이루고 있어서 누구나 부담감 없이 쉽게 즐길 수 있다. 맛, 향기, 색의 삼박자를 고루 갖춘 칵테일이라고도 불린다.

조주법	Shake
글라스	Cocktail Glass
가니쉬	없음
재 료	Apricot Flavored Brandy 1 1/2oz Dry Gin 1tsp Lemon Juice 1/2oz Orange Juice 1/2oz

32. Honeymoon Cocktail

'신혼여행'이라는 이름이 붙은 칵테일이다. 별명이 파머스 도터(Farmer's daughter), 즉 농부의 딸이라는 것이 재미있다. 브랜디 자체의 달콤한 향이 전해져 신혼의 달콤한 무드에 가장 잘 맞는다고 한다. 이것과 닮은 칵테일에 파머스 와인(별명 스타 칵테일)이 있다.

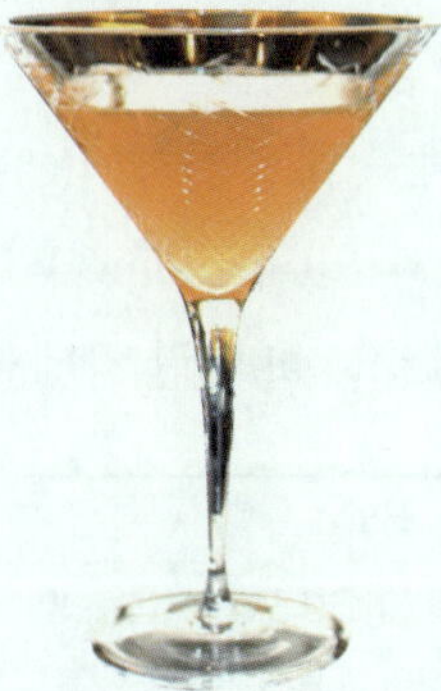

조주법	Shake
글라스	Cocktail Glass
가니쉬	없음
재 료	Apple Brandy 3/4oz Benedictine DOM 3/4oz Triple Sec 1/4oz Lemon Juice 1/2oz

33. Blue Hawaiian

1957년 하와이 힐튼 호텔 바텐더가 개발한 이 칵테일은, 사계절이 여름인 하와이 섬을 연상시키는 트로피컬 칵테일이다. 화이트 럼과 블루 큐라소가 하와이의 시원하게 트인 하늘과 푸른 바다를 생생하게 재현하고 있다. 눈으로 보는 시원함과 입에서 느껴지는 새콤달콤한 맛이 더욱 돋보이는 칵테일로, 셰이커를 사용해도 좋고 블렌더를 사용한 프로즌 스타일로 시원하게 즐겨도 좋다.

조주법	Blend
글라스	Footed Pilsner Glass
가니쉬	A Wedge of fresh Pineapple & Cherry
재 료	Light Rum 1oz Blue Curacao 1oz Coconut Flavored Rum 1oz Pineapple Juice 2 1/2oz

34. Kir

와인 산지로 알려진 프랑스 부르고뉴 지방의 중심지인 디종시에서 5차례나 시장을 지낸 캐농 펠릭스 키르(Canon Felix Kir)에 의해 유명해진 칵테일이다. 현지의 특산물인 강하고 쌉쌀한 와인 알리고테(Aligoté)와 함께 크렘 드 카시스(Créme de Cassis)의 향기와 단맛이 적절히 조화를 이룬 이 칵테일은, 공식 환영회의 식전 음료로 반드시 나왔다고 한다.

화이트 와인 대신 샴페인(Champagne) 또는 스파클링 와인(Sparkling Wine)을 넣으면 키르 로열(Kir Royal)이란 칵테일이 된다.

조주법	Build
글라스	White Wine Glass
가니쉬	Twist of Lemon peel
재 료	White Wine 3oz Crème de Cassis 1/2oz

35. Tequila Sunrise

테킬라의 고향인 멕시코의 '일출'을 형상화해서 만든 롱 드링크 칵테일이다. 비슷한 칵테일로 쇼트 드링크인 선 라이즈가 있다. 오렌지 주스와 그레나딘 시럽이 만들어 내는 색이 인상적인 일출을 표현하고 있다. 테킬라와 오렌지 주스 사이에 천천히 그레나딘 시럽을 부으면 그레나딘 시럽이 아래쪽에 쌓이면서 절묘한 그라데이션을 만든다.

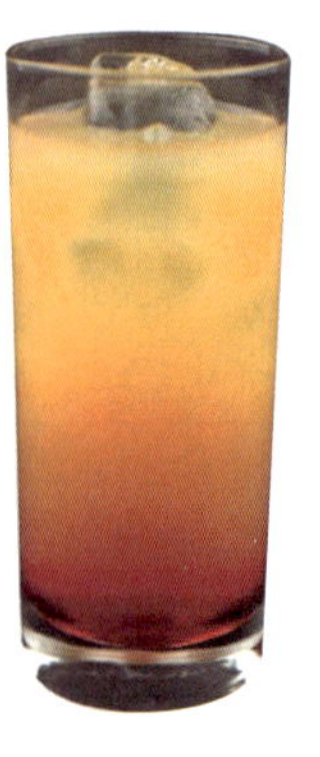

조주법	Build/Float
글라스	Footed Pilsner Glass
가니쉬	없음
재 료	Tequila 1 1/2oz Fill with Orange Juice Grenadine Syrup 1/2oz

36. 힐링(Healing)

조주법	Shake
글라스	Cocktail Glass
가니쉬	Twist of Lemon peel
재 료	Gam Hong Ro (감홍로, 40도) 1/1/2oz Benedictine 1/3oz Crème de Cassis 1/3oz Sweet & Sour mix 1oz

37. 진도(Jindo)

조주법	Shake
글라스	Cocktail Glass
가니쉬	없음
재 료	Jindo Hong Ju (진도 홍주, 40도) 1oz Crème de Menthe White 1/2oz White Grape Juice (청포도주스) 3/4oz Raspberry Syrup 1/2oz

38. 풋사랑(Puppy Love)

조주법	Shake
글라스	Cocktail Glass
가니쉬	A Slice of Apple
재 료	Andong Soju(안동 소주, 35도) 1oz Triple Sec 1/3oz Apple Pucker 1oz Lime Juice 1/3oz

39. 금산(Geumsan)

조 주 법	Shake
글 라 스	Cocktail Glass
가 니 쉬	없음
재 료	Geumsan Insamju (금산 인삼주, 43도) 1 1/2oz Coffee Liqueur(Kahlûa) 1/2oz Apple Pucker 1/2oz Lime Juice 1tsp

40. 고창(Gochang)

조 주 법	Stir/Build
글 라 스	Flute Champagne Glass
가 니 쉬	없음
재 료	Sunwoonsan bokbunja wine (선운산복분자주) 2oz Cointreau or Triple Sec 1/2oz Sprite 2oz

부 록

2013년 7월 21일 기출문제

【1과목】 주류학개론(30문제)

1. 다음 중 양조주에 대한 설명이 옳지 않은 것은?
   가. 맥주, 와인 등이 이에 속한다.
   나. 증류주와 혼서주의 제조원료가 되기도 한다.
   다. 보존기간이 비교적 짧고 유통기간이 있는 것이 많다.
   라. 발효주라고도 하며 알코올발효는 효모에 의해서만 이루어진다.

2. 양조주의 설명으로 맞지 않는 것은?
   가. 주로 과일이나 곡물을 발효하여 만든 술이다.
   나. 단발효주, 복발효주 2가지 방법이 있다.
   다. 양조주의 알코올 함유량은 대략 25%이상이다.
   라. 발효하는 과정에서 당분이 효모에 의해 물, 에틸알코올, 이산화탄소가 발생한다.

3. 다음 중 증류주가 아닌 것은?
   가. 보드카(vodka) 나. 샴페인(champagne)
   다. 진(gin) 라. 럼(rum)

4. 단식 증류법(pot still)의 장점이 아닌 것은?
   가. 대량생산이 가능하다.
   나. 원료의 맛을 잘 살리 수 있다.
   다. 좋은 향을 잘 살릴 수 있다.
   라. 시설비가 적게 든다.

5. 음료에 관한 설명으로 틀린 것은?
   가. 음료는 크게 알코올성 음료와 비알코올성 음료로 구분된다.
   나. 알코올성 음료는 양조주, 증류주, 혼성주로 분류된다.
   다. 커피는 영양음료로 분류된다.
   라. 발효주에는 탁주, 와인, 청주, 맥주 등이 있다.

6. 탄산음료에서 탄산가스의 역할이 아닌 것은?
   가. 당분 분해　　　　나. 미생물의 발효 저지
   다. 향기의 변화 보호　　　　라. 청량감 부여

7. 다음 중 과실음료가 아닌 것은?
   가. 토마토 주스　　　　나. 천연과즙주스
   다. 희석과즙음료　　　　라. 과립과즙음료

8. 호남의 명주로서 부드럽게 취하고 뒤끝이 깨끗하여 우리의 고유한 전통술로 정평이 나있고, 쌀로 빚은 30도의 소주에 배, 생강, 울금 등 한약재를 넣어 숙성시킨 약주에 해당하는 민속주는?
   가. 이강주　　　　나. 춘향주
   다. 국화주　　　　라. 복분자주

9. 다음 민속주 중 약주가 아닌 것은?
   가. 한산 소곡주　　　　나. 경주 교동 법주
   다. 아산 연엽주　　　　라. 진도 홍주

10. 다음 중 의미가 다른 것은?
   가. 섹(Sec)　　　　나. 두(Doux)
   다. 둘체(Dulce)　　　　라. 스위트(Sweet)

11. 독일의 스파클링 와인(Sparkling wine)은?

가. 젝트　　나. 로트바인

다. 로제바인　　라. 바이스바인

12. 독일의 QmP 와인등급 6단계에 속하지 않는 것은?

가. 라트바인　　나. 카비네트

다. 슈페트레제　　라. 아우스레제

13. 다음 중 이탈리아 와인 등급 표시로 맞는 것은?

가. A.O.C　　나. D.O

다. D.O.C.G　　라. QbA

14. Sherry wine의 원산지는?

가. Bordeaux 지방　　나. Xeres 지방

다. Rhine 지방　　라. Hockheim 지방

15. 다음 중 White wine 품종은?

가. Sangiovese　　나. Nebbiolo

다. Barbera　　라. Muscadelle

16. 빈티지(Vintage)란 무엇을 뜻하는가?

가. 포도주의 이름　　나. 포도주의 수확년도

다. 포도주의 원산지명　　라. 포도의 품종

17. 브랜디의 설명으로 틀린 것은?
    가. 브랜딩하여 제조한다.
    나. 향미가 좋아 식전주로 주로 마신다.
    다. 유명산지는 코냑과 아르마냑이다.
    라. 과실을 주원료로 사용하는 모든 증류주에 이 명칭을 사용한다.

18. 가장 오랫동안 숙성한 브랜디(Brandy)는?
    가. V.O.　　나. V.S.O.P
    다. X.O.　　라. EXTRA

19. 프리미엄 테킬라의 원료는?
    가. 아가베 아메리카나　　나. 아가베 아즐 데킬라나
    다. 아가베 시럽　　라. 아가베 아트로비렌스

20. 다음 중 버번위스키(bourbon whiskey)는?
    가. Ballantine's　　나. I. W. Harper's
    다. Lord Calvert　　라. Old Bushmills

21. 슬로우 진(sloe gin)의 설명 중 옳은 것은?
    가. 증류주의 일종이며, 진(gin)의 종류이다.
    나. 보드카(vodka)에 그레나딘 시럽을 첨가한 것이다.
    다. 아주 천천히 분위기 있게 먹는 칵테일이다.
    라. 오얏나무 열매 성분을 진(gin)에 첨가한 것이다.

22. 저먼 진(German gin)이라고 일컬어지는 Spirits 는?
    가. 아쿠아비트(Aquavit)　　나. 스타인헤거(Steinhager)
    다. 키르슈(Kirsch)　　라. 후람보아즈(Framboise)

23. 에스프레소의 커피추출이 빨리 되는 원인이 아닌 것은?

가. 약한 탬핑 강도 나. 너무 많은 커피 사용

다. 높은 펌프 압력 라. 너무 굵은 분쇄입자

24. 콘 위스키(corn whiskey)란?

가. 50%이상 옥수수가 포함된 것

나. 옥수수 50%, 호밀 50% 섞인 것

다. 80% 이상 옥수수가 포함된 것

라. 40% 이상 옥수수가 포함된 것

25. Straight Whisky에 대한 설명으로 틀린 것은?

가. 스코틀랜드에서 생산되는 위스키이다.

나. 버번위스키, 콘 위스키 등이 이에 속한다.

다. 원료곡물 중 한 가지를 51% 이상 사용해야 한다.

라. 오크통에서 2년 이상 숙성시켜야 한다.

26. quavit에 대한 설명으로 틀린 것은?

가. 감자를 맥아로 당화시켜 발효하여 만든다.

나. 알코올 농도는 40~45%이다.

다. 엷은 노란색을 띄는 것을 taffel이라고 한다.

라. 북유럽에서 만드는 증류주이다.

27. 생강을 주원료로 만든 것은?

가. 진저엘 나. 토닉워터

다. 소다수 라. 칼린스 믹서

28. 다음 중 리큐르(Liqueur)는 어느 것인가?
가. 버건디(Burgundy)　　나. 드라이 쉐리(Dry sherry)
다. 꼬앵뜨로(Cointreau)　　라. 베르무트(Vermouth)

29. 다음 중 하면발효맥주에 해당 되는 것은?
가. Stout Beer　　나. Porter Beer
다. Pilsner Beer　　라. Ale Beer

30. 다음 중 알코올성 커피는?
가. 카페 로얄(Cafe Royale)
나. 비엔나 커피(Vienna Coffee)
다. 데미타세 커피(Demi-Tasse Coffee)
라. 카페오레(Cafe au Lait)

【2과목】 주장관리개론(20문제)

31. 주장(bar) 경영에서 의미하는 "happy hour"를 올바르게 설명한 것은?
가. 가격할인 판매시간
나. 연말연시 축하 이벤트 시간
다. 주말의 특별행사 시간
라. 단골고객 사은 행사

32. 다음 중 주장 관리의 의의에 해당되지 않는 것은?
가. 원가관리　　나. 매상관리
다. 재고관리　　라. 예약관리

33. 주장(bar)의 핵심점검표 사항 중 영업에 관련한 법규상의 문제와 관계가 가장 먼 것은?

가. 소방 및 방화사항　　나. 예산집행에 관한 사항

다. 면허 및 허가사항　　라. 위생 점검 필요사항

34. 주장의 시설에 대한 설명으로 잘못된 것은?

가. 주장은 크게 프런트 바(front bar), 백 바(back bar), 언더 바(under bar)로 구분된다.

나. 프런트 바(front bar)는 바텐더와 고객이 마주보고 서브하고 서빙을 받는 바를 말한다.

다. 백 바(back bar)는 칵테일용으로 쓰이는 술의 저장 및 전시를 위한 공간이다.

라. 언더 바(under bar)는 바텐더 허리 아래의 공간으로 휴지통이나 빈병 등을 둔다.

35. 구매관리와 관련된 원칙에 대한 설명으로 옳은 것은?

가. 나중에 반입된 저장품부터 소비한다.

나. 한꺼번에 많이 구매한다.

다. 공급업자와의 유대관계를 고려하여 검수 과정은 생략한다.

라. 저장창고의 크기, 호텔의 재무상태, 음료의 회전을 고려하여 구매한다.

36. 영업을 폐점하고 남은 물량을 품목별로 재고조사하는 것을 무엇이라 하는가?

가. daily issue　　나. inventory management

다. par stock　　라. FIFO

37. 호텔에서 호텔홍보, 판매촉진 등 특별한 접대목적으로 일부를 무료로 제공하는 것은?

가. Complaint　　나. Complimentary Service

다. F/O Cashier　　라. Out of Order

38. 다음 중 주장 직원(waiter / waitress)의 주요 임무는?
   가. 고객이 사용한 김ㄹ과 빈 잔을 세척한다.
   나. 칵테일의 부재료를 준비한다.
   다. 창고에서 주장(bar)에서 필요한 물품을 보급한다.
   라. 고객에게 주문을 받고 주문받은 음료를 제공한다.

39. Bar 직원의 올바른 태도가 아닌 것은?
   가. 영업장내에서 동료들과 좋은 인간관계를 유지하다.
   나. 항상 예의 바르고 분명한 언어와 태도로 고객을 대한다.
   다. 고객과 정치성이 강한 대화를 주로 나눈다.
   라. 손님에게 지나친 주문을 요구하지 않는다.

40. 바텐더(bartender)의 직무에 관한 설명으로 가장 거리가 먼 것은?
   가. 바 카운터 내의 청결, 정리정돈 등을 수시로 해야 한다.
   나. 파 스탁(par stock)에 준한 보급수령을 해야 한다.
   다. 각종 기계 및 기구의 작동상태를 점검해야 한다.
   라. 조주는 바텐더 자신의 기준이나 아이디어에 따라 제조해야 한다.

41. 바텐더의 영업 개시 전 준비사항이 아닌 것은?
   가. 모든 부재료를 점검한다.
   나. White wine을 상온에 보관하고 판매한다.
   다. Juice 종류는 다양한지 확인한다.
   라. 칵테일 네프킨과 코스터를 준비한다.

42. 다음 중 세이커(shaker)를 사용하여야 하는 칵테일은?
   가. 브랜디 알렉산더(Brandy Alexander)
   나. 드라이 마티니(Dry Martini)

다. 올드 패션드(Old fashioned)

라. 크렘드 망뜨 프라페(Creme de menthe frappe)

43. 칵테일을 컵에 따를 때 얼음이 들어가지 않도록 걸러주는 기구는?

가. Shaker　　나. strainer

다. stick　　라. blender

44. Hot drinks cocktail 이 아닌 것은?

가. God Father　　나. Irish Coffee

다. Jamaica Coffee　　라. Tom and Jerry

45. 위스키가 기주로 쓰이지 않는 칵테일은?

가. 뉴욕(New York)　　나. 로브 로이(Rob Roy)

다. 맨하탄(Manhattan)　　라. 블랙러시안(Black Russian)

46. 다음 중 mixing glass의 설명으로 옳은 것은?

가. 칵테일 조주 시에 사용되는 글라스의 총칭이다.

나. Stir 기법에 사용하는 기물이다.

다. 믹서기에 부착된 혼합용기를 말한다.

라. 칵테일 혼합되는 과일을 으깰 때 사용한다.

47. 1 Jigger에 대한 설명 중 틀린 것은?

가. 1 Jigger 는 45mL이다.

나. 1 Jigger 는 1.5 once이다

다. 1 Jigger 는 1 gallon 이다.

라. 1 Jigger 는 칵테일 제조 시 많이 사용된다.

48. 주스류(juice)의 보관 방법으로 가장 적절한 것은?
가. 캔 주스는 냉동실에 보관한다.
나. 한번 오픈한 주스는 상온에 보관한다.
다. 열기가 많고 햇볕이 드는 곳에 보관한다.
라. 캔 주스는 오픈한 후 유리그릇, 플라스틱 용기에 담아서 냉장 보관한다.

49. 음료저장관리 방법 중 FIFO의 원칙을 적용하기에 가장 적합한 술은?
가. 위스키 나. 맥주
다. 브랜디 라. 진

50. 음료 저장 방법에 관한 설명 중 옳지 않은 것은?
가. 포도주병은 눕혀서 코르크 마개가 항상 젖어 있도록 저장한다.
나. 살균된 맥주는 출고 후 약 3개월 정도는 실온에서 저장할 수 있다.
다. 적포도주는 미리 냉장고에 저장하여 충분히 냉각시킨 후 바로 제공한다.
라. 양조주는 선입선출법에 의해 저장, 관리한다.

【3과목】 고객서비스영어(10문제)

51. Which one is made with ginger and sugar?
가. Tonic water 나. Ginger ale
다. Sprite 라. Collins mix

52. Which one is the cocktail containing Creme de Cassis and white wine?
가. Kir 나. Kir royal
다. Kir imperial 라. King Alfonso

53. 다음의 ( )안에 들어갈 적합한 것은?

(　　) whisky is a whisky which is distilled and produced ant just one particular distillery.
(　　)s are made entirely from one type of malted grain, traditionally barley, which is cultivated in the region of the distillery.

가. grain　　나. blended
다. single malt　　라. bourbon

54. 다음은 커피와 관련한 어떤 과정을 설명한 것인가?

The heating process that releases all the potential flavors locked in green beans.

가. Cupping　　나. Roasting
다. Grinding　　라. Brewing

55. 다음 빈칸에 들어갈 적합한 말로 바르게 짝지어진 것은?

W : Would you like a dessert?
G : Yes, please. Could you tell us what you have (a)
W : Certainly. (a) we have fruit salad, chocolate gateau, and lemon pie.
G : The gateau looks nice but what is (b)?
W : (b) there is fresh fruit, cheesecake, and profiteroies.
G : I think I'll have them, please, with chocolate sauce.

가. (a) on it (b) under　　나. (a) on the top (b) underneath
다. (a) over (b) below　　라. (a) one the tp (b) under

56. ( ) 안에 알맞은 리큐르는?

> (　) is called the queen of liqueur. This is one of the French traditional liqueur and is made from several years aging after distilling of various herbs added to spirit.

가. Chartreuse　　나. Benedictine
다. Kummel　　라. Cointreau

57. 다음에서 설명하는 것은?

> It is a liqueur made by orange peel originated from Venezuela.

가. Drambuie　　나. Jagermeister
다. Benedictine　　라. Curacao

58. 다음의 ( )안의 들어갈 적합한 것은?

> A : Do you haver a new job?
> B : Yes, I (　) for a wine bar now.

가. do　　나. take
다. can　　라. work

59. 다음 밑줄 친 단어와 바꾸어 쓸 수 있는 것은?

> A : Would you <u>like</u> some more drinks?
> B : No, thanks. I've had enough.

가. care in　　나. care for
다. care to　　라. care of

60. 밑줄 친 곳에 들어갈 가장 알맞은 말은?

A : May I take your order?
B : Yes, please.
A : ______________
B : I'd like to have Bulgogi.

가. Do you have a table for three?
나. Pass me the salt, please.
다. What would you like to have?
라. How do yo like your steak?

2013년 7월 21일 기출문제 정답

1	2	3	4	5	6	7	8	9	10
라	다	나	가	다	가	가	가	라	가
11	12	13	14	15	16	17	18	19	20
가	가	다	나	라	나	나	라	나	나
21	22	23	24	25	26	27	28	29	30
라	나	아	다	가	다	가	다	다	가
31	32	33	34	35	36	37	38	39	40
가	라	나	라	라	나	나	라	다	라
41	42	43	44	45	46	47	48	49	50
나	가	나	가	라	나	다	라	나	다
51	52	53	54	55	56	57	58	59	60
나	가	다	나	나	가	라	라	나	다

2013년 10월 12일 기출문제

【1과목】 주류학개론 (30문제)

1. Gin에 대한 설명으로 틀린 것은?
   ① 저장, 숙성을 하지 않는다.
   ② 생명의 물이라는 뜻이다.
   ③ 무색, 투명하고 산뜻한 맛이다.
   ④ 알코올 농도는 40~50% 정도이다.

2. 일반적인 병맥주(Lager Beer)를 만드는 방법은?
   ① 고온발효　　② 상온발효
   ③ 하면발효　　④ 상면발효

3. 다음 중 Irish Whiskey는?
   ① Johnnie Walker Blue　　② John Jameson
   ③ Wild Turkey　　④ Crown Royal

4. 다음 중 블렌디드(Blended) 위스키가 아닌 것은?
   ① Johnnie Walker Blue　　② Cutty Sark
   ③ Macallan 18　　④ Ballentine's 30

5. 샴페인에 관한 설명 중 틀린 것은?
   ① 샴페인은 포말성(Sparkling) 와인의 일종이다.
   ② 샴페인 원료는 피노 노아, 피노 뫼니에, 샤르도네이다.
   ③ 동 페리뇽(Dom perignon)에 의해 만들어졌다.
   ④ 샴페인 산지인 샹파뉴 지방은 이탈리아 북부에 위치하고 있다.

6. 부르고뉴(Bourgogne) 지방과 함께 대표적인 포도주 산지로서 Medoc, Graves 등이 유명한 지방은?

① Pilsner ② Bordeaux
③ Staut ④ Mousseux

7. 작은 포도알, 깊은 적갈색, 두꺼운 껍질, 많은 씨앗이 특징이며 씨앗은 타닌함량을 풍부하게 하고, 두꺼운 껍질은 색깔을 깊이 있게 나타낸다. 블랙커런트, 체리, 자두향을 지니고 있으며, 대표적인 생산지역은 프랑스 보르도 지방인 포도 품종은?

① 메를로(Merlot)
② 삐노 느와르(Pinot Noir)
③ 까베르네 쇼비뇽(Cabernet Sauvignon)
④ 샤르도네(Chardonnay)

8. 혼성주의 제조방법 중 시간이 가장 많이 소요되는 방법은?

① 증류법(Distillation process)
② 침출법(Infusion process)
③ 추출법(Percolation process)
④ 배합법(Essence process)

9. 오렌지향이 가미된 혼성주가 아닌 것은?

① Triple Sec ② Tequila
③ Grand Marnier ④ Cointreau

10. 혼성주의 설명으로 틀린 것은?

① 증류주에 초근목피의 침출물로 향미를 더한다.
② 프랑스에서는 꼬디알이라 부른다.
③ 제조방법으로 침출법, 증류법, 에센스법이 있다.
④ 중세 연금술사들에 의해 발견되었다.

11. 북유럽 스칸디나비아 지방의 특산주로 감자와 맥아를 부재료로 사용하여 증류 후에 회향초 씨(Caraway Seed)등 여러 가지 허브로 향기를 착향시킨 술은?

① 보드카(Vodka) ② 진(Gin)
③ 데킬라(Tequla) ④ 아쿠아비트(Aquavit)

12. 우리나라 전통주가 아닌 것은?

① 이강주 ② 과하주
③ 죽엽청주 ④ 송순주

13. Vodka에 속하는 것은?

① Bacardi ② Stolichnaya
③ Blanton's ④ Beefeater

14. 다음 중, 리큐르(Liqueur)와 관계가 없는 것은?

① Cordials
② Arnaud de Villeneuve
③ Benedicictine
④ Dom Perignon

15. 차를 만드는 방법에 따른 분류와 대표적인 차의 연결이 틀린 것은?

① 불발효차 - 보성녹차
② 반발효차 - 오룡차
③ 발효차 - 다즐링차
④ 후발효차 - 쟈스민차

16. 다음 단발효법으로 만들어진 것은?

① 맥주 ② 청주
③ 포도주 ④ 탁주

17. 지방의 특산 전통주가 잘못 연결된 것은?
① 금산 - 인삼주 ② 홍천 - 옥선주
③ 안동 - 송화주 ④ 전주 - 오곡주

18. 탄산음료의 종류가 아닌 것은?
① 진저엘 ② 카린스 믹스
③ 토닉워터 ④ 리까르

19. 핸드 드립 커피의 특성이 아닌 것은?
① 비교적 조리 시간이 오래 걸린다.
② 대체로 메뉴가 제한된다.
③ 블렌딩한 커피만을 사용한다.
④ 추출자에 따라 커피맛이 영향을 받는다.

20. 차나무의 분포 지역분포지역을 가장 잘 표시한 것은?
① 남위 20° ~ 북위 40° 사이의 지역
② 남위 23° ~ 북위 43° 사이의 지역
③ 남위 26° ~ 북위 46° 사이의 지역
④ 남위 25° ~ 북위 50° 사이의 지역

21. 다음 중 리큐르(Liqueur)의 종류에 속하지 않는 것은?
① Creme de Cacao ② Curacao
③ Negroni ④ Dubonnet

22. 커피 로스팅의 정도에 따라 약한 순서에서 강한 순서대로 나열한 것으로 옳은 것은?
① American Roasting → German Roasting → French Roasting → Italian Roasting
② German Roasting → Italian Roasting → American Roasting → French Roasting
③ Italian Roasting → German Roasting → American Roasting → French Roasting
④ French Roasting → American Roasting → Italian Roasting → German Roasting

23. 좋은 맥주용 보리의 조건으로 알맞은 것은?
① 껍질이 두껍고 윤택이 있는 것
② 알맹이가 고르고 발아가 잘 안 되는 것
③ 수분 함유량이 높은 것
④ 전분 함유량이 많은 것

24. 몰트위스키의 제조과정에 대한 설명으로 틀린 것은?
① 정선 – 불량한 보리를 제거한다.
② 침맥 – 보리를 깨끗이 씻고 물을 주어 발아를 준비한다.
③ 제근 – 맥아의 뿌리를 제거시킨다.
④ 당화 – 효모를 가해 발효시킨다.

25. 증류주가 사용되지 않은 칵테일은?
① Manhattan ② Rusty Nail
③ Irish Coffe ④ Grasshopper

26. 꿀로 만든 리큐르(Liqueur)는?
① Creme de Menthe ② Curacao
③ Galliano ④ Drambuie

27. 다음 중 레드와인용 포도 품종이 아닌 것은?
① 리슬링(Riesling)
② 메를로(Merlot)
③ 삐노 누아(Pinot Noir)
④ 카베르네 쇼비뇽(Cabernet Sauvignon)

28. 다음 중 상면발효맥주가 아닌 것은?
① 에일 ② 복
③ 스타우트 ④ 포터

29. 증류주가 아닌 것은?
① 풀케 ② 진
③ 데킬라 ④ 아쿠아비트

30. 음료의 역사에 대한 설명으로 틀린 것은?
① 기원전 6000년경 바빌로니아 사람들은 레몬과즙을 마셨다.
② 스페인 발렌시아 부근의 동굴에서는 탄산가스를 발견해 마시는 벽화가 있다.
③ 바빌로니아 사람들은 밀빵이 물에 젖어 발효된 맥주를 발견해 음료로 즐겼다.
④ 중앙아시아 지역에서는 야생의 포도가 쌓여 자연 발효된 포도주를 음료로 즐겼다.

【2과목】 주장관리개론(20문제)

31. 다음 중 올바른 음주방법과 가장 거리가 먼 것은?
① 술 마시기 전에 음식을 먹어서 공복을 피한다.
② 본인의 적정 음주량을 초과하지 않는다.
③ 먼저 알코올 도수가 높은 술부터 낮은 술로 마신다.
④ 술을 마실 때 가능한 천천히 그리고 조금씩 마신다.

32. 조주 시 필요한 셰이커(Shaker)의 3대 구성 요소의 명칭이 아닌 것은?
① 믹싱(Mixing) ② 보디(Body)
③ 스트레이너(Stainer) ④ 캡(Cap)

33. 개봉한 뒤 다 마시지 못한 와인의 보관방법으로 옳지 않은 것은?
① vacuum pump로 병 속의 공기를 빼낸다.
② 코르크로 막아 즉시 냉장고에 넣는다.
③ 마개가 없는 디캔터에 넣어 상온에 둔다.
④ 병속에 불활성 기체를 넣어 산소의 침입을 막는다.

34. 주로 추운 계절에 추위를 녹이기 위하여 외출이나 등산 후에 따뜻하게 마시는 칵테일로 가장 거리가 먼 것은?

① Irish Coffee ② Tropical Cockail

③ Rum Grog ④ Vin Chaud

35. 행사장에 임시로 설치해 간단한 주류와 음료를 판매하는 곳의 명칭은?

① Open Bar ② Dance Bar

③ Cash Bar ④ Lounge Bar

36. Red Wine Decanting에 사용되지 않는 것은?

① Wine Cradle ② Candle

③ Cloth Napkin ④ Snifter

37. 주류의 Inventory Sheet에 표기되지 않는 것은?

① 상품명 ② 전기 이월량

③ 규격(또는 용량) ④ 구입가격

38. 생맥주를 중심으로 각종 식음료를 비교적 저렴하게 판매하는 영국식 선술집은?

① Saloon ② Pub

③ Lounge Bar ④ Banquet

39. Stem Glass인 것은?

① Collins Grass ② Old Fashioned Grass

③ Straight up Grass ④ Sherry Grass

40. 바(Bar)의 업무 효율향상을 위한 시설물 설치방법으로 옳지 않는 것은?
   ① 얼음 제빙기는 가능한 바(Bar) 내에 설치한다.
   ② 바의 수도 시설은 믹싱 스테이션(Mixing Station)바로 후면에 설치한다.
   ③ 각 얼음은 아이스 텅(Ice Tongs)에다 채워놓고 바(Bar) 작업대 옆에 보관한다.
   ④ 냉각기(Cooling Cabinet)는 주방 밖에 설치한다.

41. 식재료 원가율 계산 방법으로 옳은 것은?
   ① 기초재고 + 당기매입 – 기말재고
   ② (식재료 원가/총매출액) × 100
   ③ 비용 + (순이익/수익)
   ④ (식재료 원가/월매출액) × 30

42. 바(Bar)의 기구가 아닌 것은?
   ① 믹싱 셰이커(Mixing Shaker)
   ② 레몬 스퀴저(Lemon Squeezer)
   ③ 바 스트레이너(Bar Strainer)
   ④ 스테이플러(Stapler)

43. 칵테일을 만드는 기법으로 적당하지 않은 것은?
   ① 띄우기(floating) ② 휘젓기(stirring)
   ③ 흔들기(shaking) ④ 거르기(filtering)

44. 구매관리 업무와 가장 거리가 먼 것은?
   ① 납기관리 ② 우량 납품업체 선정
   ③ 시장조사 ④ 음료상품 판매촉진 기획

45. 다음 식품위생법상의 식품접객업의 내용으로 틀린 것은?
   ① 휴게음식점 영업은 주로 빵과 떡 그리고 과자와 아이스크림류 등 과자점 영업을 포함한다.
   ② 일반음식점 영업은 음식류만 조리 판매가 허용되는 영업을 말한다.
   ③ 단란주점영업은 유흥종사자는 둘 수 없으나 모든 주류의 판매 허용과 손님이 노래를 부르는 행위가 허용되는 영업이다.

④ 유흥주점영업은 유흥종사자를 두거나 손님이 노래를 부르거나 춤을 추는 행위가 허용되는 영업니다.

46. 물로 커피를 추출할 때 사용하는 도구가 아닌 것은?

① Coffe Urn ② Siphon

③ Dripper ④ French Press

47. cork screw의 사용 용도는?

① 잔 받침대 ② 와인 보관용 그릇

③ 와인의 병마개용 ④ 와인의 병마개 오픈용

48. 식재료가 소량이면서 고가인 경우나 희귀한 아이템의 경우에 검수 하는 방법으로 옳은 것은?

① 발췌 검수법 ② 전수 검수법

③ 송장 검수법 ④ 서명 검수법

49. 주장 경영 원가의 3요소로 가장 적합한 것은?

① 재료비, 노무비, 기타경비

② 재료비, 인건비, 세금

③ 재료비, 직원 급여, 권리금

④ 재료비, 노무비, 월세와 관리비

50. 바텐더의 자세로 가장 바람직하지 못한 것은?

① 영업 전 후 Inventory 정리를 한다.

② 유통기한을 수시로 체크한다.

③ 손님과의 대화를 위해 뉴스, 신문 등을 자주 본다.

④ 고가의 상품을 판매를 위해 손님에게 추천한다.

【3과목】 고객서비스영어(10문제)

51. "How often do you drink?"의 대답으로 적합하지 않은 것은?

① Every day ② About three time a month

③ once a week ④ After work

52. "All tables are booked tonight"과 의미가 같은 것은?

① All books are on the table.

② There are a lot of table here.

③ All tables are very dirty tonight.

④ There aren't any available tables tonight.

53. Please select the cocktail-based wine in the following.

① Mai-Tai ② Mah-jong

③ Salty-Dog ④ Sangria

54. Which one is the best harmony with gin?

① sprite ② ginger ale

③ cola ④ tonic water

55. Which cocktail name means "Freedom"?

① God mother ② Cuba libre

③ God father ④ French kiss

56. "그걸로 주세요."라는 표현으로 가장 적합한 것은?

① I'll have this one. ② Give me one more.

③ That's please. ④ I already had one.

57. 다음에서 설명하는 bitters는?

It is made from a Trinidadian sector recipe.

① peyshaud's bitters ② Abbott's aged bitters
③ Orange bitters ④ Angostura bitters

58. 아래의 대화에서 ( ) 안에 알맞은 단어로 짝지어진 것은?

A : Let?s go ( ) a drink after work. will you? B : I don?t ( ) like a drink today.

① for, feel ② to, have
③ in, know ④ of, give

59. ( )에 들어갈 단어로 옳은 것은?

( ) is a late morning meal between breakfast and lunch.

① Buffet ② Brunch
③ American breakfast ④ Continental breakfast

60. ( )안에 가장 알맞은 것은?

W : What would you like to drink, sir? G : Scotch ( ) the rocks, please.

① in ② with
③ on ④ put

2013년 10월 21일 기출문제 정답

1	2	3	4	5	6	7	8	9	10
2	3	2	3	4	2	3	2	2	2
11	12	13	14	15	16	17	18	19	20
4	3	2	4	4	3	4	4	3	2
21	22	23	24	25	26	27	28	29	30
3	1	4	4	4	4	1	2	1	2
31	32	33	34	35	36	37	38	39	40
3	1	3	2	3	4	4	2	4	3
41	42	43	44	45	46	47	48	49	50
2	4	4	4	2	1	4	2	1	4
51	52	53	54	55	56	57	58	59	60
4	4	4	4	2	1	4	1	2	3

2014년 1월 26일 기출문제

【1과목】 주류학개론(30문제)

1. 고구려의 술로 전해지며, 여름날 황혼 무렵에 찐 차좁쌀로 담가서 그 다음날 닭이 우는 새벽녘에 먹을 수 있도록 빚었던 술은?
   ① 교동법주 ② 청명주
   ③ 소곡주 ④ 계명주

2. 다음 술 종류 중 코디얼(cordial)에 해당하는 것은?
   ① 베네딕틴(Benedictine)
   ② 골든스 론돈 드라이 진(Gordons london dry gin)
   ③ 커티 샥(Cutty sark)
   ④ 올드 그랜드 대드(Old grand dad)

3. 독일와인의 분류 중 가장 고급와인의 등급표시는?
   ① Q.b.A ② Tafelwein
   ③ Landwein ④ Q.m.P

4. 하면 발효 맥주가 아닌 것은?
   ① Lager beer ② Porter beer
   ③ Pilsen beer ④ Munchen beer

5. 조선시대의 술에 대한 설명으로 틀린 것은?
   ① 중국과 일본에서 술이 수입되었다.
   ② 술 빚는 과정에 있어 여러 번 걸쳐 덧술을 하였다.
   ③ 고려시대에 비하여 소주의 선호도가 높았다.
   ④ 소주를 기본으로 한 약용약주, 혼양주의 제조가 증가했다.

6. 프랑스 보르도(Bordeaux) 지방의 와인이 아닌 것은?
   ① 보졸레(Beaujolais), 론(Rhone)
   ② 메독(Medoc), 그라브(Grave)
   ③ 포므롤(Pomerol), 소테른(Sauternes)
   ④ 생떼밀리옹(Saint-Emilion), 바르삭(Barsac)

7. 스카치 위스키가 아닌 것은?
   ① Crown Royal　② White Horse
   ③ Johnnie Walker　④ VAT 69

8. 맥주의 효과와 가장 거리가 먼 것은?
   ① 향균 작용
   ② 이뇨 억제 작용
   ③ 식욕 증진 및 소화 촉진 작용
   ④ 신경 진정 및 수면 촉진 작용

9. 오렌지 과피, 회향초 등을 주원료로 만들며 알코올 농도가 24% 정도가 되는 붉은 색의 혼성주는?
   ① Beer　② Drambuie
   ③ Campari　④ Cognac

10. 커피를 주원료로 만든 리큐르는?
   ① Grand Marnier　② Benedictine
   ③ Kahlua　④ Sloe Gin

11. 소다수에 대한 설명 중 틀린 것은?
   ① 인공적으로 이산화탄소를 첨가한다.
   ② 약간의 신맛과 단맛이 나며 청량감이 있다.

③ 식욕을 돋우는 효과가 있다.
④ 성분은 수분과 이산화탄소로 칼로리는 없다.

12. 와인에 관한 용어 설명 중 틀린 것은?
① 탄닌(tannin) – 포도의 껍질, 씨와 줄기, 오크통에서 우러나오는 성분
② 아로마(aroma) – 포도의 품종에 따라 맡을 수 있는 와인의 첫 번째 냄새 또는 향기
③ 부케(bouquet) – 와인의 발효과정이나 숙성과정 중에 형성되는 복잡하고 다양한 향기
④ 빈티지(vintage) – 포도주 제조년도

13. 다음 중 혼성주가 아닌 것은?
① Apricot brandy ② Amaretto
③ Rusty nail ④ Anisette

14. 다음 중 코냑이 아닌 것은?
① Courvoisier ② Camus
③ Mouton Cadet ④ Remy Martin

15. 맥주의 재료인 호프(hop)의 설명으로 옳지 않은 것은?
① 자웅이주 식물로서 수꽃인 솔방울 모양의 열매를 사용한다.
② 맥주의 쓴맛과 향을 낸다.
③ 단백질을 침전 · 제거하여 맥주를 맑고 투명하게 한다.
④ 거품의 지속성 및 항균성을 부여한다.

16. 음료에 대한 설명이 잘못된 것은?
① 진저엘(Ginger ale)은 착향 탄산음료이다.
② 토닉워터(Tonic Water)는 착향 탄산음료이다.
③ 세계 3대 기호음료는 커피, 코코아, 차(Tea)이다.
④ 유럽에서 Cider(또는 Cidre)는 착향 탄산음료이다.

17. 위스키(Whisky)와 브랜디(Brandy)에 대한 설명이 틀린 것은?
    ① 위스키는 곡물을 발효시켜 증류한 술이다.
    ② 캐나디언 위스키(Canadian Whisky)는 캐나다 산 위스키의 총칭이다.
    ③ 브랜디는 과실을 발효 · 증류해서 만든다.
    ④ 코냑(Cognac)은 위스키의 대표적인 술이다.

18. 레몬주스, 슈가시럽, 소다수를 혼합한 것으로 대용할 수 있는 것은?
    ① 진저엘 ② 토닉워터
    ③ 칼린스 믹스 ④ 사이다

19. 커피의 품종이 아닌 것은?
    ① 아라비카(Arabica) ② 로부스타(Robusta)
    ③ 리베리카(Riberica) ④ 우바(Uva)

20. 다음 광천수 중 탄산수가 아닌 것은?
    ① 셀처 워터(Seltzer Water) ② 에비앙 워터(Evian Water)
    ③ 초정약수 ④ 페리에 워터(Perrier Water)

21. 이탈리아 와인 중 지명이 아닌 것은?
    ① 키안티 ② 바르바레스코
    ③ 바롤로 ④ 바르베라

22. 와인에 국화과의 아티초크(Artichoke)와 약초의 엑기스를 배합한 이태리산 리큐르는?
    ① Absinthe ② Dubonnet
    ③ Amer picon ④ Cynar

23. 다음 중 식전주(Aperitif)로 가장 적합하지 않은 것은?
    ① Campari ② Dubonnet
    ③ Cinzano ④ Sidecar

24. 브랜디의 제조순서로 옳은 것은?
   ① 양조작업 – 저장 – 혼합 – 증류 – 숙성 – 병입
   ② 양조작업 – 증류 – 저장 – 혼합 – 숙성 – 병입
   ③ 양조작업 – 숙성 – 저장 – 혼합 – 증류 – 병입
   ④ 양조작업 – 증류 – 숙성 – 저장 – 혼합 – 병입

25. 다음 중 Bitter가 아닌 것은?
   ① Angostura ② Campari
   ③ Galliano ④ Amer Picon

26. Tequila에 대한 설명으로 틀린 것은?
   ① Tequila 지역을 중심으로 지정된 지역에서만 생산된다.
   ② Tequila를 주원료로 만든 혼성주는 Mezcal이다.
   ③ Tequila는 한 품종의 Agave만 사용된다.
   ④ Tequila는 발효 시 옥수수당이나 설탕을 첨가할 수도 있다.

27. 증류주에 대한 설명으로 옳은 것은?
   ① 과실이나 곡류 등을 발효시킨 후 열을 가하여 분리한 것이다.
   ② 과실의 향료를 혼합하여 향기와 감미를 첨가한 것이다.
   ③ 주로 맥주, 와인, 양주 등을 말한다.
   ④ 탄산성 음료는 증류주에 속한다.

28. 리큐르의 제조법이 아닌 것은?
   ① 증류법 ② 에센스법
   ③ 믹싱법 ④ 침출법

29. 와인 제조 시 이산화황(SO_2)을 사용하는 이유가 아닌 것은?
   ① 항산화제 역할 ② 부패균 생성 방지
   ③ 갈변 방지 ④ 효모 분리

30. 진(Gin)의 상표로 틀린 것은?
① Bombay Sapphire ② Gordon's
③ Smirnoff ④ Beefeater

【2과목】 주장관리개론(20문제)

31. 연회용 메뉴 계획시 에피타이저 코스에 술을 권유하려 할 때 다음 중 가장 적합한 것은?
① 리큐르(liqueur) ② 크림 쉐리(cream sherry)
③ 드라이 쉐리(dry sherry) ④ 포트 와인(port wine)

32. 주장(bar) 영업종료 후 재고조사표를 작성하는 사람은?
① 식음료 매니저 ② 바 매니저
③ 바 보조 ④ 바텐더

33. 화이트와인 서비스과정에서 필요한 기물과 가장 거리가 먼 것은?
① Wine cooler ② Wine stand
③ Wine basket ④ Wine opener

34. 일과 업무 시작 전에 바(bar)에서 판매 가능한 양만큼 준비해 두는 각종의 재료를 무엇이라고 하는가?
① Bar Stock ② Par Stock
③ Pre-Product ④ Ordering Product

35. 흔들기(Shaking)에 대한 설명 중 틀린 것은?
① 잘 섞이지 않고 비중이 다른 음료를 조주할 때 적합하다.
② 롱 드링크(long drink) 조주에 주로 사용한다.
③ 애플마티니를 조주할 때 이용되는 기법이다.
④ 셰이커를 이용한다.

36. 칵테일글라스(Cocktail Glass)의 3대 명칭이 아닌 것은?
① 베이스(Base) ② 스템(Stem)
③ 보울(Bowl) ④ 캡(Cap)

37. 싱가포르 슬링(Singapore Sling) 칵테일의 장식으로 알맞은 것은?
① 시즌과일(season fruits)
② 올리브(olive)
③ 필 어니언(peel onion)
④ 계피(cinnamon)

38. 네그로니(Negroni) 칵테일의 조주 시 재료로 가장 적합한 것은?
① Rum 3/4oz, Sweet Vermouth 3/4oz, Campari 3/4oz, Twist of lemon peel
② Dry Gin 3/4oz, Sweet Vermouth 3/4oz, Campari 3/4oz, Twist of lemon peel
③ Dry Gin 3/4oz, Dry Vermouth 3/4oz, Grenadine Syrup 3/4oz, Twist of lemon peel
④ Tequila 3/4oz, Sweet Vermouth 3/4oz, Campari 3/4oz, Twist of lemon peel

39. 브랜디 글라스(Brandy Glass)에 대한 설명으로 틀린 것은?
① 코냑 등을 마실 때 사용하는 튤립형의 글라스이다.
② 향을 잘 느낄 수 있도록 만들어졌다.
③ 기둥이 긴 것으로 윗부분이 넓다.
④ 스니프터(snifter)라고도 하며 밑이 넓고 위는 좁다.

40. Cocktail Shaker에 넣어 조주하는 것이 부적합한 재료는?
① 럼(Rum) ② 소다수(Soda Water)
③ 우유(Milk) ④ 달걀흰자

41. 다음 음료 중 냉장 보관이 필요 없는 것은?
① White Wine ② Dry Sherry
③ Beer ④ Brandy

42. 칵테일 조주 시 사용되는 다음 방법 중 가장 위생적인 방법은?
① 손으로 얼음을 Glass에 담는다.
② Glass 윗부분(Rine)을 손으로 잡아 움직인다.
③ Garnish는 깨끗한 손으로 Glass에 Setting 한다.
④ 유효기간이 지난 칵테일 부재료를 사용한다.

43. 주장요원의 업무규칙에 부합하지 않는 것은?
① 조주는 규정된 레시피에 의해 만들어져야 한다.
② 요금의 영수 관계를 명확히 하여야 한다.
③ 음료의 필요재고보다 두 배 이상의 재고를 보유하여야 한다.
④ 고객의 음료 보관 시 명확한 표기와 보관을 책임진다.

44. 와인을 주재료(wine base)로 한 칵테일이 아닌 것은?
① 키어(Kir) ② 블루 하와이(Blue hawaii)
③ 스프리처(Sprizer) ④ 미모사(Mimosa)

45. 물품검수 시 주문내용과 차이가 발견될 때 반품하기 위하여 작성하는 서류는?
① 송장(invoice)
② 견적서(price quotation sheet)
③ 크레디트 메모(Credit memorandum)
④ 검수보고서(receiving sheet)

46. 고객에게 음료를 제공할 때 반드시 필요치 않은 비품은?
① Cocktail Napkin ② Can Opener
③ Muddler ④ Coaster

47. 칵테일 부재료 중 spice류에 해당되지 않는 것은?
① Grenadine syrup ② Mint
③ Nutmeg ④ Cinnamon

48. Wine 저장에 관한 내용 중 적절하지 않는 것은?
   ① White Wine은 냉장고에 보관하되 그 품목에 맞는 온도를 유지해 준다.
   ② Red Wine은 상온 Cellar에 보관하되 그 품목에 맞는 적정온도를 유지해 준다.
   ③ Wine을 보관하면서 정기적으로 이동 보관한다.
   ④ Wine 보관 장소는 햇볕이 잘 들지 않고 통풍이 잘되는 곳에 보관하는 것이 좋다.

49. 주장원가의 3요소로 가장 적합한 것은?
   ① 인건비, 재료비, 주장경비
   ② 인건비, 재료비, 세금봉사료
   ③ 인건비, 재료비, 주세
   ④ 인건비, 재료비, 세금

50. Muddler에 대한 설명으로 옳은 것은?
   ① 설탕이나 장식과일 등을 으깨거나 혼합할 때 사용한다.
   ② 칵테일 장식에 체리나 올리브 등을 찔러 장식할 때 사용한다.
   ③ 규모가 큰 얼음덩어리를 잘게 부술 때 사용한다.
   ④ 술의 용량을 측정할 때 사용한다.

【3과목】 고객서비스영어(10문제)

51. Which one is made with vodka and coffee liqueur?
   ① Black russian　　② Rusty nail
   ③ Cacao fizz　　④ Kiss of fire

52. Which of the following doesn't belong to the regions of France where wine is produced?
   ① Bordeaux　　② Burgundy
   ③ Champagne　　④ Rheingau

53. Which is the correct one as a base of Port Sangaree in the following?

① Rum　② Vodka
③ Gin　④ Wine

54. "a glossary of basic wine terms"의 연결로 틀린 것은?

① Balance : the portion of the wine's odor derived from the grape variety and fermentation.
② Nose : the total odor of wine composed of aroma, bouquet, and other factors.
③ Body : the weight or fullness of wine on palate.
④ Dry : a tasting term to denote the absence of sweetness in wine.

55. 다음에서 설명하는 것은?

When making a cocktail, this is the main ingredient into which other things are added.

① base　② glass
③ straw　④ decoration

56. 다음에서 설명하는 것은?

An anise-flavored, high-proof liqueur now banned due to the alleged toxic effects of wormwood, which reputedly turned the brains of heavy users to mush.

① Curacao　② Absinthe
③ Calvados　④ Benedictine

57. 다음에서 설명하는 것은?

> A honeydew melon flavored liqueur from the Japanese house of Suntory.

① Midori ② Cointreau
③ Grand Marnier ④ Apricot Brandy

58. 다음 ( )에 알맞은 단어는?

> Dry gin merely signifies that the gin lacks ( ).

① sweetness ② sourness
③ bitterness ④ hotness

59. 다음 ( )안에 들어갈 알맞은 것은?

> ( ) is a Caribbean coconut-flavored rum originally from Barbados.

① Malibu ② Sambuca
③ Maraschino ④ Southern Comfort

60. 다음 ( )안에 들어갈 알맞은 것은?

> This is our first visit to Korea and before we ( ) our dinner, we want to ( ) some domestic drinks here.

① have, try ② having, trying
③ serve, served ④ serving, be served

2014년 1월 26일 기출문제 정답

1	2	3	4	5	6	7	8	9	10
4	1	4	2	1	1	1	2	3	3
11	12	13	14	15	16	17	18	19	20
2	4	3	3	1	4	4	3	4	2
21	22	23	24	25	26	27	28	29	30
4	4	4	2	3	2	1	3	4	3
31	32	33	34	35	36	37	38	39	40
3	4	3	2	2	4	1	2	3	2
41	42	43	44	45	46	47	48	49	50
4	3	3	2	3	2	1	3	1	1
51	52	53	54	55	56	57	58	59	60
1	4	4	1	1	2	1	1	1	1

2014년 4월 6일 기출문제

【1과목】 주류학개론(30문제)

1. 진(Gin)이 제일 처음 만들어진 나라는?
   ① 프랑스 ② 네덜란드
   ③ 영국 ④ 덴마크

2. 다음 중 식전주로 가장 적합한 것은?
   ① 맥주(Beer)
   ② 드람뷔이(Drambuie)
   ③ 캄파리(Campari)
   ④ 코냑(Cognac)

3. 다음 중 Fortified Wine이 아닌 것은?
   ① Sherry Wine ② Vermouth
   ③ Port Wine ④ Blush Wine

4. 화이트와인용 포도품종이 아닌 것은?
   ① 샤르도네 ② 시라
   ③ 소비뇽 블랑 ④ 삐노 블랑

5. 혼성주의 특징으로 옳은 것은?
   ① 사람들의 식욕부진이나 원기 회복을 위해 제조되었다.
   ② 과일 중에 함유되어 있는 당분이나 전분을 발효시켰다.
   ③ 과일이나 향료, 약초 등 초근목피의 침전물로 향미를 더하여 만든 것으로, 현재는 식후주로 많이 애음된다.
   ④ 저온 살균하여 영양분을 섭취할 수 있다.

6. 아쿠아비트(Aquavit)에 대한 설명 중 틀린 것은?
   ① 감자를 당화시켜 연속 증류법으로 증류한다.
   ② 혼성주의 한 종류로 식후주에 적합하다.
   ③ 맥주와 곁들여 마시기도 한다.
   ④ 진(Gin)의 제조 방법과 비슷하다.

7. 스팅거(Stinger)를 제공하는 유리잔(Glass)의 종류는?
   ① 하이볼(High ball) 글라스
   ② 칵테일(Cocktail) 글라스
   ③ 올드 패션드(Old Fashioned) 글라스
   ④ 사워(Sour) 글라스

8. 주정 강화로 제조된 시칠리아산 와인은?
   ① Champagne ② Grappa
   ③ Marsala ④ Absente

9. Scotch whisky에 대한 설명으로 옳지 않은 것은?
   ① Malt whisky는 대부분 Pot still을 사용하여 증류한다.
   ② Blended whisky는 Malt whisky와 Grain whisky를 혼합한 것이다.
   ③ 주원료인 보리는 이탄(Peat)의 연기로 건조시킨다.
   ④ Malt whisky는 원료의 향이 소실되지 않도록 반드시 1회만 증류한다.

10. 커피의 품종에서 주로 인스턴트커피의 원료로 사용되고 있는 것은?
   ① 로부스타 ② 아라비카
   ③ 리베리카 ④ 레귤러

11. Whisky 1 Ounce(알코올 도수 40%), Cola 4 oz(녹는 얼음의 양은 계산하지 않음)를 재료로 만든 Whisky Coke의 알코올 도수는?
   ① 6% ② 8% ③ 10% ④ 12%

12. 증류하면 변질될 수 있는 과일이나 약초, 향료에 증류주를 가해 향미성을 용해시키는 방법으로 열을 가하지 않는 리큐르 제조법으로 가장 적합한 것은?

① 증류법 ② 침출법
③ 여과법 ④ 에센스법

13. 와인 병 바닥의 요철 모양으로 오목하게 들어간 부분은?

① 펀트(Punt) ② 발란스(Balance)
③ 포트(Port) ④ 노블 롯(Noble Rot)

14. 이탈리아 리큐르로 살구씨를 물과 함께 증류하여 향초 성분과 혼합하고 시럽을 첨가해서 만든 리큐르는?

① Cherry Brandy ② Curacao
③ Amaretto ④ Tia Maria

15.포도즙을 내고 남은 찌꺼기에 약초 등을 배합하여 증류해 만든 이태리 술은?

① 삼부카 ② 버머스
③ 그라빠 ④ 캄파리

16. 조선시대에 유입된 외래주가 아닌 것은?

① 천축주 ② 섬라주
③ 금화주 ④ 두견주

17. 고려 때에 등장한 술로 병자호란이던 어느 해 이완 장군이 병사들의 사기를 돋우기 위해 약용과 가향의 성분을 고루 갖춘 이 술을 마시게 한 것에서 유래된 것으로 알려졌으며, 차보다 얼큰하고 짙게 우러난 호박색이 부드럽고 연 냄새가 은은한 전통제주로 감칠맛이 일품인 전통주는?

① 문배주 ② 이강주 ③ 송순주 ④ 연엽주

18. 테킬라에 대한 설명으로 맞게 연결된 것은?

> 최초의 원산지는 (㉠)로서 이 나라의 특산주이다.
> 원료는 백합과의 (㉡)인데 이 식물에는 (㉢)이라는 전분과 비슷한 물질이 함유되어 있다.

① ㉠ 멕시코, ㉡ 풀케(Pulque), ㉢ 루플린
② ㉠ 멕시코, ㉡ 아가베(Agave), ㉢ 이눌린
③ ㉠ 스페인, ㉡ 아가베(Agave), ㉢ 루플린
④ ㉠ 스페인, ㉡ 풀케(Pulque), ㉢ 이눌린

19. 차(Tea)에 대한 설명으로 가장 거리가 먼 것은?
① 녹차는 차 잎을 찌거나 덖어서 만든다.
② 녹차는 끓는 물로 신속히 우려낸다.
③ 홍차는 레몬과 잘 어울린다.
④ 홍차에 우유를 넣을 때는 뜨겁게 하여 넣는다.

20. 이탈리아 I.G.T 등급은 프랑스의 어느 등급에 해당되는가?
① V.D.Q.S　　② Vin de Pays
③ Vin de Table　　④ A.O.C

21. 진저엘의 설명 중 틀린 것은?
① 맥주에 혼합하여 마시기도 한다.
② 생강향이 함유된 청량음료이다.
③ 진저엘의 엘은 알코올을 뜻한다.
④ 진저엘은 알코올분이 있는 혼성주이다.

22. 곡류와 감자 등을 원료로 하여 당화시킨 후 발효하고 증류한다. 증류액을 희석하여

자작나무 숯으로 만든 활성탄에 여과하여 정제하기 때문에 무색, 무취에 가까운 특성을 가진 증류주는?

① Gin ② Vodka ③ Rum ④ Tequila

23. 차와 코코아에 대한 설명으로 틀린 것은?

① 차는 보통 홍차, 녹차, 청차 등으로 분류된다.

② 차의 등급은 잎의 크기나 위치 등에 크게 좌우된다.

③ 코코아는 카카오 기름을 제거하여 만든다.

④ 코코아는 사이폰(syphon)을 사용하여 만든다.

24. 그랑드 샹빠뉴 지역의 와인 증류원액을 50% 이상 함유한 코냑을 일컫는 말은?

① 샹빠뉴 블랑 ② 쁘띠뜨 샹빠뉴

③ 핀 샹빠뉴 ④ 샹빠뉴 아르덴

25. 단식증류기의 일반적인 특징이 아닌 것은?

① 원료 고유의 향을 잘 얻을 수 있다.

② 고급 증류주의 제조에 이용한다.

③ 적은 양을 빠른 시간에 증류하여 시간이 적게 걸린다.

④ 증류 시 알코올 도수를 80도 이하로 낮게 증류한다.

26. 다음 중 과즙을 이용하여 만든 양조주가 아닌 것은?

① Toddy ② Cider ③ Perry ④ Mead

27. 상면발효 맥주 중 벨기에에서 전통적인 발효법을 이용해 만드는 맥주로, 발효시키기 전에 뜨거운 맥즙을 공기 중에 직접 노출시켜 자연에 존재하는 야생효모와 미생물이 자연스럽게 맥즙에 섞여 발효하게 만든 맥주는?

① 스타우트(Stout) ② 도르트문트(Dortmund)

③ 에일(Ale) ④ 람빅(Lambics)

28. 각국을 대표하는 맥주를 바르게 연결한 것은?
① 미국 - 밀러, 버드와이저
② 독일 - 하이네켄, 뢰벤브로이
③ 영국 - 칼스버그, 기네스
④ 체코 - 필스너, 벡스

29. 조주 상 사용되는 표준계량의 표시 중에서 틀린 것은?
① 1 티스푼(tea spoon) = 1/8 온스
② 1 스플리트(split) = 6 온스
③ 1 핀트(pint) = 10 온스
④ 1 포니(pony) = 1 온스

30. 다음 중 홍차가 아닌 것은?
① 잉글리시 블랙퍼스트(English breakfast)
② 로브스타(Robusta)
③ 다즐링(Dazeeling)
④ 우바(Uva)

【2과목】 주장관리개론(20문제)

31.칵테일의 종류 중 마가리타(Margarita)의 주원료로 쓰이는 술의 이름은?
① 위스키(Whisky) ② 럼(Rum)
③ 테킬라(Tequila) ④ 브랜디(Brandy)

32. 1 온스(oz)는 몇 mL인가?
① 10.5 mL ② 20.5 mL
③ 29.5 mL ④ 40.5 mL

33. 바카디 칵테일(Bacardi Cocktail)용 글라스는?
① 올드 패션드(Old Fashioned)용 글라스
② 스템 칵테일(Stemmed Cocktail) 글라스
③ 필스너(Pilsner) 글라스
④ 고블렛(Goblet) 글라스

34. 다음 주류 중 알코올 도수가 가장 약한 것은?
① 진(Gin) ② 위스키(Whisky)
③ 브랜디(Brandy) ④ 슬로우진(Sloe Gin)

35. 다음에서 주장관리 원칙과 가장 거리가 먼 것은?
① 매출의 극대화 ② 청결유지
③ 분위기 연출 ④ 완벽한 영업 준비

36. 메뉴 구성 시 산지, 빈티지, 가격 등이 포함되어야 하는 주류와 가장 거리가 먼 것은?
① 와인 ② 칵테일
③ 위스키 ④ 브랜디

37. 조주보조원이라 일컬으며 칵테일 재료의 준비와 청결 유지를 위한 청소담당 및 업장 보조를 하는 사람은?
① 바 헬퍼(Bar helper) ② 바텐더(Bartender)
③ 헤드 바텐더(Head Bartender) ④ 바 매니져(Bar Manager)

38. 코스터(Coaster)란?
① 바용 양념세트 ② 잔 밑받침
③ 주류 재고 계량기 ④ 술의 원가표

39. 칵테일 기구에 해당되지 않는 것은?
① Butter Bowl ② Muddler
③ Strainer ④ Bar Spoon

40. 와인병을 눕혀서 보관하는 이유로 가장 적합한 것은?
① 숙성이 잘되게 하기 위해서
② 침전물을 분리하기 위해서
③ 맛과 멋을 내기 위해서
④ 색과 향이 변질되는 것을 방지하기 위해서

41. 얼음을 다루는 기구에 대한 설명으로 틀린 것은?
① Ice Pick – 얼음을 깰 때 사용하는 기구
② Ice Scooper – 얼음을 떠내는 기구
③ Ice Crusher – 얼음을 가는 기구
④ Ice Tong – 얼음을 보관하는 기구

42. 핑크 레이디, 밀리언 달러, 마티니, B-52의 조주 기법을 순서대로 나열한 것은?
① shaking, stirring, building, float &layer
② shaking, shaking, float &layer, building
③ shaking, shaking, stirring, float &layer
④ shaking, float &layer, stirring, building,

43. 선입선출(FIFO)의 원래 의미로 맞는 것은?
① First – in, First – on
② First – in, First – off
③ First – in, First – out
④ First – inside, First – on

44. Honeymoon 칵테일에 필요한 재료는?
① Apple Brandy ② Dry Gin
③ Old Tom Gin ④ Vodka

45. 바 매니져(Bar Manager)의 주 업무가 아닌 것은?
① 영업 및 서비스에 관한 지휘 통제권을 갖는다.
② 직원의 근무 시간표를 작성한다.
③ 직원들의 교육 훈련을 담당한다.
④ 인벤토리(Inventory)를 세부적으로 관리한다.

46. 주로 tropical cocktail을 조주할 때 사용하며 "두들겨 으깬다."라는 의미를 가지고 있는 얼음은?
① shaved ice ② crushed ice
③ cubed ice ④ cracked ice

47. 칵테일을 제조할 때 계란, 설탕, 크림(cream) 등의 재료가 들어가는 칵테일을 혼합할 때 사용하는 기구는?
① Shaker ② Mixing Glass
③ Jigger ④ Strainer

48. Champagne 서브 방법으로 옳은 것은?
① 병을 미리 흔들어서 거품이 많이 나도록 한다.
② 0 ~ 4℃ 정도의 냉장온도로 서브한다.
③ 쿨러에 얼음과 함께 담아서 운반한다.
④ 가능한 코르크를 열 때 소리가 크게 나도록 한다.

49. 칵테일 용어 중 트위스트(Twist)란?
① 칵테일 내용물이 춤을 추듯 움직임
② 과육을 제거하고 껍질만 짜서 넣음
③ 주류 용량을 잴 때 사용하는 기물
④ 칵테일의 2온스 단위

50. 칵테일 재료 중 석류를 사용해 만든 시럽(Syrup)은?
① 플레인 시럽 (Plain Syrup)
② 검 시럽 (Gum Syrup)
③ 그레나딘 시럽 (Grenadine Syrup)
④ 메이플 시럽 (Maple Syrup)

【3과목】 고객서비스영어(10문제)

51. "What will you have to drink?" 의 의미로 가장 적합한 것은?
① 식사는 무엇으로 하시겠습니까?
② 디저트는 무엇으로 하시겠습니까?
③ 그 외에 무엇을 드시겠습니까?
④ 술은 무엇으로 하시겠습니까?

52. What is the name of famous Liqueur on Scotch basis?
① Drambuie ② Cointreau
③ Grand marnier ④ Curacao

53. What is the meaning of the following explanation?

When making a cocktail, this is the main ingredient into which other things are added.

① base ② glass
③ straw ④ decoration

54. "Would you care for dessert?"의 올바른 대답은?
① Vanilla ice-cream, please.
② Ice-water, please.

③ Scotch on the rocks.

④ Cocktail, please

55. Which one is made of dry gin and dry vermouth?

① Martini ② Manhattan

③ Paradise ④ Gimlet

56. 다음 중 의미가 다른 하나는?

① Cheers! ② Give up!

③ Bottoms up! ④ Here's to us!

57. Which of the following is a liqueur made by Irish whisky and Irish cream?

① Benedictine ② Galliano

③ Creme de Cacao ④ Baileys

58. Which of the following is not scotch whisky?

① Cutty Sark ② White Horse

③ John Jameson ④ Royal Salute

59. Which is the syrup made by pomegranate?

① Maple syrup ② Strawberry syrup

③ Grenadine syrup ④ Almond syrup

60. 다음 문장 중 나머지 셋과 의미가 다른 하나는?

① What would you like to have?

② Would you like to order now?

③ Are you ready to order?

④ Did you order him out?

2014년 4월 6일 기출문제 정답

1	2	3	4	5	6	7	8	9	10
2	3	4	2	3	2	2	3	4	1
11	12	13	14	15	16	17	18	19	20
2	2	1	3	3	4	4	2	2	2
21	22	23	24	25	26	27	28	29	30
4	2	4	3	3	4	4	1	3	2
31	32	33	34	35	36	37	38	39	40
3	3	2	4	1	2	1	2	1	4
41	42	43	44	45	46	47	48	49	50
4	3	3	1	4	2	1	3	2	3
51	52	53	54	55	56	57	58	59	60
4	1	1	1	1	2	4	3	3	4

주장용어 해설

A

Aged
양조된 술이나 증류된 술을 나무통 속에 넣어 숙성시키는 것

Angostura Bitters
칵테일 방향제로 사용되는 리큐르(용담뿌리에 즙이 들어가 쓴 맛이 남)

Aperitif
식전에 마시는 식욕촉진주, 단 맛 보다는 쓴 맛의 주류들이 그 대상이 된다.

Aroma
원재료인 포도 자체로부터 느껴지는 향으로 fruity, flower, grassy 등의 향이 있다.

B

Bar catcher
wall opener 에서 병을 딴 뚜껑을 받아 내는 통

Bar mat
칵테일 조주사 bar mat 위에서 만들기 위한 것이며, 간단한 기물(tin,glass 등)을 올려 놓는곳

Bar spoon
칵테일 주조시 stirring이나, layer에 주로 쓰인다.

Bar knife(paring knife)
Bar에서 가니쉬를 만들기 위해 사용한다.

Barrel
술을 제조하여 숙성시키는 나무통

Base Liquor(기주 또는 밑술)
칵테일 조주시 가장 기본이 되는 주재료의 술

Blender
아이스크림이나 hard한 mix류(피나콜라다...), 과일등 술과 잘 섞여지기 어려운 칵테일을 만들때 쓰이는 장비

Blending
일반적으로 믹서를 이용하는 방법으로 프로즌 스타일 칵테일이나 밀크, 계란 등 혼합하기 어려운 재료를 섞을 때 이용한다.

Bin
창고 내에 와인이 저장되는 장소를 말하며 얼음을 담는 그릇일 때는 Ice bin이라 한다.

Black cady
nepkin, straw, ship stick등을 셋팅해 놓는다.

Body
입안을 무겁게 채워주는 느낌으로 도수가 높을수록 진한 맛(full-bodied)을 여러 가지 향과 맛이 복합될 경우에도 진한 맛을 느끼게 된다.

Bottle Aging
고급 레드와인에 적용되는 용어로 병숙성을 뜻함

Bottling
술이나 음료 등을 병에 넣는 작업(병입)

Breathe
와인 코르크를 뽑으면 와인이 공기와 접촉하는 상태

Brut
샴페인이나 스파클링 와인의 용어로 매우 dry 한 것을 뜻함

Building
어떤 기구도 사용하지 않고 칵테일을 글라스에 직접 만드는 방법(Pouring).

C

Cellar
와인을 제조하여 저장하는 곳으로 보통 지하에 설치된다.

Cellar master
와인 제조책임자

Carbonated
탄산가스가 들어간 술, 음료를 의미하는데, 와인에 탄산이 들어가면 sparkling wine이 되며, club soda와 같이 청량음료를 지칭하기도 한다.

Chaser
위스키, 브랜디, 보드카 등 독한 술을 스트레이트로 마실 때 제공되는 청량 및 건강음료 등의 소프트드링크를 말한다.

Cider
사과를 발효시켜 만든 사과주

Corkage charge
보통 연회장에서 손님이 직접 반입한 주류에 대하여 요금을 부과하는데 보통 판매 가격의 30% 정도를 부과하며 부수적으로 필요한 체이서와 글라스 및 얼음 등을 제공해 준다.

Coaster
글라스 밑 부분에 받치는 것으로 수분들 잘 흡수하고 컵이 잘 미끄러지지 않도록 한다.

D

Dash
칵테일에 비터스를 5-6 drops 떨어뜨리는 것을 말한다.

Decanter
레드와인의 침전물을 걸러내기 위해 사용되는 것으로 와인을 서브하기 전 원래의 병에서 다른 용기로 옮겨 담는 것을 말한다.

Delicate
와인 감정의 용어로 섬세하고 신선한 가벼운 와인을 지칭한다.

Dry
단맛(sweet)의 반대 표현으로 당도가 0.5% 이하일 때를 말한다.

Drop
마지막에 비터스 한 방울을 떨어뜨리는 것을 말함

Doux
프랑스어로 sweet한 맛을 뜻한다.

E

Eaux de Vie
브랜디 또는 Grappa와 같은 알코올성 술을 말하는 것으로 생명을 물을 의미한다.

Estate-bottled
와인을 제조한 곳에서 병입한것을 의미한다.

F

Fermentation
와인양조의 발효과정으로 포도주스가 포도주로 변하는 과정

Filtering
화이트와인 양조시 포도주를 맑게 걸러주기 위해서 필터를 통과시켜 여과하는 과정

Fortified Wine
발효시킨 와인이나 발효 중인 와인에 브랜디를 첨가하여 발효를 정지시켜 알코올 함유량을 높인 주정강화 와인

Frappe
얼음을 잘게 부수어 가루를 만든 다음 음료를 만들 때 이용하는 방법으로 그 위에 단술[甘酒]을 넣고 마실 때는 스트로(straw) 를 사용한다.

Floor mat
Bar 내부 바닥에 깔아서 사용한다.(병이나 글라스가 깨지는 것을 방지하기 위한 mat)

Funnet
술의 내용물을 옮길 때 다른 병목에 꽂고 사용하는 기구

Floating
술의 비중을 이용해 섞이지 않도록 띄우는 (Floating) 방법으로 엔젤스 키스(Angel's Kiss), 푸즈 카페(Pousse Cafe), 레인보우(Rain-bow)와 B-52 등을 만들 때 이용한다.

Frosting(=Rimming)
잔의 가장자리 둘레에 설탕이나 소금을 묻히는 방법으로 키스 오브 화이어(Kiss of Fire), 마가리타(Margarita) 등을 만들 때 적합한 방법이다.

G

Garnish case
올리브, 체리, 레몬, 오렌지 등의 가니쉬를

담아 놓을 수 있는 통

Glass rimmer
소금, 설탕, 라임주스를 담는 3단계로 구분되어 있으며 글라스 Rim에 소금이나 설탕을 묻힐 때 사용

Grand Cru
오래된 숙성

H

Herb
줄기, 잎, 뿌리 등이 약용이나 향료의 목적으로 쓰이는 식물

Hop
맥주 양조에 사용되는 원료로 맥주 특유의 향과 쓴 맛을 주며 맥아즙의 단백질을 침전시켜 맑게 해주고 여러 균의 번식을 방지하여 저장성을 높여주는 기능이 있다.

I

Ice scooper
얼음 푸는 기구(얼음삽)

Ice tong
얼음집게

Ice crusher
얼음을 잘게 부스는 기계

Ice pick
얼음 깨는 송곳

J

Jigger
술의 용량을 재는 기구

L

Liquor
곡류나 과실류를 이용하여 발효 및 증류시킨 술의 총칭

Liqueur
발효나 증류시킨 주정에 초근목피의 향료성분을 배합한 혼성주를 총칭

M

Maderization
화이트와인이 오래되거나 산화작용으로 갈색으로 변화되는 현상

Mash
당화시키기 전 더운물을 넣은 맥아와 곡류의 혼합물

Mead
벌꿀술로 꿀에다 맥아, 이스트, 향료, 물 등

을 넣어 발효시킨 봉밀주

Muscat
스위트 디저트 와인을 만드는 포도품종

Mixing tin
칵테일 주조시 mix칵테일(주스류나 믹스류가 들어간)을 만들때 쓰이는 기구로 현재 많이 쓰이고 있다.

Mixing glass
Mixing Tin과 결합되어 사용(월드 바에서 많이 사용 - 클래식 바에서는 주로 셰이커 사용)

Muddler(stir rod)
장식된 과일을 으깨거나 섞는 기구

N

Natural wine
강화와인에 반대되는 개념으로 발효시키서 만든 천연와인

O

Ounce
질량, 부피의 단위이다. 단위는 oz이며, 질량을 표현하는 1oz는 28.35g이다. 칵테일을 조주할 때 1oz는 보통 30ml로 지칭한다.

Oxidation
산화

P

Peel
과일 껍질을 이르는 말인데, 여기서는 레몬이나 오렌지의 작은 조각을 강하게 움켜쥐어 칵테일에 즙을 짜 넣어 향을 내는 것을 말한다.

Pourer
술병에 꽂아 용량대로 따르기 쉽게 해주는 기구

Proof
미국에서 사용되는 알코올 도수의 표기이며 80 proof는 우리나라 도수로 40%에 해당된다.

Port wine
포르투갈산 디저트 와인을 의미함

Pulque
용설란과의 Agave의 수액을 발효시켜 만든 것으로 데킬라의 주원료가 된다.

S

Shaker
칵테일 주조시 mix칵테일을 만들때 쓰이는 기구

Shaking
리큐르류나 크림, 계란, 설탕, 주스 등 혼합하기가 어려운 재료를 사용한 칵테일을 만들 때 이용하는 방법으로 브랜디 알렉산더(Brandy Alexander), 핑크 레이디(Pink lady) 등을 만들 때 이용한다.

Shaker and Build
쉐이킹과 빌딩을 함께 사용하는 방법으로 실버피즈(Silver Fizz), 골든 피즈(Golden Fizz), 싱가폴슬링(Singapore Sling) 등을 만들 때 적합한 방법이다.

Single
술의 용량을 나타내는 것으로, 30mℓ 를 말하며, 더블은 그 2배이다.

Sommelier
와인에 대한 전문적인 지식을 가지고 있으며 고객들에게 추천 및 주문을 받으며 와인을 감별하는 전문적인 직원을 지칭한다.

Spindle Mixer
주스류가 들어간 칵테일을 주조할때 쓰이는 장비로 셰이커를 사용하는 것보다 빠르다

Squeeze
과실의 즙을 자는 것을 말한다.

Stir
바스푼으로 술을 휘저어 섞는 것을 말한다. 셰이크하면 술이 탁해질 경우에 사용한다.

Snow style
칵테일 글라스 가장자리에 레몬즙을 묻히고 그 위에 설탕을 묻혀 눈[雪]처럼 보이게 한 것이다.

Slice
장식에 사용될 과일을 얇게 썬 것이다.

Strainer
mixing glass등에 끼워 얼음을 걸러주는 역할을 한다.

Squeezer
레몬, 라임 등 과즙을 짜는 기구

Stirring
믹싱글라스를 사용하며 비교적 혼합하기 쉬운 재료를 섞으면서 냉각시킬 때 사용하는 방법으로 마티니(Martini), 맨하탄(Manhattan) 같은 숏 드링크가 적합하다.

T

Table wine
식탁용 와인 또는 고급 와인이 아닌 값싼 와인을 지칭함

V

Vintage
포도수확 연도를 뜻함

Vin
프랑스어로 와인을 뜻함

Vino
스페인, 이태리어로 와인을 뜻함

W

Wine screw
와인의 cork마개를 뽑는 기구

Wine Cradle(basket)
와인병을 꽂아 놓는 기구로 서브시 사용되고
서브후 테이블에 놓는다

Wine cooler(champagne cooler)
샴페인이나 와인을 차게 만들어 주는 기구로
얼음을 담아 사용한다.

참고 문헌

- 고치원 · 유윤종(2000), 칵테일교실, 동신출판사.
- 권한조 (2014), 조주기능사&주장경영론, 기문사
- 김연선외2(2011), 최신 호텔주장관리 실무, 백산출판사.
- 김이종(2012), 호텔경영론, 새로미.
- 김준철(2011), 와인, 백산출판사
- 노민경외1(2014), 음료와 칵테일, 기문사
- 류인수(2010), 전통주 수첩, 우듬지.
- 민혜성 · 이승헌 (2008), 주장관리론. 대왕사
- 박록담(2005), 다시쓰는 주방문, 코리아쇼케이스.
- 박영배 (1998), 음료 · 주장관리, 백산출판사
- 성중용(2010), 위스키 수첩, 우듬지.
- 안대희외4(2014), 최신주장경영론, 대왕사
- 윤대순외1(1999), 주장경영론, 대왕사
- 이석현외4(2011), 조주학개론, 백산출판사
- 이승훈(2010), 올 어바웃 에스프레소, SEOUL COMMUNE.
- 장동은(2010), 스카치 위스키 바이블, WALK COMPANY.
- 장상태외2(2014), 주장관리론, 기문사.
- 정연국외3(2007), 주장관리실무론, 대왕사.
- 최명호(2010), 테킬라 이야기, 살림.
- 롯데호텔 식음료 매뉴얼.
- 쉐라톤워커힐호텔 연회 및 식음료 매뉴얼.
- 신라호텔 식음료 매뉴얼.

- Jim Murray(2014), Jim Murray's Whisky Bible 2014, Atlasbooks Dist Serv.
- Michael Jackson,(2001), Scotland and Its Whiskies : The Great Whiskies and Their Landscapes, Harcourt.
- Perry Luntz(2011), Whiskey and Spirits, Dummies.
- Poister(2005), NEW AMERICAN BARTENDERS GUIDE, New American.
- Kevin Zraly(2009), Kevin Zraly's Windows on the World Wine Journal, |Sterling Innovation.

저자 약력

이 승 헌

- 현)경민대학교 호텔관광경영학과 조교수
- 현)한국호텔관광학회 사무국장
- 현)한국호텔리조트학회 이사
- 세종대학교 일반대학원 호텔관광경영학과 졸업(호텔관광학 박사)
- 세종대학교 일반대학원 호텔경영학과 졸업(경영학 석사)
- 극동대학교 겸임교수
- 유한대학교 겸임교수
- 메이필드 호텔교육원
- (주)케이에이앤(기획)
- 미국 플로리다 Marco Island Marriott Resort hotel(F&B)
- (주)스누피 플레이스(외식업/기획)

권 한 조

- 현)정화예술대학 관광학부 교수
- 세종대학교 일반대학원 호텔관광경영학과 박사 졸업
- 경기대학교 대학원 관광경영학과 석사 졸업
- 백석예술대학 겸임교수
- Sheraton Grande Walkerhill Hotel, F/B
- W Seoul Walkerhill Woobar Manager
- 국가기술자격 정책심의위원회 세부직무분야별전문위원회 위원(산업인력공단)
- 조주기능사 실기시험 심사위원(산업인력공단)
- 직업능력개발계좌제 적합훈련과정 심사위원(고용노동부)
- 식음료 자격시험 심사위원(글로벌식음료산업연구소)
- 미국 호텔 총지배인 자격증(CHA) - American Hotel & Lodging

조주·음료실무

1판인쇄 - 2015년 3월 2일
1판발행 - 2015년 3월 5일
저　자 : 이승헌·권한조
발행자 : 양 준 석
발행처 : **에이드북**
주　소 : 서울 동작구 사당로 9가길 6
전　화 : 02)596-0981
팩　스 : 02)595-1394
등　록 : 제17-382호
e-mail : aidbook@naver.com

정　가 : **20,000**원

ISBN : 978-89-93692-38-9　13320